适用于机动车维修企业价格结算员

Jidongche Weixiu Qiye Jiage Jiesuanyuan Congye Zige Kaoshi Zhinan

机动车维修企业价格结算员从业资格考试指南

机动车维修检测人员从业资格考试指南编委会

人民交通出版社
China Communications Press

内 容 提 要

本书依据《机动车维修管理规定》、《道路运输车辆维护管理规定》、《道路运输从业人员管理规定》等相关要求进行组织编写，介绍了汽车维修企业价格结算员应该掌握的相关知识。主要内容有：法律法规与职业道德、机动车维修概论、机动车维修价格结算、维修费用结算实例、计算机技术在机动车维修价格结算中的应用、机动车维修相关法律法规和管理条例等。

本书是汽车维修企业价格结算员岗位培训的专门教材，也可作为大专院校汽车专业的教学用书，还可作为汽车维修企业结算员的参考读物。

图书在版编目(CIP)数据

机动车维修企业价格结算员从业资格考试指南/机动车维修检测人员从业资格考试指南编委会主编. --北京：人民交通出版社，2012.4

ISBN 978-7-114-09657-0

Ⅰ.①机… Ⅱ.①机… Ⅲ.①机动车 - 车辆检修 - 财务管理 - 资格考试 - 教材 Ⅳ.①F407.471.672

中国版本图书馆 CIP 数据核字(2012)第 030863 号

书　　名： 机动车维修企业价格结算员从业资格考试指南
著 作 者： 机动车维修检测人员从业资格考试指南编委会
责任编辑： 曹延鹏
出版发行： 人民交通出版社
地　　址： (100011) 北京市朝阳区安定门外外馆斜街 3 号
网　　址： http://www.ccpress.com.cn
销售电话： (010) 59757969、59757973
总 经 销： 人民交通出版社发行部
印　　刷： 北京市密东印刷有限公司
开　　本： 787 × 1092　1/16
印　　张： 13
字　　数： 315 千
版　　次： 2012 年 4 月　第 1 版
印　　次： 2012 年 4 月　第 1 次印刷
书　　号： ISBN 978-7-114-09657-0
定　　价： 30.00 元

机动车维修检测人员从业资格考试指南 审定委员会

主　任:徐同连

副主任:冯海波　李显生　刘浩学　华玉岩　吴东风　王　忠　席金波　隋中田

成　员(按姓氏笔画排序):

马殿利　方学立　王　铮　吕万民　朱　军　李　敏　李　森　时　锋　杨　昆　张　禛　张忠文　项纪春　秦振彪　徐东风　徐殿忠　徐红梅　韩春晓

机动车维修检测人员从业资格考试指南 编写委员会

主　任:李晓峰

副主任:张西振　赵锦鹏

成　员(按姓氏笔画排序):

于春光　王　凯　王凌艳　代洪娜　付　强　卢长福　刘　刚　刘贵英　曲昌辉　李　超　李景芝　朱鸿娟　宋孟辉　宋振华　邰启城　吴　刚　吴兴敏　杨洪庆　杨艳芬　张成利　张立新　张　远　郑长革　周英男　姜春连　姜　辉　姜　源　耿　炎　郭大民　徐　兵　黄月梅　康宏卓　梁　锋　潘宇飞　鞠　峰

前言

交通运输部颁布实施的《道路运输从业人员管理规定》,规定了对道路运输从业人员实行从业资格考试制度。道路运输从业人员从业资格考试制度的实施,对于加强我国道路运输从业人员从业资格管理、提高道路运输从业人员素质和促进我国道路运输业健康发展具有十分重要的意义。

道路运输从业人员是指经营性道路客货运输驾驶员、道路危险货物运输从业人员、机动车维修技术人员、机动车驾驶培训教练员、道路运输经理人和其他道路运输从业人员。其中,道路运输经理人包括道路客货运输企业、道路客货运输站(场)、机动车驾驶员培训机构、机动车维修企业的管理人员;其他道路运输从业人员包括道路客运乘务员、机动车驾驶员培训机构教学负责人及结业考核人员、机动车维修企业价格结算员及业务接待员。

为了配合交通运输部道路运输从业人员从业资格考试,帮助广大应考人员系统地学习相关知识,在短时间内掌握考试内容,顺利地通过考试,我们继《机动车维修技术人员从业资格考试指南》(共5本)之后,又组织编写了《机动车检测维修经理人从业资格考试指南》、《机动车维修企业价格结算员从业资格考试指南》、《机动车维修企业业务接待员从业资格考试指南》。

本书作为机动车维修企业价格结算员培训的专用教材,具有以下特点:

1. 知识体系完整,内容编排上科学合理。由浅入深、循序渐进,语言通畅,概念清晰,图文并茂。

2. 注重理论联系实际,系统地介绍了汽车维修企业价格结算员应掌握的理论和方法,同事注重对典型案例的分析,有利于提高学员解决实际问题的能力,达到学以致用的目的。

3. 附有汽车维修企业价格结算工作所需要了解的相关法律、法规及规定。

本书适用于机动车维修企业价格结算员的自学和培训教育,是机动车维修企业价格结算员从业资格考试的配套教材。

由于编者水平有限,加之编写时间仓促,书中难免存在疏漏和不妥之处,诚请广大读者批评指正。北京华育通盛文化发展有限公司、辽宁省道路运输协会等单位在本套从书编写和审定过程中也做了大量工作,在此深表感谢。本书在编写过程中得到了行业内相关专家、学者的无私帮助,同时也参考了许多相关的著作、论文、报纸发表的文章、企业培训资料、网站等,在此一并表示感谢。

最后,预祝广大应考人员顺利通过机动车维修企业价格结算员从业资格考试。

机动车维修检测人员从业资格考试指南编委会

二〇一二年三月

目录

第一章 法律法规与职业道德

学习目标

通过对本章内容的学习,您需要:

1. 了解我国汽车服务行业的相关法律法规;
2. 掌握汽车后市场服务应该遵守的职业道德;
3. 了解机动车维修结算人员的任职条件和机动车维修价格结算员的素质要求。

第一节 相关法律、法规与规章

机动车维修价格结算员(以下简称结算员)在进行机动车维修费用结算时,必须依照《中华人民共和国价格法》、《中华人民共和国消费者权益保护法》、《中华人民共和国经济合同法》的规定,规范自身的结算工作,这是机动车维修结算员从事结算工作的基本义务。机动车维修结算员可以依照《中华人民共和国行政处罚法》、《中华人民共和国行政诉讼法》、《中华人民共和国国家赔偿法》对自身正当合法的结算行为加以保护,防止合法权益受到侵害,这是机动车维修结算员从事结算工作的基本权利。学好、用好上述法律,是对机动车维修结算员的基本要求。

一 《中华人民共和国价格法》

《中华人民共和国价格法》于1997年12月29日由中华人民共和国第八届全国人民代表大会常务委员会第二十九次会议审议通过,1998年5月1日起施行。全文共七章四十八条,由总则、经营者的价格行为、政府的定价行为、价格总水平调控、价格监督检查、法律责任和附则构成。价格法出台的基本目的就是为了规范价格行为,发挥价格合理配置资源的作用,稳定市场价格总水平,保护消费者和经营者的合法权益,促进社会主义市场经济健康发展。

价格法调整的范围比较广泛,许多规定对机动车维修行业经营者的价格行为和法律责任都适用。结算员作为机动车维修价格的具体执行人员,掌握价格法的有关规定对实际结算工作有很大的作用。

在中华人民共和国境内发生的价格行为均应符合价格法的规定。价格包括商品价格和服务价格，这在维修行业体现得特别明显。机动车维修行业的价格管理体现于两方面，一是对代表商品价格的材料与零配件价格的管理，二是对代表服务价格的工时单价的管理。

经营者应当努力改进生产经营管理，降低生产经营成本，为消费者提供价格合理的商品和服务，并在市场竞争中取得合法利润；根据其经营条件建立、健全内部价格管理制度，准确记录与核定商品和服务的生产经营成本，不得弄虚作假。

结算员在结算工作中享有以下权利：

(1) 自主制定属于市场调节的价格。由于机动车维修行业的价格管理主要实行政府指导价和政府定价，因此，机动车维修行业经营者享有这一权利的情况不多。

(2) 在政府指导价规定的幅度内制定价格。

(3) 检举、控告侵犯经营者依法自主定价权利的行为。

在结算工作中，结算员应当遵守法律、法规，执行和采取依法制定的政府指导价、政府定价和法定的价格干预措施、紧急措施。经营者不执行和采取政府指导价、政府定价以及法定的价格干预措施、紧急措施的，政府价格管理部门可以责令改正，没收违法所得，并可以处以违法所得 5 倍以下的罚款；没有违法所得的，可以处以罚款；情节严重的，责令停业整顿。

经营者销售、收购商品或者提供服务，应当按照政府价格主管部门的规定明码标价，注明商品的品名、产地、规格、等级、计量单位、价格或者服务的项目、收费标准等有关情况。经营者不得在标价之外加价出售商品，不得收取任何未予标明的费用。经营者违反明码标价规定的，政府价格管理部门可以责令改正，没收违法所得，并处以 5000 元以下的罚款。

政府价格主管部门和其他有关部门制定政府指导价、政府定价时，应当开展价格、成本调查，听取消费者、经营者和有关方面的意见。在调查时，有关单位应当如实反映情况，提供必需的账簿、文件及其他资料。政府指导价、政府定价制定后，由制定价格的部门向消费者、经营者公布。

政府指导价、政府定价的具体适用范围、价格水平，应当根据经济运行情况，按照规定的定价权限和程序适时调整，消费者、经营者可以对政府指导价、政府定价提出调整意见。因此，政府指导价、政府定价，是相对于某一特定的经济条件、市场环境而言的，从长期看，政府指导价、政府定价是一种不断适应市场变化而变化的动态价格。

经营者在接受政府价格主管部门的监督检查时，应当如实提供监督检查所必需的账簿、单证、凭证、文件以及其他资料。拒绝按规定提供监督检查所需资料或者提供虚假资料的，政府价格管理部门可以责令改正，予以警告；逾期不改正的，可以处以罚款。

经营者有价格法规定的不正当价格行为之一的，政府价格管理部门可以责令改正，没收违法所得，并可以处以违法所得 5 倍以下的罚款；没有违法所得的，予以警告，可以处以罚款；情节严重的，责令停业整顿，或者由工商行政管理机关吊销营业执照。有关法律对价格法第十四条规定的不正当价格行为的处罚及处罚机关另有规定的，可以依照有关法律的规定执行。

经营者因价格违法行为致使消费者或其他经营者多付价款的，应当退还多付部分；造成损失的，应当依法承担赔偿责任。

经营者被责令暂停相关营业而不停止的，或者转移、隐匿、销毁依法登记所保存的财物的，政府价格管理部门可以处以经营者相关营业所得或者转移、隐匿、销毁的财物价值 1 倍以上 3 倍以下的罚款。

二 《中华人民共和国消费者权益保护法》

《中华人民共和国消费者权益保护法》于 1993 年 10 月 31 日由中华人民共和国第八届全国人民代表大会常务委员会第四次会议审议通过,1994 年 1 月 1 日起施行。全文共八章五十五条,由总则、消费者的权利、经营者的义务、国家对消费者合法权益的保护、消费者组织、争议的解决、法律责任和附则构成。消费者权益保护法出台的基本目的就是为了保护消费者的合法权益,维护社会经济秩序,促进社会主义市场经济健康发展。

结算员作为机动车维修费用结算的具体执行人员,掌握消费者权益保护法的有关规定,对做好实际结算工作,维护好机动车维修经营者与托修方的合法权益有很大的作用。

消费者为生活消费需要购买、使用商品或者接受服务,其权益受消费者权益保护法保护,消费者权益保护法未作规定的,受其他有关法律、法规保护。经营者为消费者提供其生产、销售的商品或者提供服务,应当遵守消费者权益保护法,消费者权益保护法未作规定的,应当遵守其他有关法律、法规。经营者与消费者进行交易,应当遵循自愿、平等、公平、公开、诚实信用的原则。国家采取措施,保障消费者依法行使权利,维护消费者的合法权益,鼓励、支持一切组织和个人对损害消费者合法权益的行为进行社会监督。

机动车维修经营者与托修方的关系构成了经营者与消费者的关系,这种关系受消费者权益保护法约束和保护。与其他道路运输行业经营者不同的是,机动车维修行业经营者既向消费者出售配件商品,又为消费者提供维修服务,在提供配件商品和维修服务时,均应符合消费者权益保护法的规定。

按《中华人民共和国消费者权益保护法》,消费者享有知悉其购买、使用的商品或者接受服务的真实情况的权利。即消费者有权根据商品或服务的不同情况,要求经营者提供商品的价格、产地、生产者、用途、性能、规格、等级、主要成分、生产日期、有效期限、检验合格证明、使用方法说明书、售后服务,或者售后服务的内容、规格、费用等有关情况。消费者享有自主选择商品或者服务的权利。消费者在购买商品或者接受服务时,有权获得质量保障、价格合理、计量正确等公平交易条件,有权拒绝经营者的强制交易行为。

根据《中华人民共和国消费者权益保护法》的规定,经营者应当向消费者提供有关商品或者服务的真实信息,不得做引人误解的虚假宣传;提供的商品应当明码标价。经营者提供商品或者服务,应当按照国家有关规定或者商业惯例向消费者出具购货凭证或者服务单据,消费者索要购货凭证或者服务单据的,经营者必须出具。经营者应当保证在正常使用商品或者接受服务的情况下,其提供的商品或者服务应当具有的质量、性能、用途和有效期限,但消费者在购买该商品或者接受该服务前已经知道其存在瑕疵的除外。经营者不得以格式合同、通知、声明、店堂告示等方式做出对消费者不公平、不合理的规定,或者减轻、免除其损害消费者合法权益应当承担的民事责任。依据上述规定,托修方在行使自己的基本权利时,机动车维修结算员必须按《中华人民共和国消费者权益保护法》规定的义务提供详实、准确的相关单据及国家有关法律、法规规定的资料。

根据机动车维修行业特点,对于在商品中掺杂、掺假,以假乱真,以次充好的欺诈行为;对商品或者服务做引人误解的虚假宣传的;对消费者提出的修理、返修、更换、退货、补充商品数量、退还货款或者赔偿损失的要求,故意拖延或者无理拒绝等情形,《中华人民共和国产品质量法》和其他有关法律、法规对处罚机关和处罚方式有规定的,依照法律、法规的规定执行;法律、法规未作规定的,由工商行政管理部门责令改正,可以根据情节单处或者并处警告、没收违法所得、处以违法所得 1 倍以上 5 倍以下的罚款;情节严重的,责令停业整顿、吊销营业执照。

三《中华人民共和国行政处罚法》

《中华人民共和国行政处罚法》于 1996 年 3 月 7 日由中华人民共和国第八届全国人民代表大会第四次会议审议通过,1996 年 10 月 1 日起施行。全文共八章六十四条,由总则、行政处罚的种类和设定、行政处罚的实施机关、行政处罚的管辖和适用、行政处罚的决定、行政处罚的执行、法律责任和附则构成。行政处罚法出台的基本目的就是为了规范行政处罚的设定和实施,保障和监督行政机关有效实施行政管理,维护公共利益和社会秩序,保护公民、法人或者其他组织的合法权益。

结算员是机动车维修价格与收费的具体执行人员,作为具体当事人,掌握行政处罚的有关规定,对依法维护正当、合法的机动车维修价格、费用结算工作有很大的作用。

在政府有关部门的行政执法过程中,关于行政处罚,机动车维修结算员需要掌握的主要内容如下。

行政机关在做出行政处罚决定前,要向当事人说明做出行政处罚的事实、理由和依据,要听取当事人的陈述和申辩,重大的行政处罚还要举行质证,没有告知当事人的,做出的行政处罚无效。无明文规定不处罚,处罚程序必须合法,对违法行为给予行政处罚的规定必须公布,未经公布的,不得作为行政处罚的依据。公民、法人或者其他组织的行为,只有在法律、行政法规、地方性法规或规章规定应予以处罚、给予何种处罚时,才受处罚;没有规定的,不受处罚。即使违法行为应当给予行政处罚,如果行政机关没有依照法律规定的程序实施行政和处罚,所做出的行政处罚也是无效的。

公民、法人或者其他组织对行政机关所给予的行政处罚享有陈述权、申辩权,对行政处罚不服的,有依法申请行政复议或者提起行政诉讼权,因行政机关违法给予行政处罚受到损害的,有依法提出行政赔偿权。陈述权和申辩权是行政处罚法规定的当事人的权利之一,贯穿于实施行政处罚整个过程的始终,行政机关不得因当事人申辩而加重处罚。陈述权是指当事人对行政机关给予行政处罚所认定的事实及适用法律是否准确、适当,陈述自己对事实的认定及主观的看法、意见,同时也可以提出自己的主张、要求的权利。申辩权是指当事人对行政机关的指控、证据提出不同的意见和质问,以正当手段驳斥行政机关的指控以及驳斥行政机关提出的不利证据的权利。行政复议权是指公民、法人或者其他组织与依法做出具体行政行为的行政机关发生争议,依法提起申请,由该机关或者其上级机关对引起争议的决定进行复查的权利。当事人对复议决定不服,仍然可以提起行政诉讼,除法律、法规有明确规定,应当先向复议机关申请复议的,当事人可以向复议机关申请复议,也可以不申请复议,直接向人民法院提起行政诉讼。

行政处罚的种类有七种:警告;罚款;没收非法所得、没收非法财物;责令停产停业;暂扣或者吊销许可证、暂扣或者吊销执照;行政拘留;法律、行政法规规定其他行政处罚。

大多数行政处罚的时效为两年,在非法行为发生后的两年内,对该违法行为有行政处罚权的行政机关未发现这一违反行政管理行为的事实,在规定的两年超过后,无论在何时发现这一违法行为,对当时的违法行为人不再给予行政处罚,行政处罚时效的规定期限是从违法行为发生之日起就开始计算的,"违法行为发生之日"是指违法行为完成或者停止之日,从此日开始追诉期限。

行政处罚决定做出后,当事人应当在行政处罚决定的期限内予以履行。除法律另有规定外,当事人对行政处罚决定不服,申请行政复议或者提起行政诉讼的,行政处罚不停止执行。当事人应当在收到行政处罚决定书之日起 15 日内,到指定的银行缴纳罚款,银行应当收受罚款,并将罚款上缴国库,行政机关及其执法人员当场收缴罚款的,必须向当事人出具省、自治区、直辖市财政部门统一制发的罚款收据,如不出具财政部门统一制发的罚款收据,当事人有权拒绝缴纳罚款。当事人逾期不履行行政处罚决定的,做出行政处罚决定的行政机关可以采取的措施有:到期不缴纳罚款的,每日按罚款数额的 3% 加处罚款;根据法律规定,将查封、扣押的财物拍卖或者将冻结的存款划拨抵缴罚款;申请法院强制执行。

四《中华人民共和国行政诉讼法》

《中华人民共和国行政诉讼法》于 1989 年 4 月 4 日由中华人民共和国第七届全国人民代表大会第二次会议审议通过,1990 年 10 月 1 日起施行。全文共十一章七十五条,由总则、受案范围、管辖、诉讼参加人、证据、起诉和受理、审理和判决、执行、侵权赔偿责任、涉外行政诉讼和附则构成。行政诉讼法出台的基本目的就是为了保证人民法院正确、及时审理行政案件,保护公民、法人和其他组织的合法权益,维护和监督行政机关依法行使行政职权。

结算员是机动车维修价格与收费的具体执行人员,作为具体当事人,掌握行政诉讼法的有关规定,对依法提起诉讼,维护正当、合法的机动车维修价格及费用结算工作有很大的作用。

关于行政诉讼,机动车维修结算员需要掌握的行政诉讼法的主要内容如下。

按行政诉讼法规定,公民、法人或者其他组织依法享有行政诉讼权。行政诉讼权是指公民、法人或者其他组织因行政机关的具体行政行为损害其合法权益,请求法院审查行政机关的具体行政行为是否合法,以维护自己合法权益,并请求法院裁决的权利。

人民法院受理公民、法人或者其他组织对下列具体行政行为不服提起的诉讼:

(1)对罚款、吊销许可证和执照、责令停产停业、没收财物等行政行为不服的;

(2)对财产的查封、扣押、冻结等行政强制措施不服的;

(3)认为行政机关违犯法律规定的经营自主权的;

(4)认为符合法定条件申请行政机关颁发许可证和执照,行政机关拒绝履行或者不予答复的;

(5)认为行政机关违法要求履行义务的;

(6)认为行政机关侵犯其他财产权的。

在行政诉讼过程中,依法提起诉讼的公民、法人或者其他组织是原告,有权提起诉讼的公民死亡,其近亲属可以提起诉讼。有权提起诉讼的法人或者其他组织终止,承受其权利的法人或者其他组织可以提起诉讼。公民、法人或者其他组织直接向人民法院提起诉讼的,做出具体行政行为的行政机关是被告;经复议的案件,复议机关决定维持原具体行政行为的,做出原具体行政行为的行政机关是被告;复议机关改变原具体行政行为的,复议机关是被告。两个以上行政机关做出同一具体行政行为的,共同做出具体行政行为的行政机关是共同被告。由法律、法规授权的组织所做出的具体行政行为,该组织是被告;由行政机关委托的组织所做出的具体行政行为，委托的行政机关是被告；行政机关被撤销的，继续行使其权利的行政机关是被告。同提起行政诉讼的具体行政行为有利害关系的其他公民、法人或者其他组织，可以作为第三人申请参加诉讼，或者由人民法院通知参加诉讼。

被告对做出的具体行政行为负有举证责任，应提供做出具体行政行为的证据和依据的法律、法规、规章及规范性文件等。在诉讼过程中，被告不得自行向原告和证人收集证据。人民法院有权要第三人提供或者补充证据。人民法院有权向有关行政机关以及其他组织、公民调取证据。

提起行政诉讼应当符合下列条件：

(1)原告是认为具体行政行为侵犯其合法权益的公民、法人或者其他组织；

(2)有明确的被告；

(3)有具体的诉讼请求和事实根据；

(4)属于人民法院受案范围和受诉人民法院。

公民、法人或者其他组织直接向人民法院提起诉讼的，应在做出具体行政行为之日起3个月内提出，法律另有规定的除外。人民法院接到起诉状，经调查，应当在7日内立案或者做出裁定不予受理，原告对裁定不服的，可以提起诉讼。人民法院审理行政案件不适用调解。经人民法院两次合法传唤，原告无正当理由不到庭的，视为申请撤诉，被告无正当理由拒不到庭的，可以缺席审判。当事人不服人民法院第一审判决，有权在判决书送达之日起15日内向上一级人民法院提起诉讼。

当事人不服人民法院第一审裁定的，有权在裁定书送达10日内向上一级人民法院提起上诉。逾期不上诉的，人民法院第一审判决或者裁定发生法律效力。当事人必须履行人民法院发生法律效力的判决、裁定。

五《中华人民共和国道路运输条例》

《中华人民共和国道路运输条例》于2004年4月14日国务院48次常务会议审议通过，自2004年7月1日起施行。

条例的总则共七条，主要规定了本条例的立法宗旨、适用范围、道路运输经营活动的含义、基本原则、道路运输管理机关；是本条例立法基本思想和总体思路的集中体现，其精神和要求贯穿在本条例具体法律制度中。

第一条　为了维护道路运输市场秩序，保障道路运输安全，保护道路运输有关各方当事人的合法权益，促进道路运输业的健康发展，制定本条例。

第二条　从事道路运输经营以及道路运输相关业务的，应当遵守本条例。

前款所称道路运输经营包括道路旅客运输经营(以下简称客运经营)和道路货物运输经营(以下简称货运经营)；道路运输相关业务包括站(场)经营、机动车维修经营、机动车驾驶员培训。

……

第七条　国务院交通主管部门主管全国道路运输管理工作。

县级以上地方人民政府交通主管部门负责组织领导本行政区域的道路运输管理工作。

县级以上道路运输管理机构负责具体实施道路运输管理工作。

这里所说的“组织领导”，是相对于县级以上地方人民政府有关部门和道路运输管理机构而言，是指负责道路运输管理工作中的组织和领导工作，包括组织起草本地区的道路运输方针、政策，组织编制道路运输发展规划，组织实施关于道路运输管理的法律、法规、规章以及有关方针政策，综合协调道路运输发展中的问题，指导监督道路运输管理机构实施道路运输管理，办理道路运输行政复议案件等。

这里所说的“具体实施”，是相对于县级以上地方人民政府交通主管部门而言，是指具体负责道路运输管理工作中的执行性工作，包括有关道路运输的行政许可、监督检查、行政处罚等。

六《道路运输从业人员管理规定》

《道路运输从业人员管理规定》(2006 年第 9 号)于 2006 年 9 月 5 日经第 11 次部务会议审议通过，自 2007 年 3 月 1 日起施行。

自 2007 年 3 月 1 日起，交通部正式实施《道路运输从业人员管理规定》(交通部令 2006 年第 9 号，以下简称《规定》)，它是《中华人民共和国道路运输条例》关于道路运输从业人员管理的专项配套规章，对道路运输从业人员的管理原则、管理范围、资格考试、认证程序、从业资格证件管理、从业人员经营行为、违章处罚等方面作了具体规范，是道路运输从业人员管理的一部纲领性、系统性规章。

《规定》的实施，明确了各类从业人员必须通过培训考试，具备相应的理论知识水平和实际操作能力，才能取得从业资格。例如，从事道路危险货物运输的驾驶员必须接受营运法规、安全知识、应急救援知识等危险货物运输相关知识的培训，经考试合格取得从业资格证书，方可从事相应的道路运输经营活动。

《道路运输从业人员管理规定》共五十三条，由总则、从业资格管理、从业资格证件管理、从业行为规定、法律责任和附则组成。总则中明确指出为加强道路运输从业人员管理，提高道路运输从业人员综合素质，根据《中华人民共和国道路运输条例》、《危险化学品安全管理条例》以及有关法律、行政法规，制定《道路运输从业人员管理规定》。

在第六条中体现了国家对道路运输从业人员实行从业资格考试制度。从业资格是对道路运输从业人员所从事的特定岗位职业素质的基本评价。

机动车维修技术人员、机动车驾驶培训教练员取得从业资格的比例分别是相关经营者依法获取机动车维修和机动车驾驶员培训经营许可的必要条件之一。

在第二条中特别说明，本规定所称道路运输从业人员是指经营性道路客货运输驾驶员、道路危险货物运输从业人员、机动车维修技术人员、机动车驾驶培训教练员、道路运输经理人和其他道路运输从业人员。

其他道路运输从业人员是指除上述人员以外的道路运输从业人员，包括道路客运乘务员、机动车驾驶员培训机构教学负责人及结业考核人员、机动车维修企业价格结算员及业务接待员。

在第五条中，明确了交通运输部负责全国道路运输从业人员管理工作。县级以上地方人民政府交通主管部门负责组织领导本行政区域内的道路运输从业人员管理工作，并具体负责本行政区域内道路危险货物运输从业人员的管理工作。

县级以上道路运输管理机构具体负责本行政区域内经营性道路客货运输驾驶员、机动车维修技术人员、机动车驾驶培训教练员、道路运输经理人和其他道路运输从业人员的管理工作。

第七条中明确了道路运输从业人员从业资格考试应当按照交通部编制的考试大纲、考试题库、考核标准、考试工作规范和程序组织实施。

第八条　经营性道路客货运输驾驶员从业资格考试由设区的市级道路运输管理机构组织实施,每月组织一次考试。

道路危险货物运输从业人员从业资格考试由设区的市级人民政府交通主管部门组织实施,每季度组织一次考试。

机动车维修技术人员从业资格考试由设区的市级道路运输管理机构组织实施,每季度组织一次考试。

道路运输经理人和机动车驾驶培训教练员从业资格考试由省级道路运输管理机构组织实施,每年组织两次考试。

其他道路运输从业人员从业资格考试管理权限由省级道路运输管理机构确定。

在第三章从业资格证件管理第二十六条中,明确了机动车维修技术人员经考试合格后,方可取得《中华人民共和国道路运输从业人员从业资格证》。

在第四章从业行为规定中,第三十九条道路运输从业人员在从事道路运输活动时,应当携带相应的从业资格证件,并应当遵守国家相关法规和道路运输安全操作规程,不得违法经营、违章作业。第四十条道路运输从业人员应当按照规定参加国家相关法规、职业道德及业务知识培训。

七《道路运输车辆维护管理规定》

1998 年 3 月 4 日中华人民共和国交通部令(第 2 号)发布了《道路运输车辆维护管理规定》,根据 2001 年 8 月 20 日中华人民共和国交通部令(第 4 号)公布的《关于修改〈道路运输车辆维护管理规定〉的决定》,修正后的《道路运输车辆维护管理规定》于 2001 年 8 月 2 日经第 9 次部务会议审议通过,并予公布,自公布之日起施行。

《道路运输车辆维护管理规定》共六章二十九条,由总则、道路运输车辆维护、道路运输车辆二级维护检测、管理与监督检查 、罚则和附则构成。《道路运输车辆维护管理规定》出台的基本目的就是为了加强道路运输车辆管理,保持车辆技术状况良好,确保运行安全、保护环境,降低运行消耗,提高运输质量。

根据汽车维修结算员岗位的特点,关于道路运输车辆维护管理规定,结算员需要掌握的主要内容如下。

道路运输经营者可以自主选择道路运输管理机构资质认定的二类以上的汽车维修企业进行维护作业。危险品运输车辆必须到具备危险品运输车辆修理条件的维修企业进行维护作业。

凡从事道路运输车辆维护作业的维修企业,应遵守国家有关法规、标准,按规定的作业规范或者说明书进行作业,不得漏项或减项作业。

维修企业实行车辆维修合同制,承修方与托修方应签订维修合同,并实行竣工上线检测制度、出厂合格证制度和质量保证期制度。车辆二级维护出厂前,须进行竣工检测,并由维修企业的质量检测员审验合格后,签发出厂合格证。维修企业应开具统一规定的汽车维修项目,费用清单和结算凭证。

维修企业及价格结算人员应严格执行交通行政主管部门制定的工时定额或者执行备案标准,并严格按交通行政主管部门会同物价部门制定的工时费率标准收取工时费。

维修企业应配备专职的质量检测员和价格结算员。质量检测员和价格结算员必须经过培训,经考核合格持证上岗。不许维修企业的质量检测员和价格结算员持无效上岗证上岗,限期进行上岗培训。

八《道路运输行政处罚规定》

《道路运输行政处罚规定》(2001 年第 5 号)即中华人民共和国交通部令 1998 年第 3 号,1998 年 3 月 9 日发布,1998 年 4 月 1 日起施行。本规定已于 2001 年 8 月 2 日经第 9 次部务会议修正通过,自 2001 年 8 月 20 日起施行。

本规定共四章二十六条,由总则 、违法行为与处罚 、行政处罚运用与执行和附则构成。《道路运输行政处罚规定》出台的基本目的就是为了规范道路运输行政处罚行为,维护道路运输市场秩序,保障道路运输经营者、旅客、货主和其他当事人的合法权益。

《道路运输行政处罚规定》要求道路运输人员在执行公务时,应当佩戴标志,持证上岗,在道路运输经营单位、经营活动站(点)和经省级人民政府批准设立的公路收费稽查站内进行监督检查。

维修经营者承修报废车辆、擅自改装或者利用配件拼装车辆的,处以 5000 元以上 10000 元以下的罚款。

维修经营者故意使用假冒、伪劣配件承修车辆的,处以 1000 元以上 2000 元以下的罚款,屡次发生的或情节严重并造成重大事故的,处以 5000 元以上 10000 元以下的罚款。

维修经营者采取给回扣或变相给回扣等不正当手段,故意虚报修理项目的,处以 2000 元以上 5000 元以下的罚款。

维修经营者非法占用道路、公共场所等进行维修作业的,处以 500 元以上 1000 元以下的罚款。

维修经营者只收费不维护或伪造、倒卖车辆维修竣工出厂合格证、结算凭证的,收缴其非法证件,并处以 2000 元以上 5000 元以下的罚款。

维修经营者不按技术标准进行维修作业或维修作业缺项漏项的,责令补做相应维修作业项目,每车次处以 500 元以上 1000 元以下的罚款,但罚款总额最高不得超过 10000 元。同时对质量检验员处以警告或 50 元以下的罚款。

维修经营者不按规定填写维修检验记录的,每车次处以 300 元以上 500 元以下的罚款,但罚款总额最高不得超过 5000 元。

维修经营者承修的车辆在质量保证期内因维修质量发生停车故障的,处以 200 元以上 1000 元以下的罚款;造成重大事故的,处以 2000 元以上 5000 元以下的罚款。

维修经营者的二级维护质量低劣,返修率超过 5%,质量监督抽查上线检测一次合格率低于 85% 的,处以 1000 元罚款,并限期整改。

维修经营者对车辆进行二级维护、总成修理、整车大修作业后,不按规定填写、签发汽车维修竣工出厂合格证的,每辆车处以 500 元的罚款,但罚款总额最高不得超过 5000 元。

维修经营者未按竣工出厂的技术要求,对二级维护、总成修理、整车大修车辆进行竣工出厂前的维修质量综合性能检测的,每辆车处以 500 元以上 1000 元以下的罚款,但罚款总额最高不得超过 10000 元。

维修经营者不按规定悬挂统一的“汽车维修企业标志牌”的,予以警告;警告后仍不改正的,处以 300 元以上 500 元以下的罚款。

维修经营者擅自提高车辆维修结算工时定额的,处以 2000 元以上 5000 元以下的罚款。

道路运输经营者不按规定明码标价的,予以警告;警告后仍不改进的,处以 100 元的罚款。

道路运输经营者违反有关规定擅自抬价、压价的,处以 500 元以上 1000 元以下的罚款。

道路运输经营者不使用道路运输专用票证的,处以 1000 元以上 2000 元以下的罚款;

不按规定使用道路运输业专用票证的,处以 100 元以上 200 元以下的罚款。

道路运输经营者安排未按有关规定取得有效资格证件的人员从事有相应资格要求道路运输经营活动的,每人次处以 100 元以上 300 元以下的罚款,但罚款总额最高不得超过 1000 元。

道路运输从业人员持无效上岗证件上岗的,处以 200 元的罚款。

维修经营者擅自提高车辆维修结算工时定额的,处以 2000 元以上 5000 元以下的罚款。

九《汽车维修企业开业条件》

本部分起草单位:浙江省交通厅道路运输管理局、浙江省汽车维修行业协会、浙江交通职业技术学院、杭州园林汽车服务有限公司。本标准明确了机动车维修企业开业的具体条件,包括人员、场地、设备、质量管理、业务管理、配件管理和环境保护、安全消防等要求。

本条件规定了汽车整车维修企业必须具备的人员、组织管理、设施、设备等条件。

对于一二类维修企业,明确规定了应配备企业负责人、业务接待员、价格结算人员,且经过有关培训,取得交通行业主管部门颁发的从业资格证书,持证上岗。

对于一二类维修企业的经营管理,明确规定了应具有与汽车维修有关的法规等文件资料;应具有规范的业务工作流程,并明示业务受理程序、服务承诺、用户抱怨受理制度等;应具有健全的经营管理体系,设置技术负责、业务受理、质量检验、文件资料管理、材料管理、仪器设备管理、价格结算等岗位并落实责任人;应实行计算机管理。

十《辽宁省道路运输管理条例》

2003 年 1 月 16 日辽宁省第九届人民代表大会常务委员会第三十五次会议通过,根据 2004 年 9 月 29 日辽宁省第十届人民代表大会常务委员会第十四次会议《关于修改〈辽宁省道路运输管理条例〉的决定》第一次修正,根据 2006 年 1 月 13 日辽宁省第十届人民代表大会常务委员会第二十三次会议《关于修改〈辽宁省道路运输管理条例〉的决定》第二次修正。

为了维护道路运输市场秩序,保障道路运输经营者及其服务对象的合法权益,促进道路运输事业的发展,制定本条例。

在第六章中主要阐述了车辆维修与检测要求。

第二十九条　车辆维修经营者应当按照国家和行业有关技术标准维修车辆,做好维修记录,执行国家和省规定的工时定额,并向车主开具结算票据和工时材料明细表。

第三十条　车辆维修经营者承接机动车大修、总成大修、小修和车辆二级维护，应当与车主签订维修合同。对维修竣工的车辆，应当签发出厂合格证。

第三十一条　车辆维修实行质量保证期制度。在保证期内，因维修质量原因发生故障的车辆，承修者应当无偿返修；造成车辆损坏的，应当依法承担赔偿责任。

发生维修质量争议的，当事人可协商解决，也可以向道路运输管理机构申请调解；当事人不愿通过协商、调解解决，或者协商、调解解决不成的，可依法申请仲裁或者向人民法院提起诉讼。

第三十二条　肇事车辆维修，由车主自行择厂修理。任何单位和个人不得强行为车主指定修理厂家。

第三十三条　车辆维修经营者不得实施下列行为：

(一)承修报废车辆；

(二)利用假劣配件修理车辆；

(三)违反国家和省关于二级维护的规定，漏项、减项作业；

(四)擅自改装机动车。

第三十四条　车辆检测经营者应当按照国家和省制定的标准进行检测，如实出具检测结果，并承担相应的责任。

第二节　机动车维修价格结算员职业道德及行为规范

一　职业和职业道德

1 职业

职业是社会成员对社会所承担的职责和工作，具有一定的社会责任性。在现实生活中，人们习惯于把每个人在社会中所从事的并作为主要生活来源的工作称之为职业。职业产生于社会分工，并随着生产力的发展，不断产生新的类别。为了规范从业人员的职业行为，确保职业活动的正常进行，必须建立用于调整职业生活中发生的各种关系的职业道德规范。

2 职业道德

职业道德是所有从业人员在职业活动中应该遵循的行为准则，涵盖了从业人员与服务对象、职业与职工、职业与职业之间的关系。随着现代社会分工的发展和专业化程度的增强，市场竞争日趋激烈，整个社会对从业人员职业观念、职业态度、职业技能、职业纪律和职业作风的要求越来越高。

职业道德不仅是从业人员在职业活动中的行为标准和要求，而且是本行业对社会所承担的道德责任和义务。

在内容方面，职业道德必须鲜明地表达职业义务、职业责任以及职业行为上的道德准则。

由于职业道德是在特定的职业实践基础上形成的，反映的是职业、行业乃至产业特殊利益的要求，因而它往往表现为某一职业特有的道德传统和道德习惯，表现为从事某一职业的人们所特有的道德心理和道德品质。

在表现形式方面,职业道德往往比较具体、灵活、多样。它从本职业的交流活动实际出发,采用制度、守则、公约、承诺、誓言、条例,以及标语口号之类的形式,以便于为从业人员所接受和实行,也有利于形成一种职业的道德习惯。

从调节的范围来看,一方面,职业道德可以用来调节从业人员行业内部之间的关系,加强职业、行业内部人员的凝聚力;另一方面,也可以用来调节从业人员与其服务对象之间的关系,用来塑造本职业从业人员的形象。

从产生的效果来看,职业道德既能使一定的社会或阶级的道德原则和规范"职业化",又能使个人道德品质"成熟化"。任何一种形式的职业道德,都在不同程度上体现着阶级道德或社会道德的要求。同时,职业道德与各种职业要求以及职业生活结合,具有较强的稳定性和连续性,形成从业人员比较稳定的职业心理和职业习惯,以致在很大程度上会改变人们在学校学习阶段和少年生活阶段所形成的品行,影响道德主体的道德风貌。

3 社会主义职业道德

社会主义职业道德是人类社会崭新的职业道德,它批判地继承了人类社会各个历史时期的优秀成果,与以往建立在私有制基础上的职业道德有着本质的区别。

1)社会主义职业道德是一种新型职业道德

社会主义职业道德是建立在社会主义经济基础上的、以共产主义道德为指导的新型职业道德。为人民服务是社会主义道德的集中体现,也是"爱岗敬业、诚实守信、办事公道、服务群众、奉献社会"的社会主义职业道德的核心内容。社会主义职业道德的这些特点,不仅从道德领域反映了有中国特色的社会主义制度的优越性,而且成为调整社会主义社会职业与职业以及职业内部利益关系的调节器,成为激励从业人员提高职业认识、培养职业感情、锻炼职业意志、树立职业理想、遵守职业纪律,以及做好本职工作的强大精神力量。

2)社会主义职业道德体现公民权利与义务相统一的精神

在社会主义社会中,无论从事哪一种职业都是为人民服务。各种职业的从业人员处在共同理想指导下建立起来的平等、互助、团结、友爱的关系之中。在社会主义社会里,人人都是服务对象,人人又都为他人服务。这种崭新的职业关系体现了公民权利与义务相统一的精神和"我为人人,人人为我"的原则,因而易于为职工所接受和实践,激发履行义务的自觉性,从而有效地发挥职业道德的作用。

3)社会主义职业道德是整个社会主义道德结构中的一个重要组成部分

社会主义社会一切职业规范的形成,都贯穿着社会主义、共产主义道德的原则和要求。所以,用社会主义职业道德规范约束从业者的职业生活和职业行为,就为人们进行社会主义道德实践活动提供了极大的可能性和现实性。

二 职业道德的特点、作用和标准

1 职业道德的特点

1)适用范围的有限性

每种职业都担负着一种特定的职业责任和职业义务。由于各种职业的职业责任和义务不同,从而形成各自特定的职业道德的具体规范。

2)发展历史的继承性

职业具有不断发展和世代延续的特征,不仅很多技术世代沿承,而且管理方法、经营方式也有一定的历史继承性。因此,职业道德具有发展的历史继承性,如"有教无类"、"学而不厌,诲人不倦",从古至今始终是教师的职业道德。

3)表达形式的多样性

由于各种职业道德根据职业特性的不同,要求得比较具体、细致,因此,其表达形式也是多种多样。如行业规范、行为公约、内部规定、章程、制度等形式,有的甚至是口耳相传、约定俗成。

4)贯彻执行的纪律性

纪律也是一种行为规范,但它是介于法律和道德之间的一种特殊的规范。它既要求人们能自觉遵守,又带有一定的强制性。兼有道德和法律的双重色彩,具有法令的要求。职业道德有时以制度、章程、条例的形式表达,让从业人员认识到职业道德具有纪律的规范性。

2 职业道德的作用

职业道德是社会道德体系的重要组成部分,它既具有社会道德的一般作用,又具有自身的特殊作用。

1)有助于调节从业人员内部以及从业人员与服务对象之间的关系

职业道德的基本职能是调节职能。一方面,职业道德可以调节从业人员内部的关系,即运用职业道德规范约束职业内部人员的行为,促进职业内部人员的团结与合作。如职业道德规范要求各行各业的从业人员,都要团结、互助、爱岗、敬业,齐心协力地为发展本行业、本职业服务。另一方面,职业道德又可以调节从业人员和服务对象之间的关系。例如,职业道德规定了制造产品的工人怎样对用户负责,营销人员怎样对顾客负责,医生怎样对病人负责,教师怎样对学生负责,机动车维修从业人员怎样对托修方负责等。

2)有助于维护和提高本行业的信誉

一个行业或一个企业的信誉,也就是它们的形象、信用和声誉,是指行业或企业及其产品与服务在社会公众中的信任程度,提高企业的信誉主要靠产品的质量和服务质量,而从业人员高尚的职业道德是产品质量和服务质量的有效保证。若从业人员职业道德水平不高,就很难生产出优质的产品和提供优质的服务。提高行业的信誉,要靠业内企业和从业人员的共同努力。

3)有助于促进本行业的发展

行业或企业的发展有赖于高的经济效益,而高的经济效益源于高的员工素质。员工素质主要包含知识、能力、责任心三个方面,其中责任心是最重要的。职业道德水平高的从业人员责任心是很强的,能促进本行业的发展。

4)有助于提高全社会的道德水平

职业道德是整个社会道德的重要内容之一。一方面,职业道德涉及每个从业者如何对待职业,如何对待工作,是一个从业人员态度、价值观念的表现,是一个人道德意识、道德行为发展是否成熟的标志,具有较强的稳定性和连续性。另一方面,职业道德也是一个职业集体,甚至一个行业全体人员的行为表现。如果每个行业、每个职业集体都具备优良的道德,对整个社会道德水平的提高必然会发挥重要的作用。

3 为人民服务是社会主义职业道德的最高标准

“为人民服务”是社会主义道德的核心。邓小平同志曾经指出：人民满意不满意，人民高兴不高兴，人民赞成不赞成，应当成为衡量我们一切工作与言行的标准。《公民道德建设实施纲要》把“服务群众，奉献社会”作为公民职业道德建设的重要内容鲜明地提了出来。职业生活是人的生命历程中最重要的阶段，也是人们社会实践的最重要的舞台。各种职业活动的属性和目的并不是任意确定的，而是要基于人民群众的需要；职业活动的价值评价标准也不是出自从业者的主观臆断，而是掌握在其所服务的对象—人民群众手中。为人民服务就是一切向人民负责，一切从人民利益出发的思想观点和行为准则，因此，它必然成为衡量每个行业制定具体职业道德规范的最高标准。在任何职业活动中，都必须始终坚持为人民服务的宗旨，树立“以服务人民为荣，以背离人民为耻”的社会主义荣辱观。

1）为人民服务是社会主义道德的集中体现

为人民服务体现了社会主义道德的实质。社会主义道德克服了以往社会道德中目的和手段、权利和义务的分离，达到了四者的统一。

在社会主义社会，为人民服务既是目的，又是手段；人民既是权利和义务的主体，也是权利和义务的客体。人民都是服务对象，又都为他人服务，反映到道德上，就是倡导为人民服务，一切从人民利益出发，彼此互相关心、互相爱护、互相帮助，并同一切危害人民利益的现象作斗争。

2）为人民服务是社会主义经济基础的客观要求

职业道德属于上层建筑，它由经济基础决定，同时又为经济基础服务。社会主义社会实行以公有制为主体、多种所有制经济共同发展的经济制度，社会主义社会的本质是解放生产力和发展生产力，改善人民群众的生活，消除两极分化，实现人民共同富裕。因此，社会主义职业道德建设不能忽视广大人民群众的最大利益，要将为人民服务视为社会主义职业道德建设的出发点和根本目的。

3）为人民服务是建立和发展社会主义市场经济的需要

社会主义市场经济的目的是推动生产力的发展，创造更多物质财富，满足人民的需要，使人民生活上富裕、精神上充实。社会主义市场经济的本质就是为人民服务的经济；同时，为人民服务又为社会主义市场的健康发育和整个社会的全面发展，提供强有力的思想道德保证和巨大的精神动力。市场经济本身有它无法克服的弱点，发展社会主义市场经济要靠法制，也需要有社会伦理作为基础。在市场经济中，只有坚持为人民服务的价值导向，才能在市场竞争的强制作用下，培养起人们为人民服务的观念，从而消除市场经济带来的消极影响。

4）为人民服务是履行职业职责的精神动力和衡量职业行为善恶的最高标准

人们在完成本职工作的时候，会遇到各种困难和曲折，需要付出许多努力与辛劳，才能达到要求。这时，只有在为人民服务的精神鼓舞下，才能克服困难，取得最佳成绩。具体的职业道德准则可以规范人们的行为，而为人民服务的精神才能给人以热情与力量。

为人民服务的基本内容包括了把集体利益放在首位，它是正确处理社会主义社会各种利益关系的依据。在社会主义社会，既存在着个人与社会的利益关系，也存在着集体与国家及整个社会之间的利益关系。正确处理好这些关系，是为人民服务思想得到认真贯彻的重要表现。

5)为人民服务体现了社会主义职业道德建设的先进性要求和广泛性要求的统一

为人民服务是共产党人的根本宗旨,同时也是对各行各业人员的共同要求。在社会主义社会,我们既提倡道德的先进性,即共产党员和先进分子为人民的利益公而忘私、勇于献身的崇高共产主义道德品质,也重视其广泛性,即普通劳动者只要诚实劳动、忠于职守、公平交易、按劳取酬、履行公民义务、热心社会公益事业,也属于为人民服务的范畴。社会主义职业道德建设必须从广大人民群众的实际出发,把社会主义道德的先进性要求和广泛性要求结合起来,通过不断教育逐步引导人们不断追求更高道德目标,调动广大人民群众履行为人民服务道德规范的积极性。

三 机动车维修职业道德及其社会性

1 机动车维修职业道德范畴

机动车维修职业道德范畴反映的是机动车维修职业与其他职业之间、机动车维修与社会之间、机动车维修职业内部职工之间最本质、最重要、最普遍的职业道德关系的概念。认识并掌握这些范畴,对于正确理解和履行机动车维修职业道德,具有重要的指导意义。

机动车维修职业道德范畴主要有如下几方面:

1)机动车维修职业的义务和良心

(1)机动车维修职业义务,是指机动车维修从业人员在职业生活中所履行的道德义务。

道德义务是从职业(或岗位)责任中引申出来的。当机动车维修从业人员认识到自己的职业责任,从而产生积极推动机动车维修行业发展进步的使命感和责任感,并落实到修车行为上,在实际工作中自觉自愿地履行职业责任,这就是一种道德行为,就是履行机动车维修职业义务的表现。机动车维修业是道路运输事业的保障体系,是发展现代化交通运输业的重要组成部分,与社会责任相联系。我国机动车维修职业和机动车维修从业人员应承担和履行的职业道德义务是:热爱机动车维修,献身机动车维修,确保道路运输车辆技术状况完好,努力发展交通运输业。

(2)机动车维修职业良心,是同机动车维修职业义务密切相关的重要道德范畴,是蕴藏在机动车维修从业人员内心深处对职业忠实的一种情感,一种意识活动。如果说义务是自觉意识到的一种道德责任,那么良心就是对道德责任的自觉意识。机动车维修职业良心主要有两层含义:一是机动车维修从业人员内心强烈的对机动车维修业、对服务对象的道德责任感;二是机动车维修从业人员依据机动车维修职业道德的基本要求进行自我评价的能力。机动车维修职业良心对职业行为影响很大,它可以激发、鼓励从业人员行为从善,抑制不道德行为。机动车维修职业良心是从业人员内心的道德法庭,对职业行为的后果和影响有评价作用。履行了职业义务并产生良好后果和影响,良心上会感到满足,否则,就会受到良心的谴责。我们必须在职业活动中自觉培养职业良心,使职业行为更加符合社会主义道德要求。

2)机动车维修职业信誉和尊严

(1)机动车维修职业信誉,包括机动车维修职业的信用和名誉,它表现为社会对机动车维修职业的信任感和机动车维修职业在社会生活中的声誉。在社会主义市场经济条件下,信誉对于机动车维修职业至关重要。信誉高,对社会产生强大的吸引力、凝聚力,增强从业者的职业荣誉感和责任感。机动车维修职业的社会声誉,是机动车维修职业形象的外在反映,是服务对象及社会各界对行业的信誉评价。机动车维修质量检验人员作为机动车维修职业的关键环节,其职业信誉对于保证机动车维修质量,维护机动车维修职业的形象以及社会声誉的树立等尤为重要。因此,机动车维修从业人员,一定要重视职业信誉在道德建设中的作用,牢固树立机动车维修职业信誉的观念。

(2)机动车维修职业尊严,是指社会或他人对机动车维修职业的尊重,也指机动车维修从业人员对机动车维修职业的尊重和爱护。机动车维修职业尊严可以使从业人员自我控制和支配职业行为,使自己的一举一动都从维护机动车维修职业尊严出发,避免发生不利于或有损于职业尊严的行为。

职业尊严是职业形象内在素质的客观反映,与职业义务、职业责任、职业纪律、职业道德有紧密联系。从业者认真履行职业义务,尽职尽责地为服务对象服务,人们就会尊重你的职业活动,尊重你的为人,从而树立起职业形象;如果对服务对象傲慢无礼,甚至妨碍、侵害其利益,就会受到社会的谴责而损害职业形象。因此,维护职业尊严就要忠实地履行职业义务,全心全意地为人民服务。

3)机动车维修职业责任和情感

(1)机动车维修职业责任,是指机动车维修从业人员所承担的社会责任。在社会主义社会,任何一种正当职业都承担着一定的社会责任。机动车维修职业所承担的社会责任,具体地讲,就是对机动车技术状况负责、对托修方负责。从宏观上讲,就是承担着保障道路运输事业发展的重大职能。

(2)机动车维修职业情感,是指为履行社会责任,而必须具备的对人民高度负责的职业情感。具备了这种情感,才能主动地、自觉地为维修机动车、为托修方服务。在机动车维修职业活动中,对学习掌握维修技术缺乏积极性,对机动车维修工作马马虎虎,使得机动车维修质量低劣等现象,就是缺乏这种职业情感的具体反映。因此,机动车维修从业人员在机动车维修业中承担着重要的社会责任,应时时事事关心托修方的利益,以高度的责任感和热爱机动车维修职业的饱满热情,全心全意地为托修方提供机动车维修服务,保障机动车安全、顺利运行。

2 机动车维修职业道德的社会性

机动车维修职业道德的社会性是由机动车维修职业的特点及客观要求决定的。

我国机动车维修职业的社会责任是:恢复和提高机动车技术状况,保证安全生产,充分发挥机动车的效能和降低运行消耗。

机动车维修职业最明显的特征就是以其技术上的可靠性,恢复汽车的使用性能,使汽车能正常运行。这就决定了从事机动车维修工作的人员必须牢固树立为客户服务的思想,热爱本职工作,努力钻研技术,爱岗敬业、忠于职守、尽职尽责,以精湛的技术、熟练的业务、优良的服务满足用户对车辆维修的需要。

机动车维修人员为社会提供的不是实物形态的产品,而是维修服务。对车主来说,只要交付了足够的维修费用,就要求获得一个满意的服务。因此,精工细作、完工及时、安全可靠、优质高效地向用户提供维修合格的车辆,就成为每一个机动车维修从业人员的基本职业责任。

机动车维修既有工作量大的连续性作业,也有临时性的小型修理作业,维修企业内部各层次、各环节、各工种之间存在着十分密切的关系，需要相互衔接和配合。同时，机动车维修行业作为道路运输生产的保障体系，它与整个道路运输行业又有着纵横交错的联系，与整个社会有着千丝万缕的关系。

机动车维修工作是一项技术性强、安全要求高的工作，加之机动车维修人员都掌握着一定的修理技术，有于人于己的“方便”之处。这一特点客观上又向从业人员提出了遵章守纪、规范操作、廉洁自律、克己奉公、不谋私利、维护国家和集体利益的基本要求。车辆运输成本开支伸缩性最大的项目是油料费支出和修理费支出。这些既与驾驶员有关，也与维修人员的工作质量有关。这就要求机动车维修从业人员必须规范操作，保证质量，精打细算，点滴节约。

机动车维修业是我国道路运输业的组成部分，是为道路运输和人们出行服务的。我国道路运输生产活动的社会性质，决定了机动车维修职业的利益与社会利益的一致性。机动车维修生产任务的完成状况（生产进度和维修质量）直接影响道路运输的进行，影响到公众的利益和人民生命、国家财产的安全。机动车维修人员从事生产活动过程中，直接或间接地与服务对象（托修方）进行面对面的交往，还经常同社会其他职业（如机动车配件经营行业、机动车销售行业等）发生直接联系，这种特有的工作性质，要求从业者在实践机动车维修职业道德时，首先要履行社会公德，自觉将自己置身于社会大环境下严格自律，为生产、为流通、为消费全方位服务。

四 机动车维修从业人员职业道德规范

机动车维修从业人员职业道德规范，是指机动车维修从业人员在机动车维修工作中必须遵循的职业道德准则和行为规范。每一位机动车维修从业人员都要自觉遵守以爱岗敬业、诚实守信、办事公道、服务群众、奉献社会为主要内容的职业道德，为机动车维修业的发展做出奉献。

1 爱岗敬业

爱岗敬业是为人民服务思想和集体主义精神的具体体现，是社会主义职业道德基本规范的基础。

爱岗就是热爱自己的工作岗位，热爱本职工作。爱岗是对人们工作态度的一种普遍要求。

热爱本职，就是职业工作者以正确的态度对待各种职业劳动，努力培养热爱自己所从事的工作的幸福感和荣誉感。一个人，一旦爱上了自己的职业，他的身心就会融入到工作中，就能在平凡的岗位上做出不平凡的业绩。

敬业就是用一种严肃的态度对待自己的工作，勤勤恳恳、兢兢业业、忠于职守、尽职尽责。敬业包含两层涵义：一为谋生敬业，这种职业态度所反映的敬业道德因素较少，个人利益色彩较重。二为真正认识到自己工作的意义而敬业，这是高一层次的敬业，这种内在的精神，才是鼓舞人们勤勤恳恳、认真负责工作的强大动力。

爱岗与敬业总的精神是相通的，是相互联系在一起的。爱岗是敬业的基础，敬业是爱岗的具体表现，爱岗敬业是为人民服务精神的具体体现。

爱岗敬业不仅仅是一句口号、一种精神，在工作实践中，爱岗敬业实际上是衡量一个从业人员是否合格、是否优秀的重要标准。

热爱机动车维修工作，是机动车维修从业人员职业道德规范的首要内容。它反映了机动车维修从业人员对职业价值的正确认识和对所从事职业的真挚感情。一个人只有先爱岗位，爱自己所从事的工作，才能有高尚的职业道德。

爱岗敬业对于机动车维修从业人员的具体要求是：严守岗位、尽心尽责、注重务实、服务行业，兢兢业业地干好机动车维修各个岗位的本职工作，在机动车维修工作岗位上发扬忘我的工作精神，做到认真履行岗位职责，精通专业知识，熟练掌握专业技能，并在做好本职工作的基础上，在一定程度上和范围内争取全面发展，不断增长知识，增长才干，努力成为多面手，积极为机动车维修行业发展、为整个道路运输业发展服务，从而达到为人民服务的最终目的。

2 诚实守信

诚实守信是忠诚老实、信守诺言，是为人处事的一种美德。

诚实，就是忠诚老实，不讲假话。诚实的人能忠实于事物的本来面目，不歪曲、不篡改事实，同时也不隐瞒自己的真实思想，光明磊落、言语真切、处事实在。诚实的人反对投机取巧、趋炎附势、吹拍奉迎、见风使舵、争功诿过、弄虚作假、口是心非。

守信，就是信守诺言，说话算数，讲信誉，重信用，履行自己应承担的义务。

诚实和守信两者意思是相通的，是互相联系在一起的。诚实是守信的基础，守信是诚实的具体表现，不诚实很难做到守信，不守信也很难说是真正的诚实。诚实侧重于对客观事实的反映以及对自己内心的思想、情感的表达是真实的。守信侧重于对自己应承担和应履行的责任和义务的忠实，毫无保留地实践自己的诺言。

诚实守信不仅是做人的准则，也是做事的基本准则。诚实是我们对自身的一种约束和要求，讲信誉、守信用是社会对我们的一种希望和要求。一个人要想在社会立足，干出一番事业，就必须具有诚实守信的品德。

诚实守信是任何一个从业人员应遵守的职业道德，也是每一个行业树立形象的根本。机动车维修从业人员要明确：在从事机动车维修工作时，他既代表个人，又代表了企业，甚至代表了整个机动车维修行业和道路运输业的形象。如果一个机动车维修从业人员不能诚实守信，那么他所在企业就得不到人们的信任，甚至整个行业的形象也会因此受到损害。

诚实守信对于机动车维修从业人员的具体要求，主要在三个方面：一是严格执行国家、地方及行业相关机动车维修的法律、法规、规章、标准和规范，维护国家和机动车维修行业利益，对国家、行业做到诚实守信；二是重质量、重服务、重信誉，在企业管理、生产过程中建立和实施机动车维修质量保证体系，执行安全操作规程，按工艺规范正确完成维修作业项目，维护企业利益，对企业做到诚实守信；三是诚实劳动、合法经营，正确执行机动车维修工时定额和收费标准，不使用假冒伪劣机动车配件，维护托修方的利益，对消费者做到诚实守信。

3 办事公道

办事公道是在爱岗敬业、诚实守信的基础上提出的更高层次的职业道德的基本要求。办事公道需要有一定的道德修养基础。

办事公道是指从业人员在办事情、处理问题时，要站在公正的立场上，按照同一标准和同一原则办事的职业道德规范。

公正是几千年来为人所称道的职业道德。当前，我们正处于市场经济的大潮中，市场经济确立平等互利原则，这体现了买卖双方的平等地位，因此在经济领域中要求处事公平、办事公道。人们生活在世界上，要与人打交道，要处理各种关系，这就存在办事是否公道的问题。每个从业人员都要办事公道，例如一个服务员接待顾客不以貌取人，对不同经济能力、不同职业、不同国籍、不同民族的宾客能一视同仁，同样热情服务，这就是办事公道。在机动车维修行业，无论是对团体修车的大主顾，还是对于送车小修的私家车主，同样要热情接待、认真维修，这就是办事公道。

在职业活动中的公正公平，是为了保证每个人在社会上的合法地位和平等权利。如果办事不公正，徇私舞弊，势必会损害社会主义平等竞争的原则，形成不正当竞争，造成新的不平等，就会对社会各方面产生消极的影响，最终会阻碍社会经济的发展。

在职业活动中要做到办事公道，首先要加强从业人员的个人修养，要做到相信真理，追求正义；坚持原则，不徇私情；不谋私利，反腐倡廉；不计个人得失，不怕各种权势；加强学习，不断提高认知能力，明辨是非标准，识别善恶美丑。

办事公道是衡量每一位机动车维修从业人员职业道德水平的重要标志，特别是机动车维修企业负责人、技术负责人、质量检验员和车辆技术评估人员，更要做到这一点。

办事公道，对于机动车维修从业人员的具体要求：一是依法办事，严格按照机动车维修各项工艺技术标准，进行机动车维修作业，自觉维护各项技术工艺标准的严肃性，保证机动车维修质量；二是裁量公正，机动车维修质量检验、车辆技术评估的结论要力求公正、准确、合理、适当，维护消费者的合法权益，维护企业的声誉；三是尽职尽责，敢于管理、敢于负责任、敢于承担风险，把严格管理建立在热爱本职工作的基础上，不怕困难，不回避矛盾，坚持原则，任劳任怨以对党和国家、对行业、对人民高度负责的精神，恪尽职守，保证机动车维修质量和服务水平。

4 服务群众

服务群众是为人民服务精神的直接表达。

服务群众就是为人民群众服务。服务群众指出了我们的职业与人民群众的关系，我们工作的主要服务对象是人民群众，我们应当依靠人民群众，时时刻刻为群众着想，急群众所急，忧群众所忧，乐群众所乐。

一切依靠人民群众，一切服务于人民群众，是我们党的群众路线的重要内容。服务群众是党的群众路线在社会主义职业道德方面的具体表现，这也是社会主义职业道德与私有制社会职业道德的分水岭。

服务群众是对所有从业人员的要求。在社会主义社会，每个从业人员都是群众中的一员，既是为别人服务的主体，又是别人服务的客体。每个人都有权享受他人职业服务，同时又承担着为他人做出职业服务的义务。因此，服务群众作为职业道德，是对所有从业者的要求。

要做到服务群众，就要树立服务群众的观念，尊重群众，方便群众。要真心对待群众，了解群众所思、所想、所需，把服务群众的观念落实到行动上。每个从业人员无论做任何事情，都要想到群众，想到群众的利益，实实在在地为群众服务，真正为群众谋利益，决不损害群众的利益。

服务群众，首先，要真正做到服务群众，不仅要树立服务群众的观念，还要将群众观念落实到机动车维修职业活动中去。要做到文明礼貌，优质服务，就要求从业人员说话和气、热情主动、耐心周到。热情主动表现为热情大方、态度积极；耐心周到表现为心平气和、沉着冷静，想服务对象所想、急服务对象所急。真正把服务对象的事情当作自己的事情来办，让服务对象体会到一种宾至如归的感觉，保持承、托修双方之间长期的良好的合作关系。其次，还要认真钻研业务，具备为群众服务的技能。机动车技术发展很快，对维修工艺和维修技术方面的要求越来越高，要做好机动车维修工作，一定要学习机动车电子控制等新技术，学会使用机动车检测诊断设备，学习机动车维修企业的技术质量管理知识，学习质量检验技术的有关理论，勇于实践，不断提高自己的工作技能；认真学习管理业务知识也十分重要，要熟悉机动车维修工时定额和收费标准，努力提高管理工作业务素质，实现岗位的价值；还要不断拓宽知识层面，提高综合分析、解决问题的能力，刻苦学习，勇于钻研，努力提高本职工作能力和水平；对国家的方针、政策、法规和标准，更要认真学习、自觉遵守，提高自主的政治觉悟，树立正确的人生观、价值观，为促进行业的发展和提高企业经济效益而努力工作。

5 奉献社会

奉献社会，就是全心全意为社会做贡献，这是为人民服务精神的最高体现。有这种精神境界的人，就能把自己的一切都奉献给国家、人民和社会。

奉献，就是不期望等价的回报和酬劳，而愿意为他人、为社会、为真理、为正义献出自己的力量，包括宝贵的生命。奉献社会不仅有明确的信念，而且有崇高的行为。

奉献社会的精神主要强调的是一种忘我的全身心投入的精神。当一个人专注于某种事业时，他关注的是这一事业对于人类、对于社会的意义。他会为此而兢兢业业，任劳任怨，不计较个人得失，甚至不惜献出自己的生命。

一个人不论从事什么行业的工作，不论在什么岗位，都可以做到奉献社会。在市场经济条件下，倡导无私奉献的精神，可以使企业和个人改善服务质量，提高信誉程度，增强竞争实力，从而赢得顾客，赢得市场。

奉献社会是职业道德中的最高境界。奉献社会是一种人生境界，是一种融合在事业中的高尚人格。与爱岗敬业、诚实守信、办事公道、服务群众这四项规范相比较，奉献社会是职业道德中的最高要求，同时也是做人的最高境界。爱岗敬业、诚实守信是对从业人员职业行为的基础要求，做不到这两项要求，就很难做好工作；办事公道、服务群众比前两项要求更高了一些，需要有一定的道德修养作基础；奉献社会，则是这五项要求中最高的，一个人只要达到一心为社会做奉献的境界，他的工作就必然能做得很好，就能实现全心全意为人民服务。

奉献社会对于机动车维修从业人员的具体要求是：以本业为荣，以本职为乐，积极为机动车维修行业发展奉献出自己的力量，不能只讲索取，不讲奉献。在机动车维修服务工作中，不计名利、勇于吃苦、任劳任怨，用“毫不利己，专门利人”的精神，最大限度地满足服务对象的需求，在奉献中充分体现自己的人生价值。

五 机动车维修价格结算员行为规范

机动车维修价格结算员与本行业其他岗位不同的是，机动车维修价格结算员每天都要与各种各样的顾客接触，各种社会关系都在这里直接反映出来，成为精神文明和道德风尚的窗口。一方面直接接触的对象是人，经常发生感情、语言、思想上的交流。另一方面由于经营场地的开放性，工作作风和服务态度作为行业风气对社会直接产生影响，“风气好不好，修车一次就知道”。在现实社会中，有的修理厂由于采用时刻为用户着想以及优质、高效、价格公道、接待热情、处处方便用户的经营方法，获得了良好的社会信誉。反之，有一些修理厂任意降低修理标准，减免修理作业项目，配件以次充好，以旧冒新等手段大打价格战，到头是蒙骗用户，对行风产生恶劣的影响，其结果是自砸招牌，关门大吉。而机动车维修价格结算员作为用户与厂家产生关系的第一道“工序”，其“服务为本，用户至上”这个正确的服务思想是至关重要的。

要使“服务为本，用户至上”的思想，在机动车维修职业实践活动中得到贯彻，这就要求机动车维修价格结算员要把用户的利益放在首位，事事为用户着想，处处为用户提供方便，要做到“修车人要想到开车人”。用户作为消费者来厂修车，有权获得质量保障、价格合理、计量正确等公平交易条件，有权拒绝经营者的强制交易行为和欺骗行为。要保障用户的利益，就要求机动车维修价格结算员严格按照国家的法律法规、行业管理规章以及本企业管理制度做好机动车维修报价工作，合理收费。在修车结算过程中，还要实事求是地统计核实机动车维修全过程、各工种、各项目的收费，并热情耐心地向托修方解释说明各项收费及其依据。合理收费是讲究信誉的具体体现，是端正行风的要求。把讲信誉和合理收费列为机动车维修价格结算员职业道德规范，是由其工作的性质特点所决定的，也是“用户至上”的服务思想在职业实践中最好的体现。

同时，机动车维修价格结算员还应注意应有礼仪，有较好的职业形象。

1）仪表端庄、整洁

(1)头发：职员头发要经常清洗，保持清洁，男性职员头发不宜太长。

(2)指甲：指甲不能太长，应经常注意修剪；女性职员涂指甲油要尽量用淡色。

(3)胡子：胡子不能太长，应经常修剪。

(4)口腔：保持清洁，上班前不喝酒或吃有异味食品。

(5)女性职员化妆应给人清洁健康的印象，不能浓妆艳抹，不宜用香味浓烈的香水。

2）工作场所的服装应清洁、方便，不追求修饰

(1)衬衫：无论是什么颜色，衬衫的领子与袖口不污秽。

(2)领带：外出前或要在众人面前出现时，应佩戴领带，并注意与西装、衬衫颜色相配。领带不得肮脏、破损或歪斜松弛。

(3)鞋子应保持清洁，如有破损应及时修补，不穿带钉子的鞋。

(4)女性职员要保持服装淡雅得体，不过分华丽。

(5)职员工作时不宜穿大衣或过分臃肿的服装。

3）在公司内职员应保持优雅的姿势和动作

(1)站姿：两脚脚跟着地，脚尖分开约45°，腰背挺直，胸膛自然，颈脖伸直，头微向下，使人看清你的面孔。两臂自然，不耸肩，身体重心在两脚中间。会见客户或在长辈、上级面前，不得把手交叉抱在胸前。

(2)坐姿：坐下后，应尽量坐端正，把双腿平行放好，不得傲慢地把腿向前伸或向后伸，或俯视前方。要移动椅子的位置时，应先把椅子放在应放的地方，然后再坐。

(3)与同事相遇应点头行礼表示致意。

(4)握手时用普通站姿，并目视对方眼睛。握手时脊背要挺直，不弯腰低头，要大方热情，不卑不亢。同性间应先向地位低或年纪轻的伸手，异性间应先向男方伸手。

(5)出入房间的礼貌:进入房间,要先轻轻敲门,听到应答再进;进入后,回手关门,不大力、粗暴;进入房间后,如对方正在讲话,要稍等静候,不中途插话;如有急事要打断说话,也要看机会,而且要说:"对不起,打断下您们的谈话。"

(6)递交物件时,如递文件等,要把正面、文字对着对方的方向递上去,如是钢笔,要把笔尖向自己,使对方容易接着;至于刀子或剪刀等利器,应把刀尖向着自己。

(7)走路时要放轻脚步。在通道和走廊里不要一边走一边大声说话,更不要唱歌或吹口哨等;在通道、走廊里遇到上司或客户要礼让,不抢行。

4)正确使用公司的物品和设备,提高工作效率

(1)不野蛮对待公司的物品或挪为私用。

(2)及时清理、整理账簿和文件,墨水瓶、印章盒等使用后盖子及时盖好。

(3)借用他人或公司的东西,使用后及时送还或归放原处。

(4)工作台上不摆放与工作无关的物品。

(5)公司内以职务称呼上司。同事、客户以先生、小姐等相称。

(6)未经同意不随意翻看别人的文件、资料等。

5)正确、迅速、谨慎地打、接电话

(1)电话来时,听到铃响,至少在第二声铃响前取下话筒。通话时先问候,并自报公司、部门。对方讲述时要留心听,并记下要点。未听清时,及时告诉对方,结束时礼貌道别,待对方切断电话,自己再放话筒。

(2)通话简明扼要,不在电话中聊天。

(3)对不知名的电话,判断自己不能处理时,可坦白告诉对方,并马上将电话交给能够处理的人。在转交前,应先把对方所谈内容简明扼要告诉接收人。

(4)工作时间内,不打私人电话。

6)接待工作

(1)在规定的接待时间内,不缺席。

(2)有客户来访,马上起来接待,并让座。

(3)来客多时按先来后到进行,不先接待熟悉客户。

(4)对事前已通知来的客户,要表示欢迎。

(5)应记住常来的客户。

(6)接待客户时应主动、热情、大方、微笑服务。

7)介绍和被介绍

(1)无论是何种形式、关系、目的和方法的介绍,对介绍负责。

(2)直接见面介绍的场合下,应先把地位低者介绍给地位高者。若难以判断,可把年轻的介绍给年长的。在自己公司和其他公司的关系上,可把本公司的人介绍给别的公司的人。

(3)把一个人介绍给很多人时,应先介绍其中地位最高的或酌情而定。

(4)男女间的介绍,应先把男性介绍给女性。男女地位、年龄有很大差别时,若女性年轻,可先把女性介绍给男性。

8)名片的接受和保管

(1)名片应先递给客户、长辈或上级。

(2)把自己的名片递出时,应把文字向着对方,双手拿出,一边递交一边清楚说出自己的

姓名。

(3)接对方的名片时,应双手去接,拿到手后,要马上看,正确记住对方姓名后,将名片收起。如遇对方姓名有难认的文字,马上询问。

(4)对收到的名片妥善保管,以便查看。

第三节　机动车维修价格结算员岗位职责

一　机动车维修价格结算员任职条件

根据机动车维修行业管理对机动车维修企业人员配备规定的要求,机动车维修价格结算员是机动车维修企业中,对承修车辆在维修过程中所发生的费用进行统计、核实,并确定向托修方收取相关费用等工作的责任人。机动车维修企业配备机动车维修价格结算员是规范机动车维修价格结算工作,使机动车维修企业向管理规范化、维修标准化方面努力的需要。1998 年交通部第 4 号令《道路运输车辆维护管理规定》(2001 年修正)中规定:"维修企业应配备专职价格结算人员。价格结算人员必须经过培训,考核合格,持证上岗;维修企业及价格结算人员,应严格执行当地交通部门制定的工时定额,并严格按当地交通部门会同物价部门制定的工时费率标准收取工时费"。本规定对机动车维修企业和机动车维修价格结算员作了非常明确的要求。担任机动车维修价格结算员必须具备如下条件:

(1)高中以上文化程度;

(2)熟悉国家价格政策和法律、法规以及行业价格管理政策;

(3)熟练掌握机动车维修价格结算的内容和方法;

(4)懂得一定的机动车维修知识,有一定的实践经历;

(5)有高度的工作责任心和良好的职业道德,能独立完成机动车维修价格结算工作。机动车维修价格结算员必须经过当地交通部门组织的岗位专业培训,按规定完成学习任务,考核合格,取得交通部门核发的《机动车维修价格结算员证》,持证上岗。

二　机动车维修价格结算员的素质要求

机动车维修价格结算员的基本素质要求,具体归纳如下:

1 文化素质

随着我国国民经济的高速发展,机动车保有量迅速增长,机动车维修业出现多层次、多形式、各种经济成分并存的局面,规范机动车维修市场是形势发展的需要。同时,机动车技术的快速更新,对机动车维修企业的从业人员提出了更高的要求。提高企业职工素质,尽快建立一支掌握现代化管理知识和具有管理能力的队伍,是机动车维修企业发展的基本策略。因此,要成为一名合格的机动车维修价格结算员,必须具有本专业职业技术学校毕业或高中毕业以上的文化水平。

2 业务素质

机动车维修价格结算员作为机动车维修企业的业务人员，对其业务能力的具体要求：一是要熟悉国家价格政策和法律、法规以及价格管理政策；二是要熟练掌握交通行政管理部门和物价部门制订的价格标准、机动车维修结算方法和操作技能；三是要对机动车维修专业知识有全面的了解，如机动车结构和基本原理，机动车维修基本常识，机动车配件知识和配件市场信息，机动车维修工艺流程和各工种的工艺特点、成本构成，有一定的维修技能和经历；四是要适应企业现代化管理的要求，能熟练操作计算机，运用相关软件进行本专业的辅助管理工作。

3 思想素质

机动车维修价格结算员的工作岗位直接面对客户，是企业对外的窗口，其思想素质的高低直接影响到企业的形象，关系到企业的业务发展。因此，一是要求价格结算员具备高度的工作责任感和事业心，在工作中熟悉掌握国家政策法律和行业管理规章以及本企业的管理制度；二是要具有良好的职业道德，爱岗敬业，秉公办事，廉洁奉公，团结协作，诚信无欺，讲究信誉等等。

三 机动车维修价格结算员岗位职责

机动车维修价格结算员岗位职责：

(1)在业务厂长的领导下，负责对竣工车辆的结算和收款工作，严格按照国家的法律法规、行业管理规章以及本企业规章制度，做好机动车维修价格结算工作，合理收费。

(2)实事求是地统计核实机动车维修全过程、各工种和各项目的收费。

(3)热情耐心地向托修方解释说明各项收费及其依据。

(4)及时掌握机动车维修市场的价格变化信息并向企业做好信息反馈工作。

(5)及时学习和掌握机动车维修价格结算的新政策、新知识，并运用在岗位工作上。

(6)加强现金管理，夜间保险柜不得存放现金，每日下班前应及时将现金上交公司财务部。

(7)完工车结算要及时、准确，欠账签单的客户，需凭定点维修合同或相关领导批准方能办理签单，非签单的客户一定要结清账后车才可出厂。

(8)收入要按日进行统计，每周、半月、月度要填写报表上报。

(9)负责完工车辆出门证的签发；接受公司会计监督、指导。

(10)协助业务部做好有关车主、客户的接待工作。

(11)及时完成上级领导临时下达的其他工作。

机动车维修的收费，是受到国家的法律法规和行业管理规章监管的行为。作为机动车维修价格结算员，必须首先熟练掌握有关法律、法规和规章，《中华人民共和国价格法》、《中华人民共和国消费者权益保护法》、《中华人民共和国经济合同法》、《中华人民共和国国家赔偿法》、《中华人民共和国道路运输条例》、《道路运输行政处罚规定》、《道路运输车辆维护管理规定》、《道路运输从业人员管理规定》以及当地省市交通行政管理部门制定的《机动车维修工时定额标准》，才能使本企业的收费行为合法化。

另外,各机动车维修企业因内部管理和市场竞争的需要,也会在法律、法规下制定一系列的收费标准,如各维修项目的工时单价等,使得收费标准反映出本企业的技术质量和管理水平。在现实社会中,价格因素对客户具有很大的吸引力,企业要在市场竞争中取得优势,就要在法律法规的基础上做出符合本企业实际的收费标准。机动车维修价格结算员的主要工作,就是按照这些本企业规定的实际收费标准进行统计和决算的。

机动车维修的情况是多种多样的,可能只涉及单项维修,也有可能涉及多个工种作业,机动车维修价格结算工作就是要对从机动车进厂到出厂所涉及的全部作业项目进行统计。因此,要本着对企业、对客户负责的态度进行作业项目的统计和审核。审核的内容包括各工种的工时是否准确、材料价格是否真实、收费的项目是否全面等。

工时的审核,一是审核维修过程中所列的作业项目是否符合车辆实际报修情况;二是审核每项作业项目是否符合交通行政管理部门规定的工时定额标准和本企业规定的工时单价,发现有过高的部分应予扣减,过低的部分给予调整,使收费符合规定。

机动车维修配件材料的价格会因为进货的时间、渠道不同而有所变动,应注意市场价格变化的情况。材料价格的审核是指机动车维修所使用的材料价格与当前市场价格是否一致,过低和过高都要向客户进行说明。否则,价格过低会使客户误以为是采用假冒伪劣产品,价格过高会被认为是乱收费。

价格结算的项目审核是指项目统计过程中是否有遗漏、重复的现象。要特别注意三种情况:一是车辆经过多个工种维修过程或由于维修周期长,派工单是否会有部分遗失,造成统计工作的漏单现象;二是作业内容应包含的项目又被另外单列为附加项目,造成重复统计;三是车辆出场检验中因维修质量问题进行返工所发出修理派工单,造成重复统计。

由于机动车维修价格结算的项目有可能是涉及多个工种和项目,托修方会根据自己对车辆技术状况的了解,对维修作业项目和价格提出各种疑问,如果处理不好,会造成托修方的误解和不信任,严重的还会因此而发生争执,甚至拒付。记住"顾客永远是对的"这句话,托修方提出疑问,就一定有其理由。因此,要求机动车维修价格结算员以其良好的修养认真听取客户的意见,耐心细致地解释收费项目中各项收费的因由和依据,做到以理服人。同时,这也是宣传本企业的好机会,通过解答客户的疑问,宣传本企业的服务宗旨,本企业的价格优势、技术优势和质量优势。顾客在理解企业之后,在接受到他所期望的优质服务之后,他就可能成为本企业的回头客。

另外,市场经济的发展使得机动车维修市场的价格不断发生变化。这些变化的原因可能是国家宏观经济政策(如外贸政策、税务政策、劳工政策等)的调整,也可能是政府行为(如政府采取采购政策等),也可能是机动车工业技术进步的结果(如新车型中采用了新技术、新修理工艺或设备工具的更新换代等),或者可能是个别地区的人为因素(如某个汽配公司的季节性处理积压商品或某企业打价格战等)。这些因素,影响着当地机动车维修市场价格的变化,如企业不及时做出调整,势必严重削弱本企业的竞争能力。因此,要求机动车维修价格结算员随时掌握市场价格的变化,洞察其中因由,分析价格变化的长短时效,及时提出本企业价格调整的建议,确保企业在市场竞争中的优势。

各机动车维修企业可根据本企业管理的方法采用各自的结算程序,但机动车维修价格结算工作的内容万变不离其宗,都离不开对机动车维修过程中所发生的费用进行审核、统计,确定费用并向托修方收费。传统的方法是把各工种的派工单、材料单收集起来进行审核统计,存在着工作效率低下,劳动强度大,容易出错等缺陷。为提高机动车维修价格结算工作的准确性和有效地提高其工作效率，目前大部分机动车维修企业已采用了先进的计算机管理软件进行价格结算工作，从而使企业的业务受理、车间调度、配件信息、竣工结算以及客户资料等方面的管理实现了高效、准时、精确。其中，机动车维修费用的结算是这些计算机管理软件的主要功能之一。因此，要求每一个机动车维修价格结算员都要熟练本企业使用的计算机管理系统，熟悉本企业计算机中所运行的操作系统，熟练包括汉字输入方法等基本操作技能，同时学会简单的维护工作，保证计算机系统的正常运行。

【复习思考题】

1. 我国的价格法主要规范内容是什么？机动车维修行业的价格管理体现在哪里？
2.《中华人民共和国消费者权益保护法》是哪年哪月通过的？消费者权益保护法出台的基本目的是什么？
3.《中华人民共和国道路运输条例》主要规定了哪些内容？
4.《道路运输车辆维护管理规定》共几章几条，《道路运输车辆维护管理规定》出台的基本目的是什么？
5. 根据汽车维修结算员岗位的特点，关于道路运输车辆维护管理规定，结算员需要掌握的主要内容是什么？
6.《辽宁省道路运输管理条例》是什么时间通过的？出台的目的是什么？
7. 什么是职业道德？社会主义职业道德又是什么？
8. 论述机动车维修价格结算员任职条件和机动车维修价格结算员的素质要求。
9. 机动车维修价格结算员岗位职责是什么？

【工作页】

汽车后市场相关服务内容工作页

布置日期：　年　月　日　　　　完成时间：　（分钟）

<table>
<tr><td>问题：
依据我们所学到的关于机动车维修价格结算员法律法规和职业道德的相关知识，结合我们厂的实际情况，在我厂完成价格结算时，应该按什么步骤进行？核定价格是时应该考虑的主要因素？对工时定额是否有更适宜的解释和修改？</td><td>任务：
分析在我厂价格结算时应该强化哪些项目，并分析提高价格结算准确性的改进方法。</td></tr>
<tr><td colspan="2">分析要点：</td></tr>
</table>

工 作 步 骤	注 意 事 项
1. 学习本章内容。	
2. 调研本地区汽车用户对工时定额的需求情况。	
3. 调研竞争对手在本地区进行价格结算的基本情况。	
4. 分析我厂的资源条件、价格竞争优势。	
5. 提出我厂价格结算时应该强化哪些项目。	
学习纪要:	

【模拟考试题】

一、单项选择题

1.《中华人民共和国价格法》由中华人民共和国第八届全国人民代表大会常务委员会第二十九次会议于1997年12月29日通过,自________起施行。

A. 1986年11月11日　　B. 1998年11月1日

C. 2001年11月11日　　D. 1998年5月1日

2. 维修经营者擅自提高车辆维修结算工时定额的,处以________元以上5000元以下的罚款。

A. 500　　B. 1000　　C. 1500　　D. 2000

3. 当事人不服人民法院第一审判决,有权在判决书送达之日起________日内向上一级人民法院提起诉讼。

A. 7　　B. 15　　C. 30　　D. 60

4. 职业具有一定的________。

A. 社会责任性　　B. 社会公益性　　C. 社会实践性

5.《公民道德建设实施纲要》规定,社会主义道德建设要坚持以为人民服务为________。

A. 原则　　B. 核心　　C. 基本要求

6. ________是社会主义道德的集中体现,也是社会主义职业道德的核心内容。

A. 爱岗敬业　　B. 诚实守信　　C. 为人民服务

7. 纪律是介于法律与道德之间的一种________,它既要求人们能自觉遵守,又带有一定的强制性。

A. 法令　　B. 制度　　C. 行为规范

8. 职业道德的基本职能是________。

A. 服务职能　　B. 调节职能　　C. 保证职能

9. 恢复机动车技术状况,保证安全生产,充分发挥机动车的效能和降低运行消耗,是我国机动车维修职业的________。

A. 质量要求　　B. 评价标准　　C. 社会责任

10. 机动车维修最主要的特征就是以其________,恢复汽车的使用性能,使汽车能正常运行。

A. 服务的周到性　　B. 技术的可靠性　　C. 设施的完备性

11. 机动车维修从业人员职业道德规范是指机动车维修从业人员在机动车维修工作中________的职业道德准则和行为规范。

A. 必须遵循　　B. 努力提倡　　C. 积极推广

12. 爱岗是敬业的________。

A. 结果　　B. 体现　　C. 基础

13. 严守岗位、尽心尽责、注重务实、兢兢业业地干好机动车维修各个岗位的本职工作,是________对于机动车维修从业人员的具体要求。

A. 爱岗敬业　　B. 诚实守信　　C. 奉献社会

14. 办事公道是衡量机动车维修从业人员________水平的重要标志。

A. 政策　　B. 职业道德　　C. 领导

15. 在职业活动中做到________,是为了保证每个人在社会上的合法地位和平等权利。

A. 公正公平　　B. 廉洁奉公　　C. 团结协作

二、多项选择题

1. 建立职业道德规范用于________。

A. 强化人们的法制观念　　B. 规范从业人员的职业行为

C. 调整职业生活中发生的各种关系　　D. 确保职业活动正常进行

2. 职业道德涵盖了________之间的关系。

A. 职工与家庭　　B. 职业与职工

C. 职业与职业　　D. 从业人员与服务对象

3. 在内容方面,职业道德必须鲜明地表达________方面的道德准则。

A. 职业义务　　B. 职业责任　　C. 职业行为　　D. 职业生涯

4. ________是职业道德的具体表现形式。

A. 法律　　B. 守则　　C. 公约　　D. 技术标准

5. 职业道德具有________特点。

A. 适用范围的有限性　　B. 发展历史的继承性

C. 表达形式的多样性　　D. 贯彻执行的纪律性

6. 职业道德是社会道德体系的重要组成部分,它既具有社会道德的一般作用,又具有自身的特殊作用,具体表现为________。

A. 有助于调节从业人员内部以及从业人员与服务对象间的关系

B. 有助于维护和提高本行业的信誉

C. 有助于促进本行业的发展

D. 有助于提高全社会的道德水平

7. 我国机动车维修职业的社会责任主要是________。

A. 恢复机动车技术性能　　B. 保证安全生产

C. 充分发挥机动车的效能和降低运行消耗　　D. 为汽车制造业作贡献

8. 每一位机动车维修从业人员都要自觉遵守以爱岗敬业、________为主要内容的职业道德,为机动车维修业的发展做出奉献。

A. 诚实守信　　B. 办事公道　　C. 服务群众　　D. 奉献社会

9.《公民道德建设实施纲要》把________作为公民职业道德建设的重要内容。

A. 服务群众　　B. 公平竞争　　C. 爱岗敬业　　D. 奉献社会

10. 机动车维修从业人员的职业道德义务,主要体现为从业人员内心推动行业发展进步的________。

A. 责任感　　B. 荣誉感　　C. 使命感　　D. 自豪感

三、判断题

1. 机动车维修经营企业应守法经营、文明服务、公平竞争,其维修服务价格制定应遵循自愿委托,公开、合理及收费与服务内容、服务质量相适应的原则。（　）

2. 工时定额必须按照省交通主管部门制定的《机动车维修结算工时定额》执行。（　）

3. 在质量保证期内因承修方责任导致的质量问题应无条件优先安排免费返修或赔偿。（　）

4. 维修经营企业从事整车大修、总成大修、二级维护或维修费用在2000元以上的维修业务,以及事故车的修理,应按国家合同法的规定与托修方签订车辆维修合同。（　）

5. 维修经营企业通过车辆的检查、检测、诊断后确定的维修项目,按行业的价格结算规定计算出的预算费用,应预先告知,并征求客户的意见。（　）

6. 机动车在维修过程中需增加的维修项目,或需扩大维修范围、延长交付日期的,不需要经过客户的同意。（　）

7. 职业是社会成员对社会所承担的职责和工作。（　）

8. 人们通常将所从事的、作为主要生活来源的工作称之为职业。（　）

9. 职业道德是从业人员在职业活动中应该遵循的行为准则。（　）

10. 职业道德体现了行业对社会所承担的道德责任和义务。（　）

11. 职业道德表现为从事某一职业的人们所特有的道德心理和道德品质。（　）

12. 职业道德与个人的道德品质没有必然联系。（ ）

13. 职业道德能使个人的道德品质"成熟化"。（ ）

14. 机动车维修严格执行国家、地方标准及行业相关的法律、法规、规章和规范是从业人员对托修方诚实守信的基本体现。（ ）

15. 失信会在短时间内牟取暴利，因此商业欺诈也不失为一种竞争手段。（ ）

16. 如果机动车维修从业人员不能诚实守信，会直接影响企业的诚信度。（ ）

第二章 汽车的基本知识

学习目标

通过对本章内容的学习，您需要：

1. 了解汽车文化、整车结构等知识；
2. 熟悉汽车零配件管理、运行材料组成等相关知识。

机动车维修是指为确保机动车在使用过程中保持良好的技术状况和延长车辆使用寿命所采取的各种技术措施的总称，包括机动车维护和机动车修理。从事机动车维修活动的经济实体构成了机动车维修业。

机动车修理按其作业范围可分成机动车大修、总成大修、机动车小修和零件修理等。

按中华人民共和国国家标准《机动车维修业开业条件》规定，机动车维修企业和个体维修户分成三类，即一、二、三类。一类机动车维修企业是从事机动车大修和总成修理生产的企业，此类企业还可以从事机动车维护、机动车小修和机动车专项修理生产。二类机动车维修企业是从事机动车一级、二级维护和机动车小修生产的企业。三类机动车维修业户指专门从事机动车专项修理（或维护）生产的企业和个体户。专项修理（或维护）的主要项目为：车身修理，涂漆，篷布、座垫及内装饰修理，电器、仪表修理，蓄电池修理，散热器、油箱修理，轮胎修补，安装机动车门窗玻璃，空调器、暖风机修理，喷油泵、喷油器、化油器修理，曲轴修磨，缸体镗磨，车身清洁维护等。

《机动车维修业开业条件》是交通行政管理部门对机动车维修业进行开业审查和年度审验的依据。

第一节 汽车文化知识

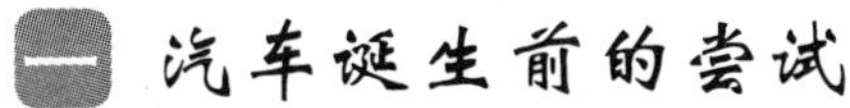

1 畜力车和人力车

相传车源于原始的运输工具——撬。先人们在获得了使用“撬”的丰富经验后，将“撬”

下圆木的中间部分削掉，使其成为中间细两头粗的形状，大大减少了摩擦阻力。再后来又分开制作，将中间部分做成细长的轴，两端部分做成圆板形的轮，这就是车的雏形。

据《文史考》记载，世界上第一辆车子是在4600多年前由黄帝发明的，所以黄帝取名为轩辕氏。夏朝初期，大禹治水时，就采用了相当先进的交通工具——“水行靠舟，陆行用车”，他曾以“车正”的官职任命奚仲负责造车、管车。奚仲对前人所造的车子进行了许多改进，使车子使用起来更加方便。后来，人们又将实心的车轮更换成有辐车轮，使车的结构更加轻巧。比较实用的古车包括车架、车轴和车轮等几大部分。车架由一条车梁以及前端用来套马的横木组成；车轴装在车梁的后端；为了保持车子行走起来能够平衡，左右各穿一个用木头制成的车轮；车轮中间有向四周放射的直木——辐；车厢做成半圆形或者簸箕形，以供人乘坐。在河南辉县出土的战国时代的大型车，甚至使用了斜置车辐。

不过，这样车所存在的最大问题就是车轴部分磨损太快。到了周朝，金属的使用日益普及，人们采用金属（主要是铜）制作车轴——只是在轴与车轮相对转动处用金属制作，并用动物油脂润滑。这样，车轴的抗磨性得以大大提高。

这个时期的车子品种很多，按车子的结构来分，有二辕车、三辕车；从车子的用途来分，有打猎车、运物车、战车、乘用车等；从拉车所用马的数量来分，有一马车、二马车、三马车、四马车等。其中供有身份的人乘坐的车子都是套有四匹马的马车，人称“驷马高车”。

但是，当时的人们不懂得什么是统一的标准，每个制作车子的人都按自己的喜好自行加工，这就使得制作出来的车子五花八门，给人们的使用和维修带来很多麻烦。秦始皇于公元前221年统一中国后，为了加强中央集权，在下令“书同文”的同时规定“车同轨”——规定轨宽六尺（约合1.38m）。从那以后，车轮距离有了统一标准，不同人制作的车子都可按相同的车辙行走，“闭门造车”者再也行不通了。从这个意义上来说，秦始皇还是车辆标准化的创始人呢！图2-1为秦始皇陵出土的铜车马。

图2-1　中国发行的秦陵铜车马邮票

后来，随着城市的出现，人口越来越集中，考虑到公共卫生问题，城市中出现了不用马拉而用人拉的出租车——“黄包车”，这是一种典型的供人乘坐的人力车。

2 汽车诞生前的种种尝试

随着社会的发展，人们已经不满足于使用畜力或人力来拉动车子了。他们在想：能不能发明一种机器来代替人力或畜力去拉动车子呢？唐朝天文学家曾一行发明了一种“激铜轮自转之法，加以火蒸汽运，名曰汽车”的装置，可惜未能更好地完善。国外工程师们先后进行了种类繁多的尝试，如滑轮车、弹簧发条车、双桅风帆车、发条车等。

1766年，英国人瓦特在对前人发明的蒸汽机作了重大改进后，使其变得更加实用。它为实用汽车的问世创造了必要的条件。

1769年，法国工程师尼古拉斯·古诺经过六年研究，将一台蒸汽机装在了一辆木制三轮车上，这是世界上第一辆完全凭借自己的动力实现行走的蒸汽机汽车。这辆汽车被命名为“卡布奥雷”，车长7.32m，车高2.2m，车架上放置着一个像梨一样的大锅炉（直径1.34m），前轮直径1.28m，后轮直径1.50m，前进时靠前轮控制方向，每前进12～15min的路程，需停车将水加热15min，运行速度为3.5～3.9km/h。后来，由于控制方向比较费力，试车途中下坡时撞到了般圣奴兵工厂的石头墙上，破损的七零八落。虽然世界上第一辆蒸汽汽车落得个如此悲惨的结局，但它作为汽车发展史上的第一座重要里程碑的地位是不容怀疑的。1771年，古诺又制成了一辆性能更好的蒸汽汽车——时速9.5km/h，可以牵引4～5t货物。该车现被设在巴黎的法国国家艺术及机械品陈列馆收藏(图2-2)。

但是，类似于古诺这样的蒸汽汽车行走速度太慢了，无法满足人们快速行动的要求。自从俄国发明家古利宾为汽车装上飞轮、齿轮、变速箱和滚动轴承以后，汽车的速度才有了明显提高。1803年，英国工程师特雷威蒂克制成了能乘坐8人，时速达9.6km/h的蒸汽汽车，该车的问世，标志着蒸汽汽车结束了单纯的试验，跨入了实用阶段。许多人开始涉足蒸汽汽车的制造，英、德、法、美等国相继诞生了多家蒸汽汽车制造公司。1825年，英国的嘉内公爵设计了一种转向轴，基本解除了前面小轮的承重量，使车把转向自如，他于1927年推出的蒸汽汽车成为世界上正式开始营运的第一辆蒸汽公共汽车(图2-3)。该车能载客18人，运行速度19km/h。自那以后，欧美国家的城乡道路上，越来越多的蒸汽汽车开始出现。然而，蒸汽汽车还不能算是现代汽车，因为它工作时不仅要发出巨大的噪声，而且排出的废气也严重地污染了空气，再加之体积庞大、笨重，使用起来很不方便，根本无法作为穿行于人口居住集中的大街小巷的交通工具。因此，它最终被淘汰也就不足为怪了。

图2-2　古诺的蒸汽汽车　　　　图2-3　英国最早的蒸汽公共汽车

不过，蒸汽汽车是人类在寻求公路运输摆脱落后的畜力牵引、实现机械化的道路上迈出的关键性一步，是一项革命性的突破，在汽车发展史上起到了重大的作用。

3 内燃机的发明

内燃机发明是从往复活塞式开始的，吸入新鲜的空气和燃料、压缩并点燃混合气、燃料燃烧作功、排出燃烧后生成的废气为一个工作环节，这样一个环节连着一个环节连续进行，它使用煤气、汽油、柴油等为燃料。内燃机的发明经历了近百年的历程，最终才于1867年由德国人奥托制作成功了一台往复活塞式四冲程煤气发动机。该机转速80～100r/min(转/分)，1867年5月获得巴黎万国博览会金质奖章。1876年，奥托又制成了另一台四冲程发动机，并于次年获得专利。这是一台单缸卧式、压缩比为2.5的4马力(约2942W，1马力=735.49875W)煤气机。它采用活塞曲柄连杆机构，转速为250r/min，热效率高达12%～14%。不久，这种以发明人名字命名的"奥托机"就闻名于世了。

在各国工程师们研究各种发动机的同时，美国得克萨斯州于1859年8月27日打出了世界上第一口具有商业价值的油井，为内燃机带来了新燃料。于是，工程师们又加紧研制以石油为燃料的发动机。

德国人哥德利普·戴姆勒，为了使煤气机更加完美，根据奥托发动机的基本原理，用汽油作燃料，于1883年成功研制出了四冲程汽油发动机。这种发动机比以前的煤气机重量轻、转速高——750r/min,非常适合于汽车使用。

顾名思义,汽油机是以汽油做燃料与空气混合后进行工作的。但是,石油产品中的汽油只是其中的一部分。人们在研制汽油机的同时,也在尝试用廉价的重油作为发动机燃料,以便降低成本,提高热效率。1892 年,德国工程师狄塞尔提出了压燃柴油机理论,并获得了柴油机的发明专利。1897 年,他制成以柴油为燃料,仅靠压缩就可点火的柴油机。这部柴油机转速 180r/min,功率 1.1kW,热效率达到 24% ~26%,经济性能比汽油机高 1.5 ~2 倍。

二 第一辆现代汽车

1885 年,德国人卡尔·本茨(Karl. Benz,1844 ~1929)制成了世界上第一辆以汽油作燃料的现代汽车。1886 年 1 月 29 日,他在德国曼海姆帝国专利局的专利申请获得了批准,于是,这一天就成为了现代汽车的诞生日,奔驰也被誉为了"现代汽车之父"。

图 2-4 奔驰一号车

奔驰一号车(图 2-4)质量为 254kg,装有三个装有实心橡胶轮胎的车轮;单缸四冲程汽油发动机[排量 0.9L,功率 625.2W(0.85 马力),转速 400r/min]放在两后轮之间;发动机输出的功率靠齿轮和齿条机构传给装有差速装置的后轴,汽车前进速度为 13 ~18km/h,但无法倒行,前进方向的控制完全依靠一根操纵杆来实现。另外,该车没有制动踏板装置,也没有减振机构,更没有车篷,包括驾驶员在内的两名乘客就坐在两个后轮之间的硬座上。

仔细观察世界第一辆汽车的结构,你会发现它的外形和当时的马车差不多,分析比较它的速度及载质量,也不比马车有任何优势。但是,它的巨大贡献不在于其本身所达到的性能,而是一个观念的变化,那就是内燃机的采用和自动化的实现。奔驰不仅敢于向当时占有垄断地位的马车制造商挑战,而且敢于抛弃在技术上已相当成熟的蒸汽发动机不用而去选用新生的内燃机作动力,足可见其充分的自信及观念上的巨大转变。正因为这种车可以自己行走,所以后人才用希腊语中的"Auto(自己)"和拉丁语中的"Mobif(会动的)"构成复合词来解释这种类型的车,这就是"Automobile(汽车)"一词的来历。

现在,这辆车被收藏在奔驰汽车博物馆内,至今仍保持着"可运行状态"。

三 汽车发展过程中的十大技术革新

虽然奔驰发明了汽车,但是他所发明的汽车与今天的汽车相比,不可同日而语。在汽车的发展过程中,各种创造、发明层出不穷,它们为汽车的日益完善、汽车工业的发展壮大作出了积极贡献。其中,以下十大技术革新成就的作用尤为突出。

1)自动起动装置

1912 年,美国通用汽车公司的工程师查尔斯·凯特林利用一年多时间,在解决了设计过程中的关键问题(利用"甩轮"实现正向传递起动机动力以起动发动机,反向自动打滑以避免轴式"电枢"被发动机高速驱动导致"飞散")之后,成功地设计出了世界上第一个自动起动装置,并将其安装于当年生产的卡迪拉克轿车上。这款可以自动起动的汽车的问世,轰动了当时的汽车界,获得了巨大的商业成功。

自动起动装置的动力来源于一个小型电动机,电动机以蓄电池作为工作时的电源,它在运转时所产生的扭矩经传动机构的传递,作用于发动机的飞轮上,以带动发动机转动。起动后,小型电动机停止运转,传动机构的小齿轮与发动机的飞轮脱离啮合。这种结构方式有效地保证了起动过程中的安全。直到今天,这种结构原理仍在被广泛采用。

2)充气轮胎

早期的马车使用木头制成的实心车轮,非常笨重;早期的自行车采用实心橡胶轮胎,速度很慢;早期汽车使用木质、铁质或硬橡胶车轮,既影响车速,又将乘客颠簸得十分难受。

1888 年,英国兽医邓禄普取得了充气式"自行车和三轮车新式轮胎"的专利权。但当时的充气轮胎十分原始,它像软管那样,用胶布粘牢在轮圈上。使用中轮胎极易磨损,刺破漏气更是常见之事。因此,在承载量较大的汽车上,这种简陋的充气轮胎并未得到推广采用。为提高轮胎性能,人们想出了种种办法:

1903 年,美国古德伊尔公司获得无内胎轮胎的专利。

1908 年,美国人希伯灵发明了在轮胎上刻花纹的机器。刻出花纹的汽车轮胎可以增大与地面的附着力,提高行车效率。

1911 年,美国人菲利普斯将他父亲施特劳斯的一项发明公开:用橡胶和织物制成外胎,里面装入可以充气的橡胶内胎。从此以后,真正的充气轮胎才得以广泛应用。

1912 年,美国人古德里奇将炭黑加入橡胶中,结果发现能大大提高耐磨性能。这一发现使橡胶的应用范围被扩大,也使汽车轮胎的使用寿命大大提高。

今天,多气室轮胎、带花纹轮胎、低气压轮胎、子午线轮胎、无内胎轮胎等相继问世。轮胎技术与汽车技术的齐头并进,在很大程度上改善了汽车的行驶舒适性和操纵稳定性。

3)四冲程发动机

1866 年,德国人奥托在总结前人成果的基础上,成功地制造出了一台在发动机历史上具有划时代意义的往复活塞式四冲程煤气发动机。它靠进气、压缩、作功、排气的四行程循环工作,大大提高了工作效率,运转也变得更加平稳。转速为 80 ~ 100r/min。1867 年 5 月,该发动机获得巴黎万国博览会金质奖章。1876 年,奥托又制成了另一台四冲程煤气发动机,并于 1877 年 8 月 4 日获得专利。该机转速达 250r/min,热效率高达 12% ~ 14%。不久以后,这种以发明人名字命名的"奥托机"就闻名于世了。

1886 年,奥托主动宣布取消了自己获得的四冲程发动机专利,这无疑为寻找最佳汽车动力的工程师们带来了福音,使得四冲程发动机技术被逐步完善,也加快了汽车研制的步伐。

4)鼓式制动器

为使行驶的车辆及时停下,一般都要安装制动器。对于马车来说,由于速度不高,所采用的制动方式一般是:赶车人操纵拉杆,牵动位于轮子后侧的一根长木,使其相对于车轮前移,将车轮压紧,实现制动。这种方式对于马车来说已经足够有效了。早期汽车采用与马车基本相同的轮胎制动器:利用位于轮子后的一根杠杆,将一块摩擦衬垫压紧轮胎实现制动。随着汽车速度的日益提高,对制动性能的要求亦越来越高,于是,各种各样的制动装置相继问世。比较具有代表性的是前轮盘式制动器、抱闸式制动器、凸轮式制动器、盘式制动器等。其中,抱闸式制动器以其效果相对优良在当时得到了比较普遍的采用。

1902 年,法国雷诺汽车公司的创始人雷诺获得了内胀式鼓式制动器的发明专利,并在一款新问世的汽车上采用了它,使制动力得以大幅度提高。但是,与之配套的钢索式或杆系式操纵机构却效率较低,影响了制动力的发挥。后来,拉克赫德飞机制造厂创制了液压操纵的鼓式制动器操纵机构,充分完善了这种制动器的结构,发挥了其使用效果。

鼓式制动器的优点在于其良好的自我制动作用。工作时,制动片外胀,车轮旋转连带着外胀的制动鼓扭曲一个角度,起到制动作用。另外,鼓式制动器的制作成本也较低。

5)自动变速器

早期变速器采用标准齿轮手动换挡式,这种变速器需要熟练的技巧去操作。尽管后来发明的同步器减轻了驾驶员操作的难度,但其带来的跃变式车速变化使驾车者有些不太适应。

1904年,美国人斯特蒂文特在他所制作的汽车上第一次应用了简单的自动变速器——一种装备有高、低两速的简单离心式离合器。

1907年,斯特尔森利用行星齿轮的传动原理制造了一个液压变速器。

1912年,哥伦比亚电磁厂制造了一个电磁控制的自动变速器。

1934年,奥兹莫比尔汽车公司推出了一种半自动化式的变速器,它采用行星齿轮变速,配合离合器使汽车开动。不久,通用汽车公司推出了液力耦合式的变扭器,它可以使起动过程中的扭矩增强,这种结构形式至今仍在使用。

在自动变速器的完善过程中,美国人霍华德·辛普森作出了杰出的贡献,他首先获得了由太阳齿轮、齿圈和行星齿轮巧妙构成的自动变速箱专利,独自完成了自20世纪20年代以来美国底特律数百名工程师一直在探索的项目。

今天的自动变速器一般由齿轮、电控和液控三大系统组成,可以提供四个前进挡和一个倒挡。使用自动变速器,不仅驾驶员操作简单,无需频繁换挡,而且传力柔和,无换挡冲击感,行驶平顺,另外,由于采用计算机控制,换挡点准确敏捷,对道路的适应性能很好。

6)全钢车身

早期汽车是在木质梯形框架上装个车篷(图2-5),以挡风遮雨。由于当时的发动机功率太小,为减轻车身自重,提高行驶速度或装载量,只能装用质量很轻且结构简单的车篷。

1900年,全金属车身的第一个专利由美国人获得。但由于当时金属冶炼技术和加工工艺无法满足制造要求,全金属车身未能流行开来。后来,随着轿车车身封闭结构的流行以及金属冶炼、加工技术的进步,封闭式全钢车身问世了。1924年,美国道奇汽车首先采用了成型钢板闭合结构组成的安全型车身,将乘客安置在全钢车身之内。这种结构不仅提高了乘客的安全性,而且因其外形可以设计成流线型,使车的造型更加美观、风阻系数大幅降低。

图2-5 1907年生产的木质车身的奔驰旅游车

全钢车身是汽车技术史上的一项重大进步,由于生产全钢车身需要投入巨额资金,客观上导致了很多小汽车制造厂倒闭,进而整合、优化了汽车生产资源,促进了汽车生产的健康发展。

7)安全玻璃

早期汽车大多采用马车式结构,没有向用户提供风窗玻璃。为了抵挡风沙的侵袭,防尘眼镜成为敞篷车的标准装备。1909年,福特公司为其T型车买主提供了可选择风窗玻璃的机会(图2-6)。当人们发现这块小小的玻璃能够避免强烈的风吹及飞虫干扰后，纷纷选购这种汽车。到20世纪20年代末，所有汽车制造商均将风窗玻璃纳入了自己产品的标准装备。

图2-6　1909年出产带有选装风窗玻璃的福特T型车

早期汽车上的风窗玻璃是平的，并与车身成90°夹角，既不美观，也不安全，而且，一旦发生车祸，它就会碎成危险的碎片，划伤驾乘人员，甚至危及他们的生命安全。因此，寻求安全型的玻璃成为了汽车制造商的当务之急。其实，早在1900年，法国一位化学家就发现一只用赛璐珞加衬的玻璃烧杯打碎后并不碎开的现象。于是，他创制出了一种称之为Triple的赛璐珞玻璃产品。可惜的是，这种玻璃日子久了会泛黄，以致未能广泛应用。

美国人曾采用过两种"防震"玻璃：一种是将金属丝以几英寸宽的行距，水平穿过风窗玻璃，借以提高抗冲击能力，并将撞碎后的松散玻璃片牵连起来；另一种是将风窗玻璃做成两块夹层玻璃型的，玻璃中间夹有透明胶片，这种风窗玻璃曾被许多厂家仿效过。

今天汽车上广泛采用的风窗玻璃使用了一种化学处理内层板，撞车后该内层板将破碎成若干小块，并能自行伸长起到缓冲作用。这项技术是由英国人沃德(J. C. Wood)发明的。

8)催化式排气净化器

随着汽车的普及，减轻尾气对空气污染的问题自20世纪60年代开始受到重视。1970年，美国"排气净化条例"正式实施，严格了汽车发动机的废气排放标准，加快了汽车排气净化装置研制的进程。在各类排气净化装置中，催化转换器以其效果优良而一枝独秀。1976年，沃尔沃公司在率先推出首台带有含氧感知器的三元催化转换器。

催化转换器又叫催化净化器，该装置安在汽车的排气系统。三元催化转换器由一个金属外壳，一个网底架和一个催化层(含有铂、铑等贵重金属)组成，可除去HC(碳氢化合物)、CO(一氧化碳)和NO_x(氮氧化合物)三种主要污染物质的90%(所谓三元是指除去这三种化合物时所发生的化学反应)。当废气经过净化器时，铂催化剂就会促使HC与CO氧化生成水蒸气和二氧化碳；铑催化剂会促使NO_x还原为氮气和氧气。这些氧化反应和还原反应只有在温度达到250℃时才开始进行。如果汽油或润滑油添加剂选用不当，使用了含铅的燃油添加剂或硫、磷、锌含量超标的机油添加剂，就会使磷、铅等物质覆盖于三元催化转换器的催化层表面，阻止废气中的有害成分与之接触而失去催化作用，这就是所谓的三元催化器"中毒"。

催化转换器的采用，使汽车能够以较低费用达到节省燃油、提高性能和净化排气的目的。

9)晶体管

晶体管用于汽车起初是为了取代容易烧损的机械触点，后来才演变成今天的微型计算机。这种装置从根本上改变了汽车性能，促进汽车技术高速发展，改变了人们的生活。

1953年，美国霍利化油器公司首先取得了在点火系中使用晶体管，从而减少断电器触点磨损、氧化和机械损伤的电子点火专利。后来，晶体管在交流发电机、喇叭、雨刷、继电器等装置中得到了广泛应用。

目前汽车上广泛运用的计算机是一个大量使用晶体管的实物，它由数千个半导体管和类似的组件在单晶硅上结合而成，它神通广大，几乎能够控制汽车的每一样功能。燃油喷射、点火时机、尾气排放、车厢温度、制动防抱、照明灯光、安全气囊、自动换挡、自动驾驶乃至轮胎气压等均可由计算机控制,使汽车逐步迈向了智能化。

10)汽车安全设施

1952年5月20日,美国人贝克驾车参加汽车竞赛。半路上,赛车因撞到半截露出路面的钢轨而腾空闯入人群,导致两名观众当场丧生,数十人受伤,令人惊奇的是,贝克只受了点轻伤。原来,赛前他用皮带将自己"绑"在了座椅上,撞车时绷紧的皮带限制了他的前移,自然也就避免了更大悲剧的发生。然而,这一装置在当时未能引起人们足够重视。

后来,随着车速的提高及汽车保有量的增加,交通事故越来越多。面对一次次血的教训,人们重新认识到了安全带的作用:撞车时,它可以使驾驶人和前排乘客缓慢前移,从而减轻了猛烈撞击对人体造成的伤害;翻车时,可以避免乘员被甩出车外造成的伤亡。于是,许多国家相继采取强硬措施,规定客车必须装备安全带(图2-7)。

汽车工业比较发达的欧美国家政府部门,于20世纪70年代之后相继制订了汽车的防撞标准,如车顶的防压、行驶方向的操控、碰撞后转向盘的位移、仪表盘的圆滑结构、车门锁的强度、安全带、安全气囊、座椅和头枕的强度与移位、风窗玻璃与车身两侧的防撞以及照明、车外视野、轮胎质量和制动性能等等。尽管汽车制造厂家最初对这些强制性措施表示异议,认为费用昂贵且没有必要,但在各自政府部门的坚持下,最终还是得以贯彻,从而使车祸发生后的伤亡率大为减小。另外,汽车安全措施的实施也缓解了人们对使用汽车的负面影响的极端认识,增加了汽车的销量,促进了汽车工业自身健康、高速的发展。

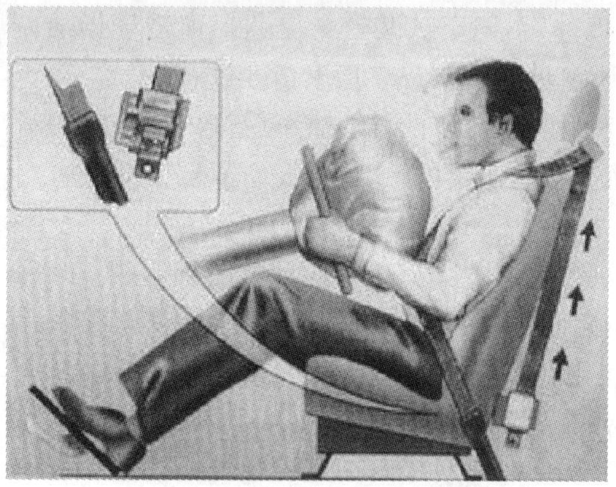

图2-7　安全带、安全气囊的配合使用可以有效保护驾驶员

第二节　汽车整车知识

汽车,是由自备动力驱动,具有四个或四个以上车轮的非轨道承载车辆。它主要用于载运人员和(或)货物,牵引载运人员和(或)货物,以及特殊用途。

一　汽车的分类

1 按用途分类

汽车一般是按用途进行分类的,根据国家标准《汽车和挂车类型的术语和定义》(GB/T 3730.1-2001)的规定,汽车分乘用车和商用车辆两大类。其中,乘用车又分为轿车类和其他乘用车类(包括多用途车和运动用车);商用车辆又细分为客车、半挂牵引车、货车(包括专用作业车),如图2-8所示。

1)乘用车

我国于 2002 年 3 月 1 日正式实施了《汽车和挂车类型的术语和定义》(GB/T 3730.1—2001)。在这项国家标准中,去掉了多年使用的轿车概念,引入了国际通用的乘用车概念,同时对汽车予以重新分类。其中,乘用车的定义为:

其设计和技术特性上主要用于载运乘客及其随身行李和(或)临时物品的汽车,包括驾驶员座位在内最多不超过 9 座,它也可以牵引一辆挂车。乘用车按照车身、车顶、座位、车门、车窗结构或数量不同,可分 11 类:

普通乘用车:车身为封闭式,侧窗中柱有或无。车顶(顶盖)为固定式,硬顶,有的顶盖一部分可开启。座位 4 个或 4 个以上,至少两排。后座椅可折叠或移动,以形成装载空间。车门为两个或 4 个侧门,可有一后开启门。

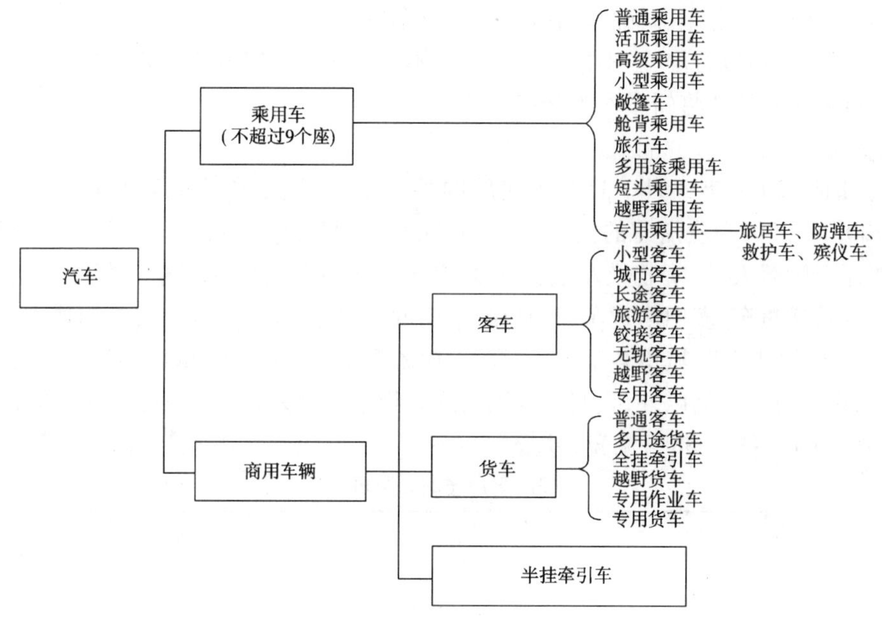

图 2-8　汽车分类图(GB/T 3730.1－2001)

活顶乘用车:车身为具有固定侧围框架的可开启式。车顶(顶盖)为硬顶或软顶,至少有两个位置:封闭、开启或拆除。可开启式车身可以通过使用一个或数个硬顶部件或合拢软顶将开启的车身关闭。座位 4 个或 4 个以上,至少两排。车门两个或 4 个侧门。

高级乘用车:车身为封闭式,前后座之间可以设有隔板。车顶(顶盖)固定式,硬顶。有的顶盖一部分可以开启。座位 4 个或 4 个以上,至少两排,后排座椅前可安装折叠式座椅。车门 4 个或 6 个侧门,也可有一后开启门。

小型乘用车:车身为封闭式,通常后部空间较小。车顶(顶盖)固定式,硬顶;有的顶盖一部分可开启。座位两个或两个以上,至少一排。车门两个侧门,也可有一后开启门。

敞篷车:车身为可开启式。车顶(顶盖)可为软顶或硬顶,至少有两个位置,第一个位置遮覆车身,第二个位置车顶卷收或可拆除。座位两个或两个以上,至少一排。

舱背乘用车:车身为封闭式,侧窗中柱可有可无。车顶(顶盖)固定式,硬顶,有的顶盖一部分可以开启。座位 4 个或 4 个以上,至少两排。后座椅可折叠或移动,以形成装载空间。车门两个或 4 个侧门,车身后部有一舱门。

旅行车:车身为封闭式,车尾外形按可提供较大的内部空间设计。车顶(顶盖)固定式,硬顶;有的顶盖一部分可以开启。座位4个或4个以上,至少两排。座椅的一排或多排可拆除,或装有向前翻倒的座椅靠背,以提供装载平台。车门两个或4个侧门,并有一后开启门。

多用途乘用车:上述7种车辆以外的,只有单一车室载运乘客及其行李或物品的乘用车。但是,如果这种车辆同时具有:除驾驶人以外的座位数不超过6个,载运货物总质量大于载运的乘员总质量时,就应列入商用车范畴。

短头乘用车:它一半以上的发动机长度位于车辆前风窗玻璃最前点以后,并且转向盘的中心位于车总长的前1/4部分内。

越野乘用车:在其设计上所有车轮同时驱动,或其几何特性、技术特性和它的性能(爬坡度)允许在非道路上行驶的一种乘用车。

专用乘用车:运载乘员或物品并完成特定功能的乘用车,它具备完全特定功能所需的特殊车或装备。例如:旅居车、防弹车、救护车、殡仪车等。

从乘用车定义可以看出,它不过是一种载人不超过9人的轻微型载客车辆,是一种代步工具,从而改变了传统的将轿车作为奢侈品的思想。

2)商用车

根据我国于2002年3月1日开始实施的国家标准《汽车和挂车类型的术语和定义》(GB/T 3730.1—2001),在所有的汽车类型中,除了乘用车外,都归属于商用车。所谓的商用车,主要用于运载人员、货物及牵引挂车的汽车。商用车被分为客车和货车两大类。其中:货车分为普通货车、多用途货车、半挂牵引车、全挂牵引车、越野货车、专用作业车、专用货车;客车分为小型客车、城市客车、长途客车、旅游客车、铰接客车、越野客车、专用客车。

除了按国标进行分类以外,我们国家以前还曾经采用过另外一种分类方法《汽车产品型号编制规则》(GB 9417—88),见表2-1。

按汽车用途的分类表 表2-1

汽车类型	分类依据	汽车类别	指标
载货汽车	依公路运行时厂定最大总质量(M)	微型货车	$M \leqslant 1.8t$
		轻型货车	$1.8t < M \leqslant 6.0t$
		中型货车	$6.0t < M \leqslant 14t$
		重型货车	$M > 14t$
越野汽车	依越野运行时厂定最大总质量(M)	轻型越野汽车	$M \leqslant 5t$
		中型越野汽车	$5.0t < M \leqslant 13t$
		重型越野汽车	$13 < M \leqslant 24t$
		超重型越野汽车	$M > 24t$
轿车	依发动机排量(V)	微型轿车	$V \leqslant 1L$
		普通轿车	$1L < V \leqslant 1.6L$
		中级轿车	$1.6L < V \leqslant 2.5L$
		中高级轿车	$2.5L < V \leqslant 4L$
		高级轿车	$V > 4L$

续上表

汽车类型	分类依据	汽车类别	指　标
客车	依客车的车长(L)	微型客车	$L \leq 3.5$m
		轻型客车	3.5m $< L \leq$ 7m
		中型客车	7m $< L \leq$ 10m
		大型客车	$L >$ 10m
		特大型客车	指铰接和双层客车中大型客车又可分为城市、长途、旅游及团体客车

2 按动力装置类型分类

按动力装置类型分类见表2-2。

按汽车动力装置类型的分类表　　表2-2

分　类	主要特征
活塞式内燃机汽车	主要使用汽油和柴油,按活塞运动方式分为往复活塞式和旋转活塞式
电动汽车	以电动机为驱动机械并以蓄电池为能源,也包括装有发动机和储能器两套动力源的“复合车”
燃气轮机汽车	具有功率大、质量小、转矩特性好、对燃油无严格限制的优点,但耗油量、噪声和制造成本均较高,这种汽车从未有过大批量生产的经历
喷气式汽车	依靠航空发动机或火箭发动机以及特殊燃料,并以喷气反作用力驱动的轮式汽车

3 按公安机关管理分类

公安机关在进行汽车(新车)登记时,按汽车的规格将汽车分为载客、载货、三轮汽车、低速货车4类(表2-3)。

公安机关汽车分类之规格术语　　表2-3

分类	规格术语	说　明
载客	大型	车长≥6m或乘坐人数≥20人,乘坐人数可变的,以上限确定,乘坐人数含驾驶人(下同)
	中型	车长<6m,乘坐人数>9人且<20人
	小型	车长<6m,乘坐人数≤9人
	微型	车长≤3.5m,发动机汽缸总排量≤1L
载货	重型	车长≥6m,总质量≤2000kg
	中型	车长≥6m,总质量≥4500kg且<12000kg
	轻型	车长<6m,总质量<4500kg
	微型	车长≤3.5m,载质量≤750kg
三轮汽车(原三轮农用运输车)		以柴油机为动力,最高设计车速≤50km/h,最大设计总质量≤2000kg,长≤4.6m,宽≤1.6m,高≤2m,具有三个车轮的货车
低速货车(原四轮农用运输车)		以柴油机为动力,最高设计车速≤70km/h,最大设计总质量≤4500kg,长≤6m,宽≤2m,高≤2.5m,具有四个车轮的货车

二 汽车的基本结构

汽车,一般是由发动机、底盘、车身、电气设备四个部分组成的。小型载客汽车的组成如图 2-9 所示,货车的整体结构如图 2-10 所示。

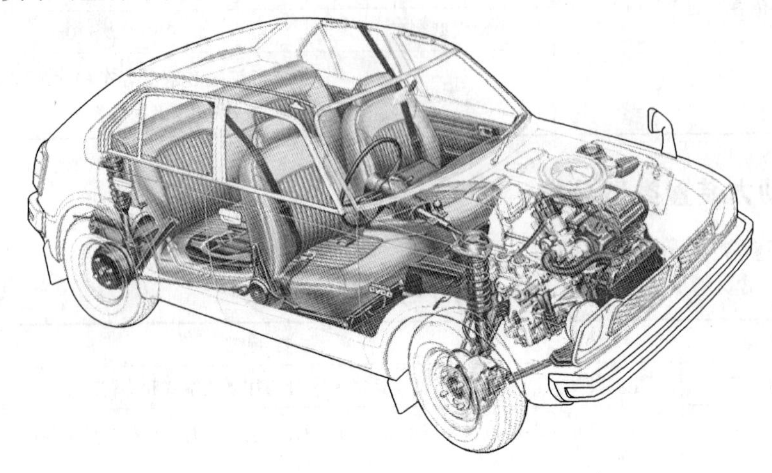

图 2-9　轿车的总体构造

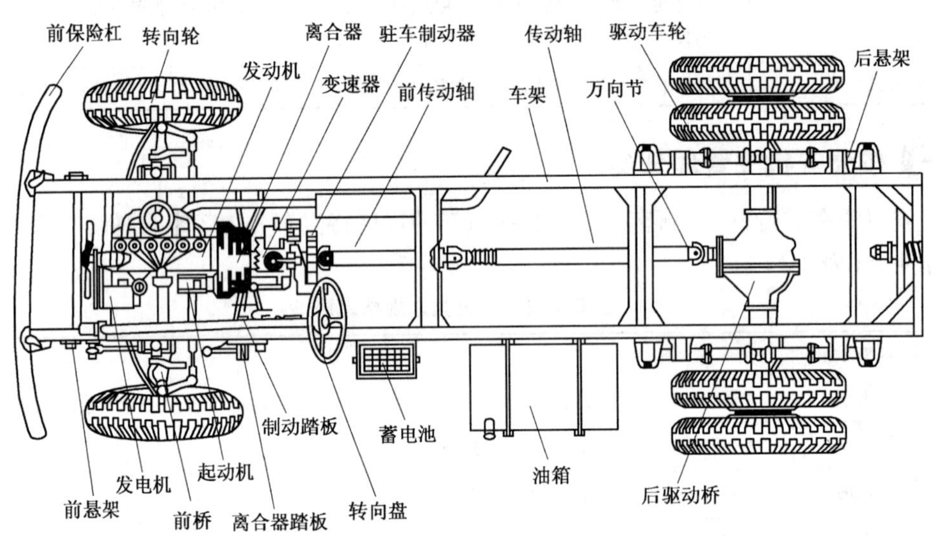

图 2-10　货车的总体结构

1 发动机

目前汽车上广泛使用的是往复活塞式汽油机(或柴油机),这种发动机由两大机构、五大系统组成,即:曲柄连杆机构、配气机构、燃料供给系统、润滑系统、冷却系统、起动系统、点火系统(柴油发动机没有点火系统)(图 2-11)。

2 底盘

汽车底盘由传动系、行驶系、转向系和制动系等系统组成(图 2-12)。发动机、车身、电气设备及各种附属设备都直接或间接地安装在汽车底盘上。汽车底盘接受发动机所输出的动力，将发动机的旋转运动转变成汽车的水平运动，并保证汽车能够按照驾驶员的操纵正常行驶。

图 2-11 发动机

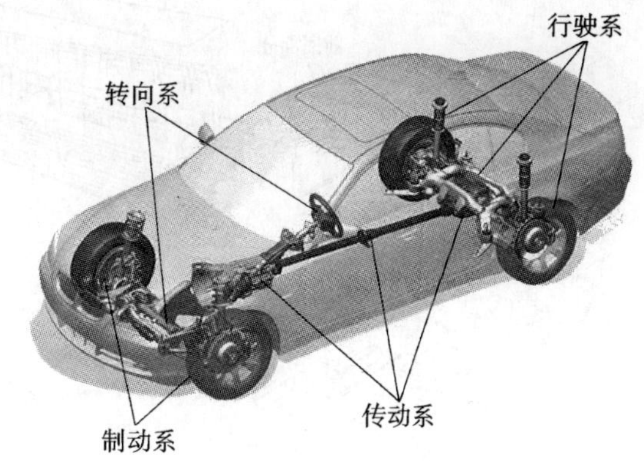

图 2-12 汽车底盘的组成

传动系统是指将汽车发动机动能传递到车轮上的动力传动装置。这套传动装置不仅能够实现动力的传递，而且还可以实现动力的接通与切断、起步、变速、倒车等功能。传动系统一般由离合器、变速器、传动轴、驱动桥等组成。

行驶系统将汽车各总成、部件连接成为一个整体，支撑着整车部件，并将发动机旋转运动的动力转变成汽车的直线运动的动力，且能实现汽车的平顺行驶。行驶系统由车架、车桥、车轮和悬挂等组成。

转向系统用来控制汽车的行驶方向，由转向盘、转向器和转向传动机构组成。

制动系统用来使行驶中的汽车按照需要减速、停止行驶、在坡道驻车等。制动系统由制动控制部分 、制动传动部分、制动器等部件组成，汽车制动系统至少需要有两套各自独立的制动装置，即行车制动装置和驻车制动装置。

3 车身

汽车车身按用途分为轿车、客车、货车和专用汽车车身；按所用材料分钢制车身、轻金属车身、塑料车身、混合车身；但一般按承载方式分为非承载式车身、半承载式车身、承载式车身三大类。它是驾驶人工作和装载乘客、货物的场所，它应为驾驶人提供方便的操作条件，为乘客提供舒适安全的环境或保证货物完好无损(图 2-13)。

车身形式不同，碰撞损坏后的维修方法也不同。

(1)非承载式车身，即有车架的车身。车身与车架通过弹簧和橡胶垫柔性连接，发动机和底盘主要总成直接装在车架上，载荷由车架承担，车身主要承受本身及客货的重力和汽车行驶引起的惯性力、空气阻力。货车、客车、少数高级轿车采用非承载式车身，图 2-14 所示为大客车的车身结构。

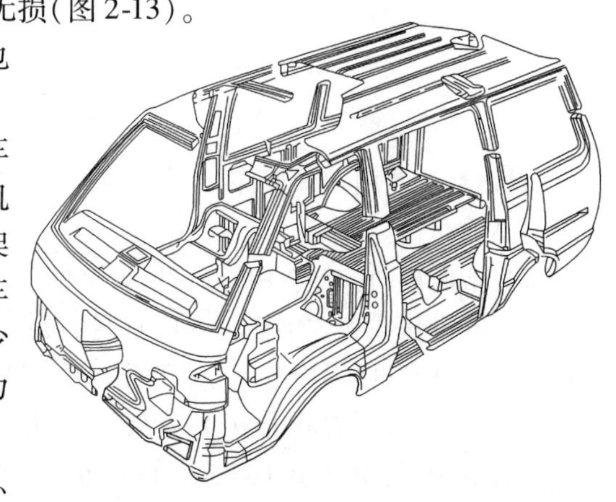

图 2-13 薄壳式车身

(2)半承载式车身。车身与车架用螺钉、焊接、铆接方式刚性连接，载荷主要由车架承受，车身也分担部分车架载荷，这种形式的车身只用于大客车。

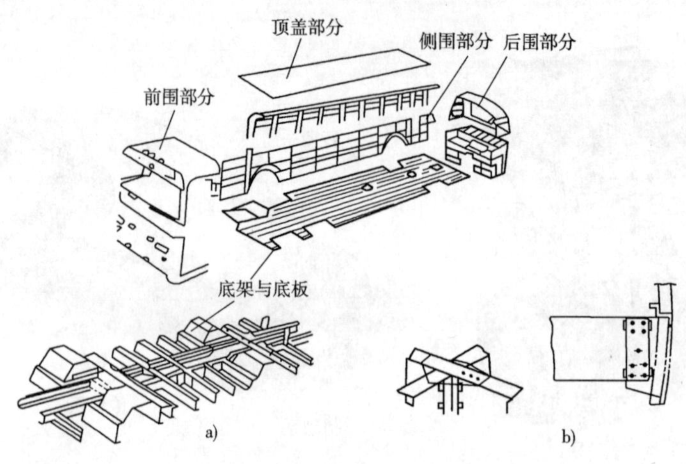

图 2-14　骨架式客车车身

(3)承载式车身。没有单独车架，只有车身，发动机和底盘主要总成都装配在车身上，各种载荷均由车身承受(图 2-15)。车身是由钢板焊接而成的厢式或蛋壳形结构，其刚性轻型结构可将冲击能量分散到整个汽车，因此在受撞击时，远离冲击点部位的受损情况不可忽视。这种车身需要装备有效的隔声和防振措施。承载式车身有几大主要钣金件：

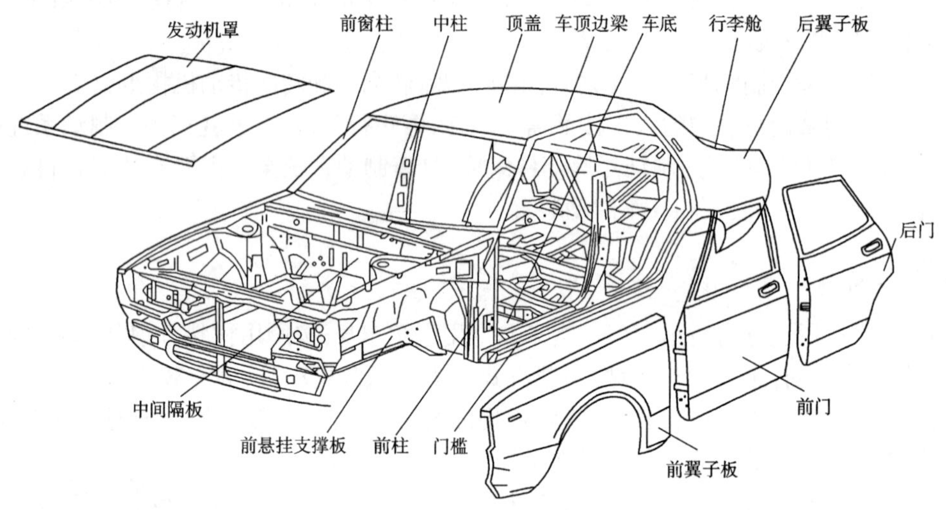

图 2-15　轿车车身壳体

前机舱：这是由前焊接件、左右纵梁、前挡板、副车架等组成的方形框架，是车身骨架中强度最高的组件。

车身下底板：它有前、中、后三块钣金件焊接在一起，各钣金件按受力、材料厚度、几何形状等的不同冲压成各式梁槽，前端与前挡板左右纵梁焊为一体，后端与后悬支撑焊为一体。左右与 A、B、C 三柱焊接在一起，底板上下面涂防腐漆、耐热漆、防石击漆。

汽车后厢：由左右叶子板、内骨架、后挡板、左右悬挂支撑与底板焊接而成，形成后厢。

左右侧边梁：由 A、B、C 三柱、上下边梁、顶篷等焊接成一体，组成左右框架。由于需要在左右框架安装车门，因而边框的金属件较少，门的空间较大，比较脆弱。

4 电气设备

电气设备用于起动发动机,并确保点火、照明、灯光、信号、仪表、计算机等各装置的正常工作。汽车电气系统的一般采用12V或24V的电压,负极搭铁。电气设备包括电源组、发动机起动系统、点火系统、照明装置、信号装置、仪表、控制装置以及各种电器设备。

综上所述,汽车的基本结构组成划分见表2-4。

汽车的基本结构组成划分 表2-4

<table>
<tr><th>总成名称
(系统或装置)</th><th colspan="2">总成范围
(系统或装置)</th><th>基础件</th><th>主要零部件</th><th>其他零部件</th></tr>
<tr><td rowspan="2">发动机总成(附离合器)</td><td colspan="2">发动机</td><td>汽缸体</td><td>汽缸盖、曲轴、凸轮轴、连杆、飞轮、正时齿轮、润滑油泵、油底壳</td><td>汽缸内部零件、配气机构零件、进排气歧管、供给系统(不含油箱)、冷却系统(不含散热器)</td></tr>
<tr><td colspan="2">离合器</td><td>离合器壳</td><td>离合器片及压盘</td><td>分离轴承及操纵机构等</td></tr>
<tr><td rowspan="3">变速器总成(附传动轴)</td><td colspan="2">变速器</td><td>变速器壳</td><td>变速器盖、一轴、二轴、中间轴及其齿轮</td><td>同步器、轴承、操纵机构等</td></tr>
<tr><td colspan="2">分动器</td><td>分动器壳</td><td>分动器盖、主、被动轴及其齿轮</td><td>轴承、换挡操纵机构等</td></tr>
<tr><td colspan="2">传动轴</td><td></td><td>前后传动轴</td><td>传动轴花键套、万向节总成、中间支承等</td></tr>
<tr><td rowspan="4">前桥总成(附转向器及前悬架,含前轮制动)</td><td colspan="2">前桥</td><td>前轴、前驱动桥壳</td><td>转向节、主销、前轮制动鼓或盘、前驱动主减速器壳、半轴</td><td>前轮制动底板,蹄片或块及其调整装置,转向节臂及梯形臂,横、直拉杆,前主减速器锥齿轮及差速器等</td></tr>
<tr><td colspan="2">转向器</td><td>转向器壳</td><td>转向器传动副及轴承、转向助力器总成</td><td>转向柱及管、转向盘、转向垂臂、助力器内部零件等</td></tr>
<tr><td rowspan="2">前悬架</td><td>普通悬架</td><td></td><td>弹性元件、减振器总成</td><td>弹性元件与减振器连接及传力零件</td></tr>
<tr><td>空气悬架</td><td></td><td>气囊总成、气囊减振器、空气压缩机</td><td>气囊与减振器连接零件、空气阀、传感器等</td></tr>
<tr><td rowspan="4">后桥总成(附后悬架,含后轮制动)</td><td colspan="2">后桥</td><td>后桥壳</td><td rowspan="2">后驱动主减速器壳、半轴、半轴套管、后轮制动鼓或盘</td><td rowspan="2">后主减速器锥齿轮、差速器、轴承、油封、后轮制动底板、蹄片或块及调整装置等</td></tr>
<tr><td colspan="2">中桥</td><td>中桥壳</td></tr>
<tr><td rowspan="2">后悬架</td><td colspan="2">普通悬架</td><td>弹性元件、减振器总成</td><td>弹性元件与减振器连接及传力零件</td></tr>
<tr><td colspan="2">空气悬架</td><td>气囊总成、气囊减振器、空气压缩机</td><td>气囊与减振器连接零件、空气阀、传感器等</td></tr>
</table>

续上表

总成名称（系统或装置）	总成范围（系统或装置）		基础件	主要零部件	其他零部件
制动系（不含前后轮制动）	气压制动	空压机	空压机缸体	缸盖、油底壳、曲轴及连杆	空滤器、皮带轮、活塞、活塞环等
		储气筒及控制装置		储气筒、制动阀、制动气室	油水分离器、继动阀、快放阀、防冻泵、气压感载比例阀，多回路压力保护阀等
	液压制动	制动总泵	泵体	活塞、顶杆	皮碗、止回阀、弹簧等
		制动分泵	泵体	活塞	皮碗、弹簧及连接管路等
		真空（空气）增压助力器	助力器壳	控制阀、真空罐	助力器内部零件、液压感载比例阀、安全缸等
	辅助制动	发动机排气制动		排气制动阀	气压或电磁控制阀及连接传力机件等
		电涡流制动器		转子及定子总成	控制阀、离合开关、加速开关等
		液力下坡缓速器		缓速器壳及盖	转子、轴承、控制阀、密封件等
	车轮防抱死装置	车速传感器电控装置		电控单元、液控单元	液压油泵及压力调节阀、连接管路等
	驻车制动器	机械式驻车制动器		制动鼓或盘	制动蹄片或块及其连接传力零件、操纵控制机构等
车架总成	车架		车架	纵梁、横梁	保险杠、备胎架、油箱及支架、蓄电池架、踏板架、翼子板支架、前后拖钩等
车身	货车	驾驶室	驾驶室骨架	内外蒙皮、车门、车窗、仪表台、翼子板、发动机舱盖、散热器总成	座椅、靠背、门窗玻璃及升降器、刮水器、散热器罩、百叶窗等
		车厢	纵、横梁	底板、前挡板架	边板、边柱、后板、挡泥板、篷杆、挂钩等
	轿车客车	轿车	车身骨架	车门、车窗、内外蒙皮、仪表台、散热器总成	门窗玻璃及升降器、车门控制装置、散热器罩、发动机舱盖、翼子板、刮水器等
		客车	横梁、车身骨架	散热器总成、内外蒙皮、车门、车窗、仪表台、座椅	门窗玻璃及升降器、翼子板、仪表台、发动机舱盖、散热器罩、刮水器等

续上表

总成名称（系统或装置）	总成范围（系统或装置）		基础件	主要零部件	其他零部件
电器	起动电源系统			起动机、蓄电池、发电机及调节器	点火开关、起动继电器、充电灯或电流表等
	电子控制装置			电控单元	传感器、执行器及开关等
	灯光信号装置			大小灯、转向灯、制动灯、喇叭	其他灯光信号装置及开关、仪表等
空调音响	空调系统	制冷		压缩机、冷凝器、蒸发器、鼓风机	膨胀阀、各种开关、传感器、制冷剂管路等
		采暖		火焰燃烧器、鼓风机	热水开关、散热器、燃油箱及管路等
	音响电器			收放机、扬声器、音响座箱	控制开关及线束等
车轮	车轮		轮毂	轮辋、轮盘、轮辐	挡圈、锁圈、衬块、螺栓等
	轮胎			外胎、内胎、垫带	气门嘴、气门芯等
牵引装置	牵引转盘			牵引盘及座、牵引销	滚轮、滚轮轴及轴承、锁止装置等
吊车工作装置	起重臂		起重臂座	伸缩臂、吊钩	安全装置、滑轮总成、轴承、钢丝绳等
	机械卷扬机构	取力器	壳体	传动齿轮及轴	侧盖、轴承、油封、锁止装置等
		减速器	壳体	减速传动齿轮及轴	侧盖、轴承、油封、锁止装置等
		卷扬筒	支架	卷扬筒及轴	联轴节、轴承、钢丝绳等
	操纵室		操纵室骨架	内外蒙皮、室门、室窗	操纵机构、门窗玻璃、座椅及内部装饰等
铲车工作装置	装载工作装置		铲斗	铲臂及翻转轴	拉杆、轴、销、斗牙、支撑杆等
	叉运工作装置			货叉及滑架、举升油缸及链条	货叉销、链轮、轴承、滚轮、滚轮轴等
液压系统	液压油泵		泵体	油泵、油起动机、液压油箱	泵内零件、单向阀、线压阀、连接管路等
	液压油缸		缸筒	活塞、活塞杆	活塞皮圈、导向圈、油封、液压管路等
	变矩器		变矩器壳体	泵轮、涡轮、导轮	单向离合器、输出轴、轴承、油封等
	操纵装置			分配阀、操纵阀	操纵手柄、溢流阀、安全阀、液压管路等

三 汽车的工作原理

汽车工作时，首先由发动机产生动力，然后再由底盘部分将发动机所输出的动力转变为驱动汽车前进的力矩。

1 发动机的工作原理

发动机是将热能或电能转化为机械能的一种机器。现代汽车发动机多采用往复活塞式内燃机。它可以将燃料在汽缸内燃烧,使其热能直接转化成机械能。

发动机所使用的燃料有汽油、柴油、酒精、液化石油气等,目前多用汽油发动机和柴油发动机。图2-16所示为四冲程汽油发动机的工作原理图。

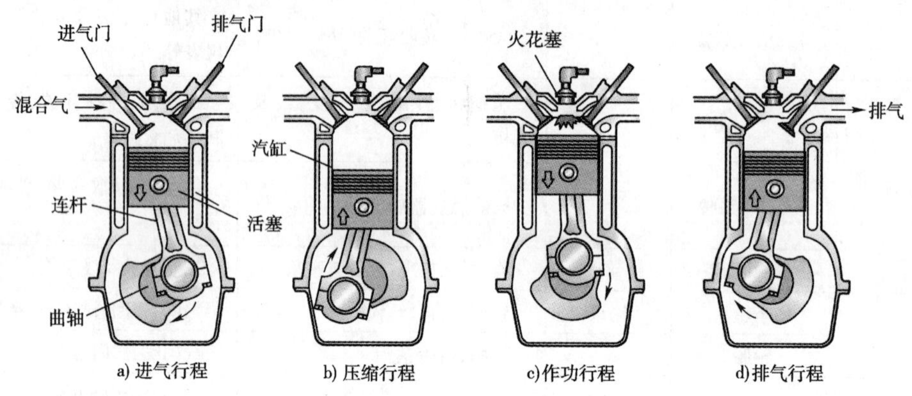

图2-16 四冲程汽车发动机工作原理图

(1)进气行程。活塞由曲轴带动从上止点向下止点运动。此时,进气门开启,排气门关闭。由于活塞下移,活塞上腔容积增大,形成一定真空度,在真空吸力的作用下,空气与汽油的混合气被吸入汽缸,至活塞运动到下止点时,进气门关闭,停止进气,吸气行程结束。

(2)压缩行程。吸气冲程结束时,活塞在曲轴的带动下,从下止点向上止点运动。此时,进、排气门均关闭,随着活塞上移、活塞上腔容积不断减小,混合气被压缩,至活塞到达上止点时,压缩行程结束。

(3)作功行程。压缩行程末,火花塞产生电火花,点燃汽缸内的可燃混合气,并迅速着火燃烧,气体产生高温、高压,在气体压力的作用下,活塞由上止点向下止点运动,再通过连杆驱动曲轴旋转向外输出作功,至活塞运动到下止点时,作功行程结束。

(4)排气行程。在做功行程终了时,排气门被打开,活塞在曲轴的带动下由下止点向上止点运动。废气在自身的剩余压力和活塞的驱赶作用下,自排气门排出汽缸,至活塞运动到上止点时,排气门关闭,排气行程结束。

四冲程柴油机和四冲程汽油机工作原理一样,每个工作循环也是由进气、压缩、作功和排气四个行程所组成。区别是:在进气行程它进入汽缸的是纯空气,压缩行程末,喷油泵将高压柴油经喷油器呈雾状喷入汽缸内的高温空气中,迅速汽化并与空气形成可燃混合气。柴油自行着火燃烧(无需点火),汽缸内的温度、压力急剧升高,推动活塞下行作功。

2 汽车的整体的工作原理

驾驶人通过钥匙起动点火开关后,点火开关迅速接通蓄电池与起动机,起动机将蓄电池的电能转化为机械能,起动机的前端齿轮啮合发动机曲轴后方的大飞轮旋转实现发动机的运转。

在发动机正常运转以后,起动机停止工作。发动机通过燃烧汽油产生输出动力,作为汽车运行的基本动力。

发动机通过曲轴输出的原始动力通过离合器传递到变速器。假如此时变速器处于空挡状态,发动机传递过来的原始动力不会通过变速器传递到车轮,而是在变速器内部转化为热能。这样就形成了汽车的停车怠速;假如驾驶人踩下离合器,将挡位操纵杆推入到相应挡位,再松开离合器,使变速器接受发动机输出的原始动力,由发动机所传递的动力在变速器内通过不同挡位的齿轮比转换后,通过传动轴传递到车轮上,就形成了汽车的前进或后退运动。

在正常行驶中,假如遇到情况需要停车,驾驶人踩下制动踏板,制动器内产生制动力,迫使汽车停下。

四 汽车主要技术参数

1 主要尺寸参数

汽车的主要尺寸包括轴距、轮距、总长、总宽、总高、前悬、后悬等(图2-17)。

(1)外廓尺寸:指总长 S、总宽 B 和总高 H。我国对公路车辆的限制尺寸是:总高不大于4m,总宽(不包括后视镜)不大于2.5m。这种对尺寸的限制是为了适应公路、桥梁、涵洞和铁路运输的有关标准。

(2)汽车的总长 S:对于载货汽车及越野汽车来说不大于12m,牵引汽车带半挂车不大于16m,汽车拖带挂车不大于20m,挂车不大于8m,大客车不大于12m,铰接式大客车不大于18m。左、右后视镜等突出部分的侧向尺寸总共不大于250mm。

(3)轴距 L:轴距是指车轴之间的距离。对双轴汽车而言,轴距就是前、后轴之间的距离;对三轴汽车而言,轴距是指前轴与中轴之间的距离和前轴与两后轴之间距离的平均值。

(4)前、后轮轮距 B_1、B_2:对单轮胎汽车而言,轮距是指轮心之间的距离;对双轮胎汽车而言,轮距是每侧两个轮胎中间位置之间的距离;汽车轮距对总宽、总质量、横向稳定性和机动性都有较大影响。

(5)前悬 L_F 和后悬 L_R:前悬指前端至前轮中心悬置部分。后悬指后端至后轮中心悬置部分。

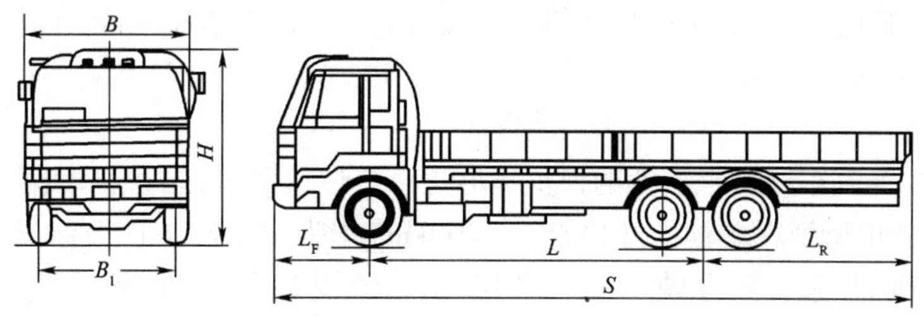

图2-17 汽车主要尺寸参数

S-总长;B-总宽;H-总高;L-轴距;B_1-前轮距;L_F-前悬;L_R-后悬

2 质量参数

质量参数主要包括汽车的装载质量、总质量、整备质量利用系数和轴荷分配等。

(1)总质量。指整备完好、装备齐全,并按规定载满客、货时的汽车质量。

(2)整备质量。指在加满燃料、润滑油、工作液(如制动液)及发动机冷却液并装备(随车工具及备胎等)齐全,但未载人、载货时的总质量。

(3)装载质量。乘用车主要用于载运乘客及其随身行李,一般以座位数计,包括驾驶员座在内不超过9座;客车以载客量计;货车以其在良好硬路面行驶时所装载货物质量的最大限额以吨(t)计。

(4)整备质量利用系数。指载货汽车的装载量与其整备质量之比。

(5)轴荷分配。指汽车空载和满载时的整车质量分配到各个车轴上的百分比。

3 汽车主要性能指标

汽车的主要性能指标,概括起来有七个方面的性能要求:动力性、经济性、制动性、操纵稳定性、行驶平顺性、通过性、安全性,这些性能在汽车使用期的保持和恢复构成了汽车的可靠性和可维修性。

(1)动力性。汽车的动力性主要有以下三个指标:

①最高车速 $V_{a\,max}$(km/h)。指在水平的良好路面(混凝土或沥青)上汽车能达到的最高行驶速度。此时汽车应为满载,加速踏板开度最大,变速器为最高挡。发动机最大功率越高,汽车的 $V_{a\,max}$ 就越大。目前普通轿车的最高车速一般为160~200km/h。

②加速时间。常用的指标有原地起步加速时间和超车加速时间,它是动力性能的重要指标。原地起步加速时间是指汽车由头挡起步并以最大加速度逐步换到高挡后达到某一预定的距离或一定车速所需的时间。超车加速时间是指用最高挡或次高挡由某一中等车速开始全力加速至某一高速所需的时间。采用较多的办法是用最高挡或次高挡,由30km/h或40km/h全力加速至某一高速,或用30km/h→50km/h、60km/h→80km/h的加速时间来表示。超车加速能力强,与被超车辆的并行时间短,行驶就会比较安全。以奔驰380SEC型轿车为例,该车0~48km/h起步加速时间为3.8s,0~96km/h为9.1s,0~144km/h为20.1s,0~192km/h为58.3s;超车加速128~160km/h为17.1s,144~176km/h为24.2s,160~192km/h为36.5s。

轿车常用0~100km/h的换挡加速时间评价,如普通轿车为10~15s。

③最大爬坡度 i_{max}(%)。指汽车满载,最低挡时在良好路面上以一挡行驶时能爬上的最大坡度 i_{max},用以表示一辆车的爬坡能力。坡度值 i 一般用坡道斜角的正切表示(为小数或百分数),而不是倾斜角的度数。货车一般 i_{max} 在30%即16.5°左右,越野汽车 i_{max} 可达60%,即30°左右。

(2)经济性。汽车燃料经济性的评价指标是以单位行驶里程的汽车燃油消耗量,轿车一般以每行驶百公里所消耗燃油的升数 Q_s(L/100km)作为汽车经济性指标,载货汽车也有用单位运输量,即每吨总重行驶1km(或100km)的耗油量来评价的,称为吨公里油耗 $L/(t\cdot km)$[或吨百公里油耗L/(t·100km)],这样便于比较不同载质量汽车的燃料经济性。

汽车燃料经济性与汽车总重、各种阻力,传动系的效率和减速比的匹配,尤其是发动机的燃油消耗率有关。目前降低汽车油耗的途径侧重于提高发动机的燃料经济性,降低汽车自重和改进外形以减小空气阻力等方面。

(3)制动性。汽车制动性是指汽车在行驶中强制减速直到停车的能力。主要由下列三方面来评价：

①制动效能。汽车在良好路面在规定车速下开始制动直到停车时的制动距离或减速度。我国通常以30km/h和50km/h车速下的最小制动距离来评价汽车的制动效能。如车速为30km/h时，各种汽车的制动距离为：轻型货车7m以下，中型货车不大于8m，重型货车不大于12m，轿车在6m以下。

②制动效能的恒定性。指汽车在高速或下长坡连续制动时，制动器温度升高后，与冷态时相比，其制动效能所能保持的程度。

③制动时汽车的方向稳定性。即制动时汽车按给定轨迹（直线或预定弯道）行驶，不发生跑偏、侧滑以及失去转向能力的性能。汽车左右轮制动力相差通常要求不大于8%。

（4）操纵稳定性。汽车的操纵稳定性包括操纵性和稳定性。

操纵性是指汽车能够准确地响应驾驶员的转向指令的能力；稳定性是指汽车在行驶过程中，具有抵抗改变其行驶方向的各种干扰，并保持稳定行驶而不致失去控制甚至翻车或侧滑的能力。实际上两者是相互联系的，稳定性的好坏，直接影响操纵性。

（5）行驶平顺性。汽车的行驶平顺性是指保持汽车在行驶过程中乘员所处的振动环境具有一定舒适度的性能，对于载货汽车还包括保持货物完好的性能，又称为乘坐舒适性。

（6）通过性。汽车的通过性（也称越野性）是指汽车在一定的装载质量下，能以足够高的平均速度通过各种坏路和无路地带，如松的土壤、沙漠、雪地、沼泽等松软地面及坎坷不平地段和各种障碍，如陡坡、侧坡、壕沟、台阶、水障等的能力。军用、工矿、农林等用途的越野汽车对通过性均有较高的要求。

通过性几何参数主要有：最小离地间隙、接近角、离去角、纵向通过角、最小转弯半径、爬坡性能，如图2-18所示。

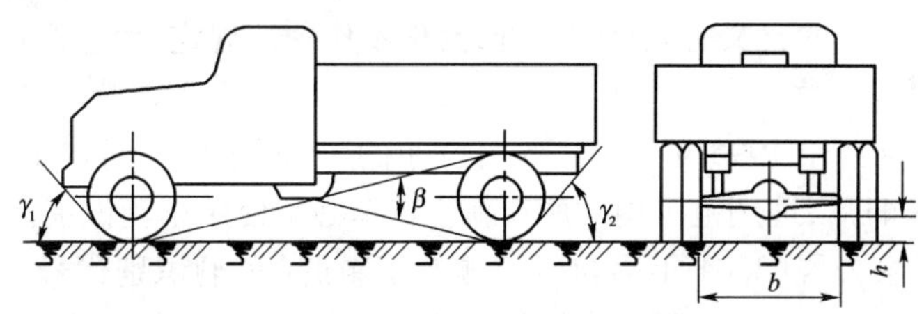

图2-18　汽车通过性指标

h-最小离地间隙；b-两侧轮胎内缘间距；γ_1-接近角；γ_2-离去角；β-纵向通过角

①最小离地间隙。指汽车满载、静止时，平直地面与汽车上的中间区域最低点之间的距离 h。它反映了汽车无碰撞地通过地面凸起的能力。

②接近角 γ_1。指汽车满载、静止时，前端突出点向前轮所引切线与地面间夹角。γ_1 越大，越不易发生汽车前端触及地面，通过性越好。

③离去角 γ_2。指汽车满载、静止时，后端突出点向后轮所引切线与地面间的夹角。γ_2 越大，越不易发生汽车后端触及地面，通过性越好。

④纵向通过角 β。汽车满载、静止时，垂直于汽车纵向中心平面，分别与前、后车轮轮胎相切和相交，并与车辆底盘刚性部件（除车轮）接触的两个平面形成的最小锐角。它决定了车辆所能通过的最陡坡道。β 越大，汽车通过性越好。

⑤最小转弯半径。当转向盘转到极限位置、以最低稳定车速转向行驶时，外侧转向轮的中心平面在支承平面上滚过的轨迹圆半径。最小转弯半径越小，汽车的机动性就越好。

⑥爬坡性能。指汽车满载,在良好路面上等速行驶时的最大爬坡度,一般要求在30%(即16.7°)左右。越野车要求更高,一般在60%(即31°)左右。

(7)安全性。汽车安全性包括主动安全性和被动安全性。

主动安全性是指通过事先防范,避免事故的发生和驾乘人员受到伤害的能力。有制动性能、操纵稳定性、平顺性等。主要取决于汽车的总体尺寸、制动性、行驶稳定性、操纵性、信息性以及驾驶员工作条件。

被动安全性是指一旦事故发生时,为避免或减轻驾乘人员在事故中受到伤害的能力,主要有防撞式车身、安全带、安全气囊等。

五 车辆识别代码(VIN)规则

车辆识别代号英文为Vehicle Identification Number,简称为VIN。目前,世界各国生产的汽车大多使用了VIN编码。

"VIN编码"由一组字母和阿拉伯数字组成,共17位。它是识别一辆汽车不可缺少的工具,被誉为"汽车身份证"。

VIN的每位代码都代表汽车某一方面信息。按识别代码编码顺序,从VIN中可以识别出该车的生产国家、制造公司或生产厂家、车辆类型、品牌名称、车型系列、车身形式、发动机型号、车型年款(属哪年生产的年款型车)、安全防护装置型号、检验数字、装配工厂名称和出厂顺序号码等。

各国技术法规一般只规定车辆识别代码的基本要求。如其应由17位代码编码组成,字母和数字的尺寸、书写形式、排列位置和安装位置等,都有相应规定,并且应保证30年内不会重号。除对个别符号的含义有硬性规定外,其他不作硬性规定,由生产厂家自行规定其代表的含义。

我国原机械工业部于1996年12月25日发布的《车辆识别代号(VIN)管理规则》中规定:"1999年1月1日后,适用范围内的所有新生产车必须使用车辆识别代号"。2004年,国家发展和改革委员会公告(2004年第66号)颁布了新的《车辆识别代号(VIN)管理规则》,从当年12月1日起实行,原管理规则作废。国家标准《道路车辆—车辆识别代号(VIN)》(GB 16735—2004)于2004年7月12日由国家质检总局、国家标准化管理委员会正式批准,于2004年10月1日实施。国家标准《道路车辆—车辆识别代号(VIN)》(GB 16735—2004)与《道路车辆—世界制造厂识别代号(WMI)》(GB 16737—2004)标准配套使用,在全国范围内规范车辆的生产,为管理提供依据。《道路车辆—车辆识别代号(VIN)》(GB 16735—2004)是在《道路车辆—车辆识别代号(VIN)位置与固定》(GB/T 16735—1997)、《道路车辆—车辆识别代号(VIN)内容与构成》(GB/T 16736—1997)二项已有国家标准的基础上进行适当调整、修改形成的,代替上述两项推荐性国家标准。

1 基本要求

(1)每一辆机动车都必须有车辆识别代号。

(2)在连续30年内生产的任何机动车,其识别代号不得相同。

(3)车辆识别代号应尽量标示在车辆右侧的前半部分,易于看到且能防止磨损或容易被替换的结构件上。

(4)9 座或 9 座以下车辆和最大总质量小于或等于 3.5t 的载货汽车的车辆识别代号应永久标示在仪表盘靠近风窗立柱的位置,在白天不需移动任何部件,从车外就能够分辨出来。

(5)车辆识别代号的字码在任何情况下都应是字迹清楚、坚固耐久和不易替换的。车辆识别代号的字码高度:若直接打印在车辆结构件上,则字高应不小于 7mm,深度应不小于 0.3mm;其他情况字高应不小于 4mm。

(6)车辆识别代号不能采用的阿拉伯数字和罗马字母(大写)有:阿拉伯数字—0;罗马字母—I、O、Q、U、Z。

(7)车辆识别代号标示在车辆或标牌上时,应尽量标示在一行,可不使用分隔符。特殊情况下必须标示在两行时,两行之间不应有空行,每行的开始与终止处应选用一个分隔符。

(8)车辆识别代号在文件上标示时应标示在一行,不允许有空格,不允许使用分隔符。

(9)车辆识别代号还应标示在产品标牌上(两轮摩托车和轻便摩托车可除外)。

(10)车辆识别代号可采用人工可读码形式或机器可读的条码形式进行标示。若采用条码,应符合国家标准《车辆识别代号条码标签》(GB/T 18410—2001)的要求。

2 基本内容

车辆识别代号由三部分组成:第一部分,世界制造厂识别代号(WMI);第二部分,车辆说明部分(VDS);第三部分,车辆指示部分(VIS),如图 2-19 所示。

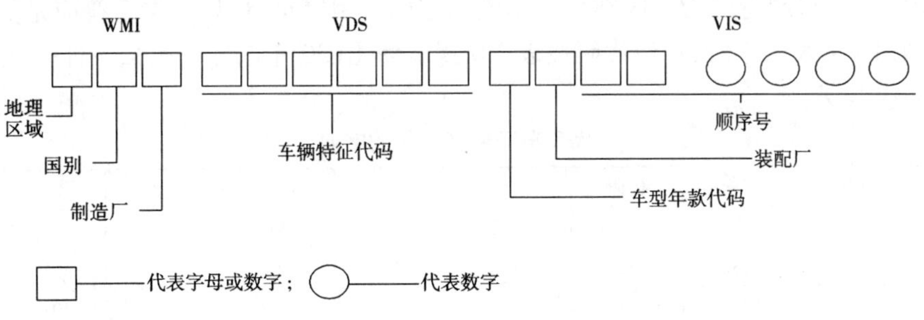

图 2-19 VIN 编码

1)世界制造厂识别代号(WMI)

该代号必须经过申请、批准和备案后方能使用。由国际组织按地理区域分配给各国,各国再分配给本国的制造厂。中国由天津汽研中心标准所代理,国家经贸委备案。

第一个字码:地理区域代码,如非洲、亚洲、欧洲、大洋洲、北美洲和南美洲(表 2-5)。

世界制造厂识别代号(WMI)所代表的地区　　表 2-5

代码	1 ~ 5	S ~ Z	A ~ H	J ~ R	6、7	8、9、0
所指定的地区	北美	欧洲	非洲	亚洲	大洋洲	南美洲

第二个字码:国家代码。美国汽车工程师协会(SAE) 分配国家代码。

第三个字码:制造厂代码,由各国分配。若制造厂的年产量少于 500 辆,其 WMI 代码的第三个字码为 9。生产规模大的汽车厂则用于分配车系。

(1)美国部分汽车生产厂家代码:

1FD、1FT—福特;1G0、1G9、1G9—通用;1B3、4P3—克莱斯勒。

其中,1A-10、4A-40、5A-50 代表在本土生产;2 代表在加拿大生产;3 代表在墨西哥生产。

(2)德国部分汽车生产厂家代码:

WD3、WDB、8A3、8AB、9BM、3MB—戴姆勒克莱斯勒;WV1、WV2、WV3、WVM—大众;WBA/WBS/WB1/4US—宝马。

其中,W代表在德国本土生产;8代表在阿根廷生产;9代表巴西生产。

(3)日本部分汽车生产厂家代码:

JAA、JAJ、JAL—五十铃;JA5、JB5、JJ5、JMA、JP5—三菱;JSA—铃木;JT1、JT7—丰田;JT6、JT8—凌志;JHM、JH4、1HG—本田。

(4)中国部分汽车生产厂家代码:

LSV—上海大众;LFV——汽大众;LDC—神龙富康;LEN—北京吉普;LHG—广州本田;LKD—哈飞汽车;LSY—沈阳金杯;LSG—上海通用;LS5—长安汽车。

2)车型描述部分(VDS)

VIN编码的第4~9位,表示车辆的类型和配置。若其中的一位或几位字符不用,必须用选定的字母或数字占位。

一般包含以下信息:车系;动力系统—发动机型号、变速器形式;车身形式;约束系统配置—气囊、安全带等;校验位—第9位,0~9或X。

此部分应能识别车辆的一般特性,其代号顺序由制造厂决定。

3)车型指示部分(VIS)

第10~17位,制造厂为了区别每辆车而指定的一组字符,最后四位字符应是数字。

(1)第10位表示年份,年份代码按表2-6规定使用(30年循环一次),不能使用数字0或字母I、O、Q、U、Z。

代表车辆生产年份的字码　　表2-6

年份	代码	年份	代码	年份	代码	年份	代码	年份	代码
1971	1	1981	B	1991	M	2001	1	2011	B
1972	2	1982	C	1992	N	2002	2	2012	C
1973	3	1983	D	1993	P	2003	3	2013	D
1974	4	1984	E	1994	R	2004	4	2014	E
1975	5	1985	F	1995	S	2005	5	2015	F
1976	6	1986	G	1996	T	2006	6	2016	G
1977	7	1987	H	1997	V	2007	7	2017	H
1978	8	1988	J	1998	W	2008	8	2018	J
1979	9	1989	K	1999	X	2009	9	2019	K
1980	A	1990	L	2000	Y	2010	A	2020	L

(2)第11位使用字母或数字来指示装配厂,若无装配厂,制造厂可规定其他的内容。

(3)第12~17位代表机动车的生产顺序号。

3 VIN标牌的位置

对于VIN标牌所在的位置,各大汽车制造厂不完全一样,一般在:左风挡仪表盘上;门柱上;防火墙上;发动机、车架等大部件上;左侧轮罩内;转向柱上;散热器支架上;发动机前部的加工垫上;质保和保养手册、车主手册上。图2-20所示为VIN码在各种车型中有可能贴的位置。

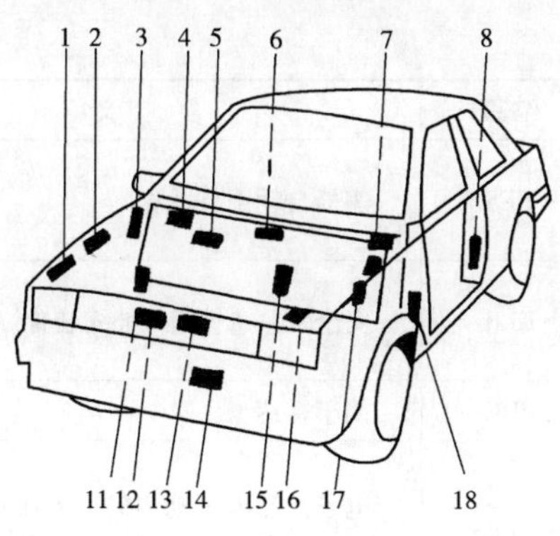

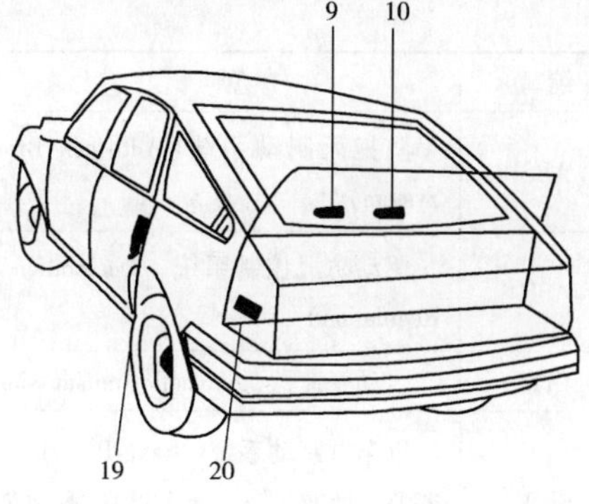

图 2-20 VIN 码装贴在各种车型中的位置(1～20 码为 VIN 可能装贴的位置)

4 VIN 示例

上海大众汽车有限公司生产的一款汽车,其 VIN 编码 LSVHJ133022221761 的具体含义就是:2002 年由上海大众汽车有限公司生产的桑塔纳 2000 型轿车,该车配备 AYJ 发动机,FNV(01N. A)自动变速器,出厂编号 221761(图 2-21)。

 LSVHJ133022221761

图 2-21 桑塔纳轿车的 VIN 码

六 汽车常见英文缩写含义

汽车上常用到英文缩写及含义见表 2-7。

部分汽车英文缩写含义 表 2-7

类别	缩写	含 义	缩写	含 义
整车布局	4WD	四轮驱动系统	FF	发动机前置,前轮驱动
	4WS	四轮转向系统	FR	发动机前置,后轮驱动
	Ap	恒时全轮驱动	MR	发动机中置,后轮驱动
	Az	接通式全轮驱动	RR	发动机后置,后轮驱动
	Quattro	全时四轮驱动系统		
车型	CRV	城市休闲车(City Recreation Vehicle)	RAV	休闲运动车(Recreational－休闲、Activity－运动、Vehicle－车)
	CUV	多用途车(Car－Based Utility Vehicle)	RV	休闲车(Recreation Vehicle)
	IV	智能汽车(Intelligent Vehicle)	S-MPV	紧凑型多用途车(Small Multi-Purpose Vehicle)
	MPV	多用途汽车(Multi-Purpose Vehicle 或 Mini Passenger Van)	SRV	小型休闲车(Small Recreation Vehicle)
	NCV	新概念轿车(New Concept Vehicle)	SUV	运动型多用途车(Sport Utility Vehicle)

续上表

类别	缩写	含　义	缩写	含　义
汽车装置	ABS	防抱死制动系统(Anti-lock Braking System)	EES	座椅自动调节系统
	ASR	驱动防滑控制系统(Acceleration Slip Regulation)	ELR	安全带紧急锁紧式伸缩装置
	AT	自动变速器(automatic transmission)	PDC	倒车雷达
	BBW	汽车电制动系统(Brake By Wire),可实现制动防抱死(ABS),驱动防滑(ASR),稳定性控制(ESP)	PPS	电子控制液压动力转向系统(Progressive Power Steering)
	CCS	汽车巡航控制系统(Cruise Control System)	SENS-ONIC	手自一体变速器
	EBD	电子控制的制动力分配系统(Electronic Brake Distribution)	SRS	汽车安全气囊(Supplemental Restraint System)
	ECS	电子控制悬挂(Electronic Controlled Suspension)	VSC	汽车稳定控制系统(Vehicle Stability Control)
其他	4S	整车销售(Sale);配件供应(Spare);售后服务(Service);信息反馈(Survey)	OBD	车载尾气排放诊断系统(On Board Diagnostics)
	5S	整理(Shiri);整顿(Seiton);清洁(Seiso);清扫(Seiketsu);素养(Shitsuke)	PDCA	计划(Plan);实施(Do);检查(Check);(改善 Action)
	CD	空气阻力系数	SA	销售顾问(Sales Advisor)
	CKD	散装零件装配(Completely Knocked Down)	SKD	半散件进口组装(Semi - Knocked Down)

第三节　汽车零配件知识

在汽车维修企业和汽车配件经营企业,通常将汽车零部件、消耗性材料(如润滑液、冷却液、制动液、制冷剂、轮胎等)统称为汽车配件,亦称为零配件、零部件、零件或备件。有的把发动机、变速器等总成,甚至铸件、锻造毛坯件都列为汽车配件。

一　汽车配件分类

1 按市场结构分类

A 类:维修市场件,为汽车维修服务的配件;

B 类:通用配套件,为两种或两种以上车系服务的配件,面向全国市场;

C 类:专用配套件,为单一车系服务的配件;

D 类:外向型配件,主要产量是出口,面向国际市场。

B 类和 C 类通常称为配套件,也叫原厂配件,是指与汽车制造厂家配套的装车件。配套件也可能流入汽车配件市场,通常配套件的质量比较好。

维修市场件有可能是原车件,也有可能是副厂件。副厂件又称非配套件,是指专业配件生产厂家制造的零件,但不是与汽车制造厂家配套的装车件,主要面向配件市场。原厂件需是汽车生产厂家授权委托厂商生产的配件,这些配件可以打上整车的标志,并在整车厂服务渠道供应。副厂件就是指没有得到厂家授权许可的企业所生产的配件,它不仅在商标、标识、包装上有别于原厂件,在价格上有很大的优势。

2 按最终用途分类

分为发动机零件、车身零件、传动零件和底盘零件,主要用于商业或统计上。

3 按集成度分类

(1)零件:汽车部件中最小的单元,如弹簧、密封件、垫片等。

(2)配件:由几个零件组成,如门锁。

(3)组合件(组件):由几个零配件组合而成的模块,能整体装配到汽车上,如车门。

(4)系统:由几个功能上相互作用的组合件综合而成。

(5)系统组件:由一个或几个分系统、组合件或配件组成的封闭系统,如座舱系统包括仪表台、托架、门饰系统等;座椅系统,包括座椅、安全带和座椅调整机构,还可能包括气囊等;内部装饰系统包括车门组件、托架组件、储藏箱以及杯子座配件等。组合成的汽车内部系统可直接运送到汽车制造厂或修理厂进行组装,既可节约时间,又能提高质量。

4 按零件损坏规律分类

(1)易损件。指在使用中容易损坏或者定期更换的零件,如离合器片、制动器片、橡胶密封件、滤芯、轴承、高压泵、柱塞、各种阀门、密封条、灯具、火花塞、电磁阀等。

(2)不易损坏件。指在汽车生命周期内不用更换或者没有特殊原因不会损坏的零件,如汽缸体、缸盖、变速器壳体等基础件。

(3)碰撞易损件。指在汽车碰撞时最容易损坏的零件,主要包括汽车钣金件、保险杠、散热器、悬挂以及转向系统的各种拉杆和各种灯具。

二 汽车零件互换性

1 互换、代用的概念

在汽车维修过程中,经常需要更换零配件。对某一零件而言,他们当中的任何一个在装配中可以互相调换,不需要任何加工;或通过简单加工修配既可使用。

2 互换注意事项

(1)互换零件的材料、尺寸、精度、表面粗糙度、形位公差、机械性能及其他技术条件都必须相同,否则可能无法满足使用性能、寿命的要求,甚至造成很大的经济损失。

(2)同一系列车型的主要零件、特别是易损件,经常具有互换性。如捷达和桑塔纳的活塞组件、汽缸垫、前制动盘等配件都可通用。

(3)有些汽车配件的外形很近似,但却不能互换。如为同一车型的配件,他们的配件编号可能不同,选购时需仔细辨认,以防止出错造成损失。

(4)车身和发动机附件为典型的可通用互换配件。同一厂家生产的同一系列车型基本可以通用;不同厂家生产的同类型汽车,车身和发动机附件也可能具有互换性。

三 汽车配件的编号和规格

汽车配件的制造厂编号代表汽车配件的型号、品种和规格,对配件采购和管理十分重要。零件编号一般打印在配件的包装上,也有的打印或铸造在零件的非工作面上。国产汽车零件有统一标准,国外汽车零件大都没有统一标准,由厂家自定。

国产汽车配件编号规则

完整的汽车零件编号表达式由企业名称代号、组号、分组号、源码、零部件顺序号和变更代码构成。《汽车零部件编号规则》(QC/T 265—2004)对汽车零部件的编号进行了统一的规定。该标准将零部件编号表达式根据其隶属关系分为以下三种方式(图 2-22)。

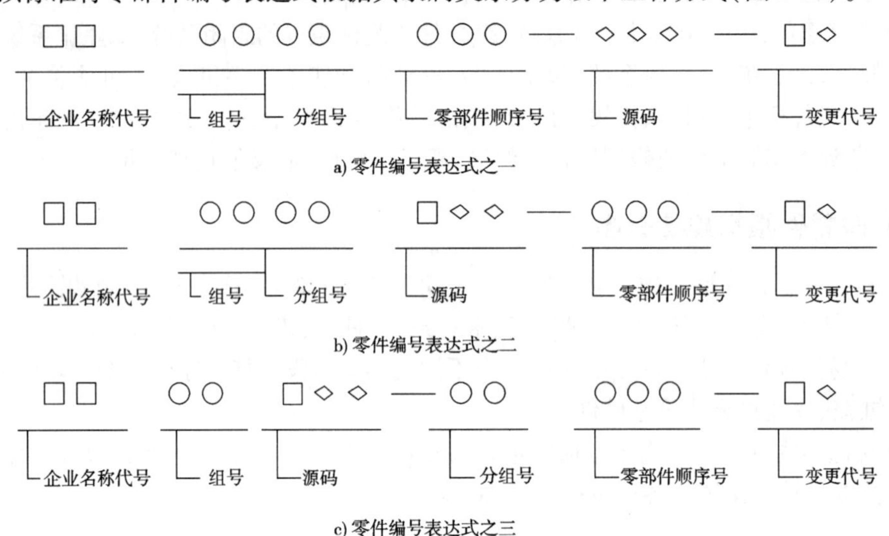

图 2-22 零件编号表达式

(1)企业名称代码。当零部件图样使用涉及知识产权或产品研发过程中需要标注企业名称代码时,可在最前面标注经过有关部门批准的企业名称代码。企业内部使用时,允许省略,企业名称代码由两位或三位汉语拼音字母表示。

(2)源码。源码由三位字母、数字或者字母与数字混合表示,由企业自定。

(3)组号。用两位数字表示汽车各功能系统分类代号,按顺序排列。如发动机机械部分的组号为 10,发动机冷却系统的组号为 13,液力变速器的组号为 15 等。

(4)分组号。用四位数字表示各功能系列内分系统的分类系统代号。如 1002,组号 10 代表发动机,组号 02 代表汽缸体,1002 就代表发动机汽缸体;1301 代表冷却系散热器;1501 代表自动变速器液力变矩器。

(5)零部件顺序号。用三位数字表示功能系统内总成、子总成、单元体、零件等顺序代号。

(6)变更代号。变更号为两位,可由字母、数字或字母与数字混合而成,由企业自定。

(7)零部件顺序号。当零件变化不大,或通过增减某些零部件构成新零件或总成后,在不影响其分类和功能的情况下,其编号一般在原编号基础上仅改变其源码。

(8)汽车组合模块表达方式。汽车组合模块的表达方式如图 2-23 所示。

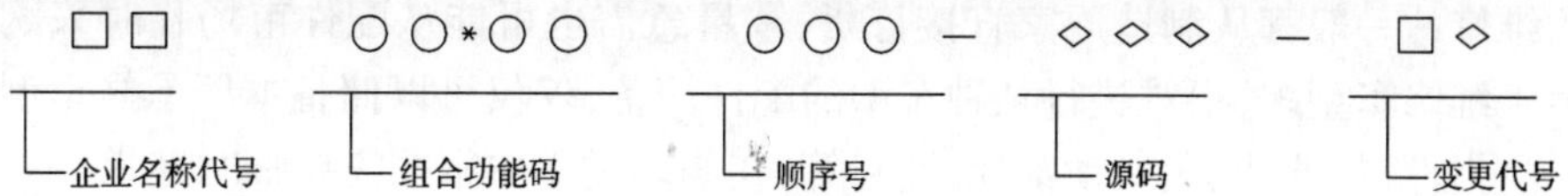

图 2-23　汽车组合模块的表达方式

组合功能码由组号合成,前两位组号描述模块的主要功能特征,后两位组号描述模块的辅助功能。如:10 * 16 表示发动机带离合器组合模块;10 * 17 表示发动机带变速器模块;17 * 35表示变速器带手制动器组合模块。

四 汽车配件检索

1 配件手册检索

配件手册是制造厂家根据每一种车型编制的,内容包括该车型所有零件的名称、零件编号、单车用量及代用编号等信息,并附有多种检索方法,如按照零件名称、零件编号、汽车总成分类及图形索引等。

2 电子配件目录

电子配件目录(CD 光盘)有储存量大、使用方便的优点,在配件管理系统中得到越来越多的采用。不同厂家的电子配件目录索引系统使用方法不尽相同,但大同小异。

五 汽车配件管理

1 配件选购

配件选购的原则是:计划采购、择优订货、合理储存、及时供应。

储存定额应是在一定条件下,能够满足维修和销售需要,而且经济合理。储量过大造成积压,储量过小不能满足维修和销售需要。具体制定时,一般都是根据统计资料,计算出统计期内(如季度)配件总耗量,除以该统计期内的营运车数(或维修作业车数、次数),计算出平均每天需要量,再据此计算配件定额。

当库存配件接近最高储备量时,应立即控制或停止进货;当库存配件接近最低储备量时,应立即催办小批进货,或者组织采购,以防止因为配件供应不及时影响生产。

2 制定采购计划

根据以往维修所用配件的经验,结合下一步的维修需求,论证所需配件的品种及数量,作为采购计划供领导审批。

3 采购订货

(1)采购订货方式。配件采购订货一般有以下途径:从配件公司订货;从生产厂家订货;从各汽车制造厂所设的维修点订货;配件市场采购。

特约维修站一般都从制造厂家直接订货,零星急需也可能从配件市场临时采购。普通修理厂由于维修车型多,很难进行某种车型的配件储备,仅仅可以储备本厂承修车型比较多的车型的易损件,如滤清器、制动蹄片、油封等,在修理过程中根据需要临时进货。

(2)签订订货合同。订货合同是供需双方的经济契约,必须符合合同法的有关规定。合同中一般对配件的品种、规格、数量、质量、价格、交货日期、结算方式、产品包装、运输方式以及违约责任等进行约定。

4 配件的仓库管理

(1)入库验收。入库验收主要指两个方面:一是配件数量、品种、规格是否与运单、发货票及合同一致,发现问题及时向有关部门反馈信息;二是质量检查,首先检查包装单和合格证是否齐全,然后按照技术标准检查配件质量,并由检验单位或检验人员出具检验合格证。配件入库后要妥善保管原厂合格证,以便出现问题时索赔。

(2)配件管理。要合理摆放,并做好防锈、防尘、防潮、防震、防水、防盗等工作。

(3)清仓盘点。最好用条形码管理配件,在入库、出库、盘点、收集订单、交货、验货、填写发货单等都要填写有关配件信息,有时需要反复抄写。采用条形码管理配件,利用条形码阅读器扫描进计算机,打印相应单据,非常方便。

第四节　汽车运行材料

汽车运行材料,通常指燃料、润滑油、车用特种液和汽车轮胎等。

一 汽油

1 汽油的使用性能

(1)汽油的蒸发性。是指汽油由液态转化为气态的特性。现代汽油机转速高,燃烧过程短,要求汽油有良好的蒸发性。不过,如汽油的蒸发性过好,则会使汽油在保管中损耗加大,使用中容易产生气阻;若汽油的蒸发性过差,将影响燃烧,增加油耗,排放的有害成分也增加,甚至影响起动性能。因此,汽油的蒸发性要适宜。通常用汽油的馏程和蒸气压两个指标来衡量汽油蒸发性:

①馏程。加热蒸馏时,流出第一滴油的温度称为初馏点,最后蒸馏干时的温度称为终馏点,也叫干点。从初馏点到终馏点的温度范围,称为汽油的馏程。在这个温度范围内的馏出物,称为汽油的馏分。所以馏程可以判断汽油的沸点范围,并以此衡量汽油蒸发性的好坏。

②饱和蒸气压。又称蒸气压,是在一定温度下与同种物质液态处于平衡状态时对容器壁所产生的压强。它是表示汽油蒸发性的另一个指标,主要用于判断汽油发生"气阻"的倾向和储存、运输过程中蒸发损耗的倾向。蒸气压越高,说明汽油中含轻质成分越多,蒸发性越好,起动性能越好,但产生气阻的可能性越大,储存中损耗也越大。蒸气压大小与气温和大气压力有关。气温越高、大气压力越低,则汽油的蒸气压越高。

(2)汽油的抗爆性。抗爆性是表示汽油燃烧性能的指标,指汽油在发动机中燃烧时抵抗爆震的能力。汽油在发动机内正常燃烧时,火焰传播速度为30~40m/s,汽缸内的压力和温度变化也较均匀。若使用抗爆性不好的汽油,混合气点燃后,生成大量不稳定的过氧化物,当它积累到一定量时,不等正常火焰前沿到达,就自行分解,引起混合气爆炸性燃烧,使火焰传播速度剧增到1500~2500m/s,燃气压力在局部区域瞬间可达16MPa左右,由此形成的爆炸气体冲击波,以超音速向前推进,撞击发动机缸壁,发出尖锐的敲击声,这种现象称为爆震。爆震时汽缸过热,功率降低,油耗增加,严重时会使活塞、活塞环、排气门等机件烧毁,轴承和其他零件受损。

汽油抗爆性通常用辛烷值表示。辛烷值高,抗爆性好,可用在压缩比高的汽油机上。往汽油中加抗爆剂四乙基铅,能提高抗爆性能,所以以前使用的汽油多为加铅汽油,称含铅汽油。四乙基铅带有水果香味,剧毒,现在严禁使用含铅汽油。

(3)汽油的化学安定性。简称汽油的安定性,是指汽油在储存、运输、加注和其他作业时抵抗氧化生胶的能力。汽油如果含有大量不饱合烃,特别是二烯烃,就会在储存、运输、加注等作业时,由于受到空气中氧气及较高温度和光线等的作用发生氧化、缩合和聚合,从而生成胶质和酸性物质,使汽油辛烷值下降。

经常使用化学安定性差的汽油会在发动机内形成沉积物,堵塞油路甚至中断供油。胶状沉积物在高温时会分解生成积炭,沉积在缸盖、缸壁及活塞顶、活塞环槽、火花塞上,影响发动机的正常工作,甚至使汽缸散热不良,引起爆燃,并加快磨损。

(4)汽油的腐蚀性。若汽油中含有硫及硫化物、有机酸及水溶性酸碱及水分,就有了腐蚀性。汽油中的硫分是指汽油中含硫量的总和,用质量百分数表示。汽油中的硫分经燃烧生成二氧化硫,在汽缸或排气管中遇到冷凝水时,形成亚硫酸和硫酸,强烈地腐蚀金属。另外,硫分过多还会降低汽油辛烷值。

(5)汽油的清洁性。指汽油在生产、运输、储存和使用过程中不应混入炼制工艺以外的杂质,以保持汽油清洁。一般用含有的灰尘、机械杂质和水分两项指标评价。炼油厂生产出来的汽油,本身不含杂质和水分,但在运输、储存、灌注过程中,可能会受到外界灰尘、容器锈落物、水分等的污染。因此,灌装时严格使用干净容器,储存运输时容器要密封。

2 汽油的牌号、规格和选用

(1)汽油的牌号和规格。GB 17930—1999将车用无铅汽油按研究法辛烷值分为90号、93号和95号三个牌号。当时的牌号中没有97号汽油,但我们由定义可推出97号汽油的辛烷值应不低于97。

(2)汽油的选用。选用汽油主要依据压缩比。高压缩比的发动机应选用牌号较高的汽油,低压缩比的发动机可选用牌号较低的汽油。若选用不当,压缩比高的发动机选用低牌号汽油,则易引起发动机爆震,导致功率下降;反之,压缩比低的发动机选用高牌号汽油,会造成浪费,使运输成本增加。表2-8提供了汽油牌号选用的参考资料。

按发动机压缩比选用辛烷值表　　表 2-8

发动机压缩比	6	7	8	9	10
辛烷值(起动机法)	66	76	88	92	98

(3)汽油的储存、运输。汽油储存时,尽可能使用油罐而不要使用油桶。罐装汽油比桶装蒸发少,变质慢。

汽油是易蒸发、易燃烧、易爆炸、易产生静电,对人畜有毒害作用的油料,应严格火种管理,实行熄火加油。加油时,操作者应避免直接接触汽油,避免金属相碰产生火花,减少汽油冲击、摩擦和搅动。容器中不能全部装满汽油,应留7%左右的空间,以防受热胀破油桶。储存的汽油应置于阴凉处,避免日光暴晒。

二 车用柴油

1 柴油的使用性能

(1)柴油的低温流动性。柴油低温流动性以凝点表示。凝点又称凝固点,是指油料在一定的试验条件下,遇冷开始凝固而失去流动性的最高温度。通过凝点可以判断该柴油适宜于在什么样的气温下使用。

柴油在低温下运输、装卸、使用时,都要求其凝点低于环境温度2~5℃。凝点越低,适用的气温和地区范围就越广,生产成本就越高。因此,应尽量扩大高凝点柴油的使用月份范围,力求充分利用石油资源,降低生产成本。

(2)柴油的燃烧性。是指柴油喷入汽缸后立即着火燃烧的性能。燃烧性好的柴油,着火延迟期(滞燃期)短,工作平稳。柴油的燃烧性以十六烷值表示。

①十六烷值。十六烷值与汽油的辛烷值相似,也是用可变压缩比的单缸发动机与标准燃料进行对比测定的。

②十六烷值与发动机工作的关系。柴油的十六烷值高,其自燃点就低,着火延迟期短,燃烧均匀,不易发生粗暴燃烧,燃烧效率高;反之,它的自燃点就高,着火延迟期长,燃烧过程不均匀,易发生粗暴燃烧,燃烧效率低,油耗大。

十六烷值还影响起动性。十六烷值高时,在较低温度下就容易着火。但十六烷值并不是越高越好。若超过一定值,不但没有必要,反而会增大油耗。另外,十六烷值高的柴油,凝点较高、馏分较重,也不利于使用。所以,通常要求柴油的十六烷值在40~60之间。

(3)柴油的蒸发性。是指柴油从液态转化为气态的性能,通常用馏程和闪点评价。

①馏程。一般用300℃时的馏出量来评定柴油的蒸发性。300℃馏出量百分数越大,说明柴油中轻馏分越多,蒸发速度越快,燃烧越完全,单位油耗也低。如若馏分过重,则柴油燃烧不完全,积炭增多,并稀释润滑油,加剧机件磨损。但馏分过轻,其十六烷值小,自燃点高,着火落后期长,容易产生工作粗暴。

②闪点。是指将油料置于一定试验条件下加热,其蒸气与周围空气形成混合气,当接近火焰时,开始发出闪火的温度。闪点不仅是蒸发性指标,还是安全性指标。国家规定:闪点在45℃以下为易燃品,45℃以上为可燃品。闪点越低,蒸发性越好,但闪点过低时蒸发太快,产生爆震,安全性也变差。

(4)柴油的黏度。黏度用以表示柴油的稀稠程度,它随温度而变。柴油的黏度与流动性、雾化性、燃烧性和润滑性都有很大关系。黏度大,雾化质量差,燃烧不完全,排气冒黑烟,油耗增大;黏度过小,降低对柴油机供给系统精密偶件的润滑,使磨损加剧。

(5)柴油的腐蚀性。是指硫分、酸分、水溶性酸或碱对金属材料的破坏作用,其中以柴油中的硫分影响最大。硫分燃烧后生成二氧化硫和三氧化硫,它们与水蒸汽作用生成亚硫酸和硫酸,并在汽缸壁上形成一层含酸80%的薄膜,加速汽缸、活塞环和活塞的磨损。硫化物燃烧后,还会生成硬质积炭,也会加速汽缸壁、活塞和活塞环的磨损。

(6)柴油的清洁性。包括柴油中灰分、水分、机械杂质的含量。灰分是指不能燃烧的矿物质;水分在柴油中含量较多时,冬季会因结冰而使燃料系统堵塞,燃烧时还会降低热量,促使硫化物生成腐蚀机件的酸类物质;机械杂质会加速喷油泵的柱塞和柱塞套、喷油器的针阀和阀座等精密偶件的磨损,严重时还会造成这一类配合偶件卡死。

2 柴油的牌号、规格与选用

(1)柴油的牌号、规格。柴油的牌号是按其凝点高低来划分的。国家标准《轻柴油》(GB 252—2000)按凝点将轻柴油分为10号、5号、0号、-10号、-20号、-35号、-50号共七个牌号。牌号的含义为凝点,例如:10号表示该种柴油的凝点不低于10℃。

(2)柴油的选用。柴油应根据不同地区和季节选用。气温较高的地区,选用凝点较高的柴油;反之,选用凝点较低的柴油(表2-9)。

低凝点柴油生产工艺复杂,产量比高凝点柴油少,价格也高。所以,在气温允许的情况下,尽量延长高凝点柴油使用期。一般选用凝点较最低气温低2~3℃的柴油,以保证在最低气温时不凝固。

轻柴油的选用 表2-9

柴油牌号	适用区域
0	4~9月份适用于全国,长江以南地区冬季也可以使用
-10	适用于长城以南地区冬季、长江以南地区严冬季节
-20	适用于长城以北地区和西北地区冬季、长城以南黄河以北地区严冬季节
-35	适用于东北、西北地区严冬季节
-50	适用于东北、西北、华北地区严寒季节

三 发动机润滑油

1 发动机润滑油的作用

(1)润滑作用。润滑油在摩擦机件之间形成一层油膜,将两个摩擦表面尽可能地隔开,避免金属间产生干摩擦,降低摩擦力,提高发动机有效功率,减小磨损。

(2)冷却作用。润滑油在摩擦副之间流动时将摩擦副产生的热量带走,起冷却作用。润滑油对发动机冷却作用特别重要,活塞组件如果没有飞溅润滑油的冷却,很容易造成拉缸。

(3)清洁作用。发动机工作时吸入的灰尘、燃烧后形成的炭质、润滑油的胶结物、机械磨损产生的金属屑等,都会沉积在机件摩擦表面,必须及时清除。润滑油在流动中可以将这些颗粒带到油底壳,再通过润滑油滤清器过滤,起到清洁作用。

(4)密封作用。运动机件之间必须要有间隙,否则不可能自由运动,但有些机件间若存在间隙,就会降低密封性,如汽缸壁与活塞环之间就既要有间隙,又要有良好密封。润滑油填充了汽缸与活塞环的间隙,起到油封作用,既不漏气,又使活塞在汽缸中自由运动。

2 发动机润滑油的使用性能

(1)润滑油的黏度。黏度是指液体受外力作用移动时,液体分子间产生的内摩擦力。黏度是润滑油一项最主要的指标,它既是分类依据,也是选用依据。

润滑油黏度对发动机摩擦功率损失、运动零件磨损量、活塞环密封性、润滑油及燃料消耗量、发动机冷起动性能、零件温度等均有很大影响。为节约燃料,必须减少摩擦阻力和搅油损耗;为加强冷却和清洁作用,要求润滑油黏度低些;但为了密封,则又要求黏度高一些。

(2)润滑油的油性。是指润滑油在零件表面形成油膜的能力。润滑油被燃料稀释或者变质都会使油性变差,也就是在金属表面形成油膜的能力变差。

(3)润滑油的凝点。凝点是指润滑油在一定试验条件下开始失去流动性的最高温度。凝点的高低直接影响发动机低温起动性能的好坏。

(4)润滑油的抗氧化安定性。是指润滑油在一定使用条件下,抵抗氧化并阻止产生胶质的能力。润滑油的氧化安定性差,使用时会很快生成漆状物,它黏附在活塞环上,使其失去弹性,增大摩擦,增加功率消耗,还影响热传导,使机件过热以致烧结,造成汽缸和活塞环密封不良,使大量润滑油窜入燃烧室,增加润滑油消耗,使燃烧积炭。

(5)润滑油的闪点。闪点是将油料在试验条件下加热,其蒸气与周围空气形成混合气,接近火焰时,开始发出闪火的温度。闪点表示润滑油蒸发强度及馏分组成。润滑油内易蒸发的轻馏分越多,闪点就越低。发动机润滑油经常处于高温条件下工作,要求有较高的闪点。

3 润滑油的分类

目前多数国家采用美国分类法:第一种是黏度分类法,由美国汽车工程师学会(SAE)制定;第二种是质量分级法,由美国石油学会(API)制定。

(1)黏度分类。SAE 按润滑油黏度,将发动机润滑油分为 5W、10W、15 W、20W 、25 W、20、30、40、50 等。W 表示冬天用润滑油。

按 SAE 黏度分类的润滑油,有单黏度级和多黏度级之分。如只能满足一组黏度特性要求的为单黏度级油,如 5W、30 等;如能满足两组黏度特性要求的则为多黏度级油,如 5W/40、10W/20 等。5W/40 的含义是:这种油在低温使用时黏度符合 SAE5W,在 100℃时黏度符合 SAE 40。

(2)质量级别分类法。API 根据发动机润滑油在台架实验中所得到的润滑性、抗氧化性和抗腐蚀性等确定其等级。

API 将发动机润滑油分为两个系列:S 系列为汽油机润滑油;C 系列为柴油机润滑油。API 实用性能分类法是一种开端分类法,随着发动机和发动机润滑油生产技术的发展,将不断增加发动机润滑油的新的级别。

4 润滑油的选择

(1)使用性能级别的选择。主要根据发动机的性能、结构、工作条件和燃料品质选择。具体选择时一般需考虑以下因素:

①发动机的压缩比、排量、最大功率和最大转矩。

②发动机润滑油负荷，即发动机的功率(kW)与曲轴箱油容量(L)之比。

③曲轴箱强制通风、废气再循环等排气净化装置的采用对发动机润滑油的影响。

④城市公交车时开时停等运行工况对生成沉积物和润滑油氧化的影响等。

柴油机润滑油使用性能级别的选择主要根据发动机的平均有效压力、活塞平均速度、发动机负荷、使用条件和轻柴油的含硫量。

(2)黏度级别的选择。润滑油黏度主要根据气温、工况、发动机技术状况选择。

润滑油黏度要保证发动机低温易起动，运转时又能维持足够的黏度，保证正常润滑。重载低速和高速下应选择黏度较大的润滑油；轻载高速应选择黏度较小的润滑油。新发动机选择黏度较小的润滑油；磨损程度较重的发动机则选择黏度较大的润滑油。润滑油黏度等级选择见表2-10。

SAE润滑油黏度及适用气温 表2-10

SAE黏度级别	适用气温(℃)	SAE黏度级别	适用气温(℃)
5W/30	-30~30	20W/20	-15~20
10W/30	-25~30	30	-10~30
15W/30	-20~30	40	-5~40以上
15W/40	-20~40以上		

四 齿轮油

1 齿轮油的使用性能

齿轮油又称黑油，多用于变速器、转向器和减速器等总成的润滑。齿轮油的工作条件与润滑油的工作条件相比，工作温度虽不很高，但油膜所承受的单位压力却很大。

(1)齿轮油的油性。是指润滑剂介于运动件表面间，使之降低摩擦作用的性能。齿轮油油性的好坏，主要决定于化学组成中有无和金属具有良好亲和力的极压物质存在。通常渣油型润滑油采用未精制的馏分油或含胶质沥青质的抽出油作原料炼制，在馏分型润滑油中添加一些带有耐极压能力的活性物质以提高油性。

(2)齿轮油的黏温特性。是指黏度随温度变化的关系和程度。汽车传动机构温度变化大，但黏度却不能大幅度变化，如减速器冬季起动时可能在0℃以下，而工作温度却在80~100℃(最高可达150~170℃)，因此要求齿轮油的黏度不能随温度变化而大幅度变化。若黏温特性不好，则起动时由于黏度太大而增大了起动阻力，当正常运转时由于温度上升又使黏度下降而削弱了润滑。

(3)齿轮油的极压抗磨性。是指在摩擦面接触压力非常高的条件下，油膜抵抗破裂的性能。齿轮的传动大都属于滚动摩擦和滑动摩擦混合存在的线接触，造成极大的单位压力，特别是双曲线齿轮传动的单位压力更大。为了减少摩擦磨损，防止轮齿表面粘结或擦伤，一般在润滑油中加入具有化学活性的含氯、硫、磷的油溶性化合物等极压添加剂。它们在高温极压条件下与齿面金属形成铁的氯、硫、磷化合物或复合物，其熔点较低，在高温下能形成固体无机膜而保持润滑作用，这种极压膜既有极压性，又有耐冲击的能力。

(4)齿轮油的低温流动性。齿轮油要求在低温时也能保持一定的流动性，否则低温起动阻力增大,将使燃料消耗增多。

(5)齿轮油的热氧化安定性。是指油料在高温条件下,在空气、水和金属的催化作用下,抵抗氧化的能力。

(6)齿轮油的防锈、防腐蚀性。防锈性是指保护齿轮不受锈蚀的性能。空气中的湿气会凝结于齿轮油中,对齿轮有锈蚀作用,可在齿轮油中加入磺酸盐或脂肪酸盐等防锈添加剂。

2 齿轮油的品种

根据传动齿轮承受的负荷大小,齿轮油可分为普通车辆齿轮油和双曲线齿轮油两种。

按照生产工艺不同,齿轮油可分为馏分型齿轮油和渣油型齿轮油、馏分型双曲线齿轮油和渣油型双曲线齿轮油等。

3 齿轮油的牌号、规格

为满足日益增多的汽车品种对润滑的需要,齿轮油的牌号和质量指标也在不断地改进和提高。国外汽车齿轮油大都按 SAE 黏度分类和 API 使用性能分类。

SAE 黏度分类:有 70W、75W、80W、85W、90、140、250 七种牌号。

API 性能分类:有 GL—1 ~6 六种质量等级。GL—3 相当于普通车辆齿轮油,GL—4 相当于中负荷车辆齿轮油,GL—5 相当于重负荷车辆齿轮油。

4 齿轮油的选用

首先根据传动齿轮的类型和使用时的负荷、速度选出齿轮油种类,即普通齿轮油还是双曲线齿轮油。然后再按照使用地区季节的最低气温选出黏度,即可得知选用齿轮油的牌号。普通齿轮传动可选用普通齿轮油,双曲线齿轮传动必须选用双曲线齿轮油,有些汽车虽然不是双曲线齿轮传动,但对于在山区或满载拖挂行驶的汽车,因齿面经常处于高温和高负荷工作状态,也要求选用双曲线齿轮油。齿轮油的选用可参考表 2-11。

齿轮油牌号和使用范围 表 2-11

用　途	种　类	牌　号	使用范围
解放、跃进、黄河等型汽车以及其他渐开线齿轮传动的汽车	普通齿轮油	90	-5℃以上地区全年使用
		85W—90	-12℃以上地区全年使用
		80W—90	-26℃以上地区全年使用
越野、自卸、重型等汽车	双曲线齿轮油	140	-12℃以上地区全年使用
		90	-30℃以上地区全年使用

五 润滑脂

润滑脂具有良好的黏附性,不易从摩擦表面流失,可在不密封和受压较大的摩擦零部件上使用,并有防水、防尘、密封作用。

润滑脂由基础油、稠化剂、添加剂三部分组成。一般基础油含量占 70% ~90%,稠化剂含量占 10% ~20%,添加剂含量在 5% 以下。

1 润滑脂的使用性能

(1)滴点。滴点是指润滑脂从不流动状态转变为流动状态,在一定试验条件下滴出第一滴润滑脂的温度,是表示润滑脂耐热的指标。

根据滴点可以大致判断润滑脂能够使用的温度范围:滴点越高,耐热性越好,润滑脂的使用温度一般要比滴点低 20 ~ 30℃,甚至 40 ~ 60℃。几种常用润滑脂的滴点范围如下:

钙基润滑脂:75 ~ 100℃;钠基润滑脂:130 ~ 200℃;钙钠基润滑脂:120 ~ 135℃;锂基润滑脂:170℃以上;复合钙基润滑脂:180℃以上。

(2)针入度。针入度是指标准尺寸、形状和质量的金属圆锤体,在一定温度下沉入润滑脂内 5s 深度的 10 倍值。针入度是表示润滑脂稠度的指标,也是表示润滑脂硬度的数值,针入度越小,润滑脂越硬。润滑脂的软硬取决于稠化剂含量,稠化剂含量越多,润滑脂越硬。润滑脂太硬会增大运动阻力,太软则会在高速时被甩掉。负荷较大,速度较低的摩擦机件,应选用针入度较小的润滑脂;负荷较小的摩擦机件,应选用针入度较大的润滑脂。国产润滑脂是根据针入度大小来编号的,规格见表 2-12。

润滑脂的编号　　表 2-12

润滑脂编号	0	1	2	3	4	5
针入度(25℃,1/10mm)	355 ~ 385	310 ~ 340	265 ~ 295	220 ~ 250	175 ~ 205	130 ~ 160

(3)胶体安定性(分油性)。是指润滑脂抵抗温度和压力的影响而保持其胶体结构的能力。润滑脂分油程度与温度和压力有关,当温度和压力升高时,分油现象增加。若分离出来的油过多,说明它的胶体安定性差;若完全不分离出来,则起不到润滑作用。

(4)水分。水分是指润滑脂含水量的质量百分比。它以两种形式存在:一种是游离的水,这是不希望存在的,它的存在会降低润滑脂的机械安定性和化学安定性,降低润滑脂的防护性,甚至会引起腐蚀,要严格控制;另一种是结合的水,它是润滑脂的结构胶溶剂,对某些润滑脂是必不可少的,起稳定作用。

(5)腐蚀性。润滑脂能保护金属表面不受外界腐蚀,但润滑脂本身由于原料、制造及使用过程中的产物里含有对金属起化学作用的物质,在一定温度下会引起金属表面不同程度的腐蚀。因此,一方面要求润滑脂能有效粘附于金属表面,隔绝空气、水分与金属表面的接触,防止金属腐蚀;另一方面要求润滑脂本身不含过多的酸性物质,对金属不腐蚀。

2 润滑脂的品种、牌号

(1)钙基润滑脂。是用动、植物油和石灰钙皂稠化润滑油,并以水作胶体稳定剂制成的,按针入度分为 ZG-1、ZG-2、ZG-3、ZG-4、ZG-5 五个牌号。

钙基润滑脂的特点是:具有良好的抗水性、润滑性和防护性,但其耐热性较差(使用温度不得超过 70℃),使用寿命短。

钙基润滑脂可用来润滑 3000r/min 以下的各种轴承,如汽车底盘的摩擦部位以及分电器凸轮等处的轴承,属于应用最广泛的润滑脂。

(2)复合钙基润滑脂。是用醋酸钙作复合剂制成的钙皂稠化润滑脂。按针入度分为 ZPG-1、ZPG-2、ZPG-3、ZPG-4 复合钙基润滑脂四个牌号。

它以醋酸钙作为组分,不以水作稳定剂,从而避免了钙基润滑脂耐热性差的缺点。其特点是:耐热性好,且具有良好的抗水性和良好的低温性能(可在 -40℃的低温下使用)。

复合钙基润滑脂适于润滑高温、高湿条件下工作的摩擦副,如轮毂轴承、水泵轴承等。

(3)石墨钙基润滑脂。石墨既是一种固体润滑剂,又是一种填充剂,具有良好的耐压抗磨性和抗水性。石墨钙基润滑脂主要用于高负荷、低转速的简单机械和易与水接触的工作部位。如汽车的钢板弹簧、吊车和起重机的齿轮盘、绞车齿轮等。由于它的主要成分是钙基润滑脂,因而耐热性差,其最高使用温度不应超60℃。

(4)钠基润滑脂。由脂肪酸钠皂稠化中等黏度润滑油制成,由于原料和制造工艺不同,可以制成光滑状结构、海绵状结构、纤维状结构、颗粒状结构。按针入度分为ZN-2、ZN-3、ZN-4三个牌号。

钠基润滑脂属于高滴点润滑脂,耐热性强,可在120℃以下温度较长时间工作,完全熔化时也不会降低润滑性,已熔化的钠基润滑脂,在冷却后能重新凝成胶状,搅拌均匀后仍可使用。最大弱点是耐水性差,由于脂肪酸钠皂的亲水性很强,遇水即会被溶解而失去稠化能力,使润滑脂乳化而流失。因此,钠基润滑脂不能用于直接与水接触和有潮湿空气的环境。

(5)钙钠基润滑脂。由脂肪酸钙、钠皂稠化等黏度的润滑油制成,按针入度分为ZGN-1、ZGN-2两个牌号。性能介于钙基润滑脂和钠基润滑脂之间,耐热性优于钙基润滑脂,但又不如钠基润滑脂;抗水性优于钠基润滑脂,但又不如钙基润滑脂。钙钠基润滑脂适用于100℃以下,而又易与水接触的环境,水泵轴承、轮毂轴承、传动轴中间轴承和离合器轴承等。

(6)锂基润滑脂。由脂肪酸锂皂固化润滑油制成,是具有代表性的高级通用润滑脂,外观呈发亮的奶油状,按针入度分为ZL-1、ZL-2、ZL-3、ZL-4四个牌号。

锂基润滑脂滴点较高,适用温度范围较广,并有良好的低温性能、抗水性能和使用周期长的特点,特别适用于高速轴承,可代替其他润滑脂,广泛使用于汽车轴承及摩擦副中。

3 润滑脂的选用

选用润滑脂时主要考虑以下因素:

(1)工作温度。温度越高,选用滴点也越高;反之,就选用滴点较低的润滑脂。

(2)运动速度。速度越大,选用的黏度就应越低:反之,应选高黏度的。

(3)承载负荷。承载负荷大的,应选针入度小的,以免润滑脂被挤出来;反之,应选针入度较大的润滑脂。

六 汽车制动液

1 汽车制动液的品种与规格

(1)制动液品种。目前使用的制动液,按原料、工艺和使用要求的不同,分为醇型、矿油型、合成型三种。

①醇型制动液。以精制蓖麻油和醇配制而成,使用的醇包括:乙醇、甲醇、异丙醇、正丁醇等。特点是凝点较低,润滑性好,橡胶皮碗膨胀率小;易产生气阻,导致制动失效。

②矿油型制动液。以精制的轻柴油馏分,经深度脱蜡后,加添稠化剂、抗氧化剂制成。特点是有良好的润滑性,对天然橡胶有溶胀。

③合成型制动液。在醚、醇、酯等物质中加入添加剂(抗氧剂、防锈剂、润滑剂、抗橡胶溶胀剂)调和而成。特点是性能优良,高温下使用不会产生气阻,低温下使用能顺利供油,保证制动系统工作可靠,对橡胶也不产生侵蚀溶胀。

(2)汽车制动液规格。为保证汽车行驶安全,各国不断制定、修订制动液标准。

①国外汽车制动液标准。美国联邦政府运输安全部(DOT)制定的联邦机动车辆安全标准,具体是 DOT3、DOT4、DOT5,这是公认的汽车制动液通用标准。

②我国制动液标准《机动车辆制动液》(GB 12981—2003)规定机动车辆安全使用 HZY3、HZY4、HZY5 三种产品,分别对应国际通用产品 DOT3、DOT4、DOT5。其中 H、Z、Y 分别为合成、制动和液体第一个汉字的汉语拼音首字母,阿拉伯数字作为区别本系列的标记。

(3)汽车制动液的技术性能要求。对汽车制动液的技术性能要求,主要有三条:

①橡胶密封件膨胀率。制动系统中装置着许多橡胶密封零件,由于这些橡胶密封件经常与制动液接触,其强度逐渐降低,体积和质量发生变化,可能失去应有的密封作用,会导致制动失灵。为此,要求制动液对橡胶密封件的膨胀率要小。

②腐蚀性。在液压制动系统中,传动装置一般由铸铁、铜、铝及其他合金制成,长期与制动液接触,若产生腐蚀,会使制动失灵。为使制动液对金属不产生腐蚀作用,在规格中用酸值和腐蚀试验进行控制。

③沸点。高速行驶时若频繁使用制动,将产生大量摩擦热。若使用沸点较低的制动液,将使制动液沸腾产生气阻,导致制动性能降低甚至失效。矿油型和合成型制动液沸点较高。

此外,还要求制动液要有适宜的黏度和良好的低温流动性,以保证在各种气温条件下的制动性能。

2 汽车制动液的选用及使用注意事项

(1)选用制动液。一般说来,按照使用说明书选择制动液是最合理可靠的。汽车生产厂家在推荐制动液时,都是经过充分论证的,说明书除给出标准品牌及规格型号外,一般还提供了可供代用的品牌及规格型号。用户应尽可能选用标准品牌及规格型号的制动液;标准品牌缺乏时才考虑选用代用品;实在无奈时再按照对应关系选择相应等级的其他代用品。如北京切诺基要求用 AMC/吉普/雷诺制动液,缺货时选 DOT3 制动液或国产 HZY3 代用。

(2)汽车制动液使用注意事项:

①使用前必须检查是否有白色沉淀。若出现白色沉淀物,应过滤后再用。

②不得混用制动液。个别用户在买不到与原车要求相同的制动液时,经常混用同品牌不同型号甚至不同品牌的制动液,这种做法非常危险。由于不同种类的产品所使用的原料、添加剂和制造工艺各不相同,混合后会出现浑浊或沉淀现象(如不注意观察很难发现)。这不仅会大大降低原制动液的性能,而且沉淀颗粒还会堵塞管路造成制动失灵。因此,在更换制动液品牌时一定要用新加入的产品清洗管路。

③定期更换制动液。制动液使用一定时间后会因吸湿、化学变化等原因使性能下降,从而影响行车安全。因此,使用中的制动液应定期更换,一般是在车检时需要更换总泵和分泵的活塞皮碗时,一同更换制动液。建议每隔 2 万 ~4 万 km 或 1 年时间更换一次。

④安全存放及添加。制动液多为有机溶剂制成,易挥发、易燃,要远离火源,注意防火防潮,尤其注意防止雨淋日晒、吸水变质。

七 汽车轮胎

轮胎使用合理与否,直接影响汽车的行驶安全性和经济性。据统计,轮胎费用一般占运输成本的 5% ~10% ,轮胎技术状况变差,可使油耗额外增加 1% ~15% 。

1 概述

(1)轮胎作用。轮胎与路面接触,具有承重、缓冲和提供附着力等作用。

(2)轮胎分类。轮胎结构、用途不同,其分类也有差别。

按用途,汽车轮胎可分为载货汽车轮胎和轿车轮胎,而载货汽车轮胎又根据适用车型不同可分为重型载货汽车轮胎、中型载货汽车轮胎、轻型载货汽车轮胎等。

按胎体结构,汽车轮胎可分为实心轮胎和充气轮胎,而充气轮胎又可依据充气气压的高低,分为高压轮胎(0.5~0.7MPa)、低压轮胎(0.15~0.45MPa)、超低压轮胎(充气压力低于0.15MPa)、调压轮胎等四种。

按胎面花纹,可分为普通花纹轮胎、越野花纹轮胎和混合花纹轮胎三种。

按轮胎组成结构,可分为有内胎轮胎和无内胎轮胎两种。

按轮胎胎体帘线排列方向,可分为普通斜交轮胎和子午线轮胎两种。

按轮胎胎体帘线材料,可分为棉帘线轮胎、人造丝轮胎、尼龙轮胎和钢丝轮胎等。

2 轮胎规格表示方法

我国现执行的轮胎标准为《轿车轮胎》(GB 9743—1997)、《轿车轮胎系列》(GB/T 2978—1997)、《载货汽车轮胎》(GB 9744—1997)及《载货汽车轮胎系列》(GB/T 2977—1997)等,标准规定了我国汽车轮胎的规格表示方法,具体如下:

(1) 我国汽车轮胎规格表示方法:

示例:

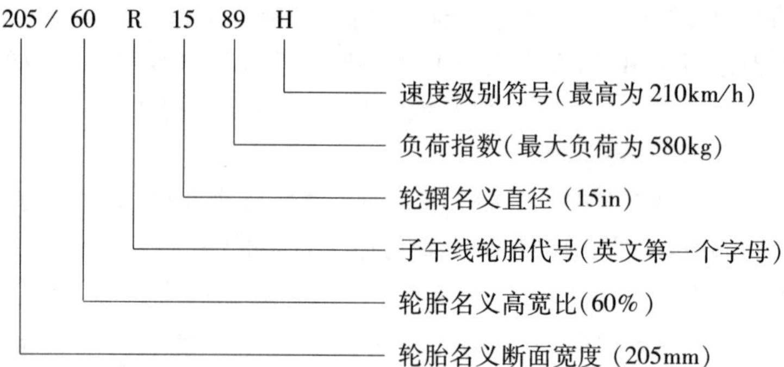

(2)国外轮胎规格表示方法,以影响最大的美国、欧洲、ISO的规则为例。

①美国汽车轮胎规格表示:

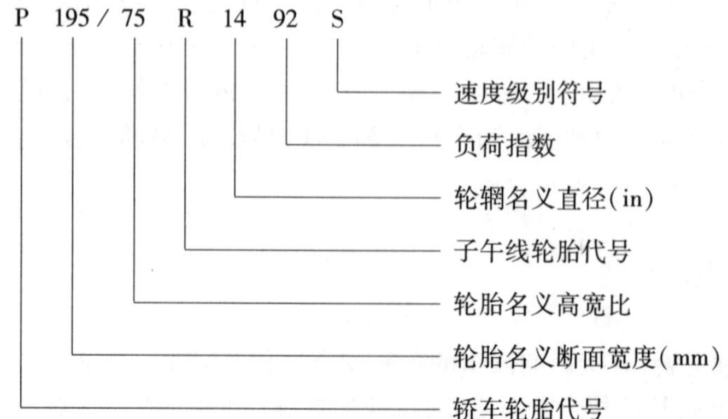

②欧洲汽车轮胎规格表示：

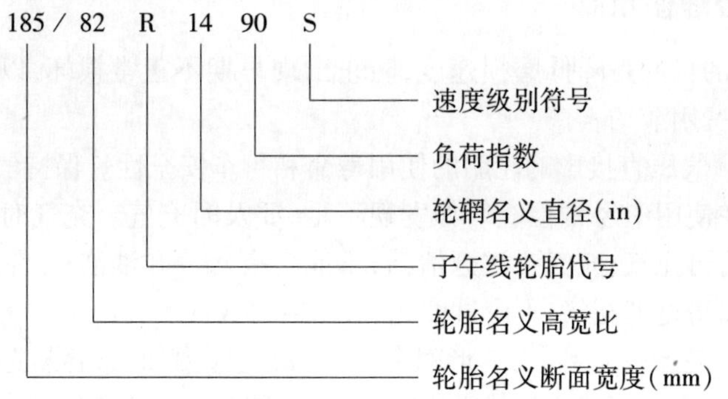

③ISO 汽车轮胎规格表示：

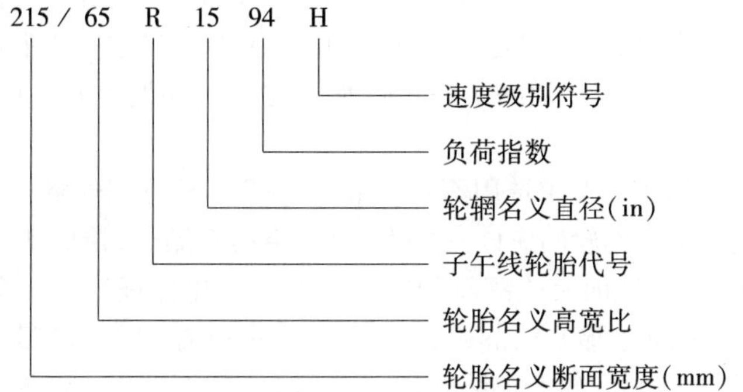

3 轮胎的选择

汽车对轮胎的要求是多方面的，选择时不能取决于单一因素，应针对具体汽车的性能要求和使用特点综合考虑，可重点参考以下几方面：

(1)轮胎类别。轮胎类别主要有乘用轮胎、商用轮胎、非公路用轮胎、特种轮胎等。乘用轮胎主要适于轿车及各类轻型客、货车；商用轮胎主要适于货车、大客车等；非公路用轮胎主要适于松软路面上行驶的越野车等；特种轮胎仅用于特种车辆或特殊环境。

(2)胎面花纹。轮胎胎面花纹对轮胎的滚动阻力、附着能力、耐磨能力及行驶噪声等有显著影响，可根据轮胎类型和车辆长期使用路况决定，并根据季节、天气适时调整或换用。

(3)胎体结构。子午线结构比普通斜交结构具有较多的优良特性，受到普遍推荐。但斜交结构由于技术成熟、造价低廉，在商用车轮胎中仍为主要形式。

(4)轮胎材质。轮胎材质包括橡胶材质和帘线材料。橡胶材质的构成因生产厂家的设备、技术、原材料不同而有所差异，这也使得轮胎品质有所差别。帘线材料中钢丝帘线强度大，但生产技术难度大，成本高，尼龙、人造丝等材料来源充足、使用广泛，选用较多。

(5)规格气压。在满足轴荷要求的前提下，轮胎规格应小型化、轻量化；在满足承载要求的情况下，轮胎气压宜低不宜高，以免增加使用成本。

(6)速度特性。子午线轮胎、无内胎轮胎、扁平化轮胎由于发热少、散热快，在速度特性方面有优势，是理想的选择对象，但高速度级别的轮胎价格昂贵。

(7)均匀特性。均匀性不好的轮胎，装车后操纵稳定性差，影响高速稳定性。

4 轮胎的合理使用

轮胎合理使用的目的是降低磨损速度，防止出现早期不正常损坏，以延长使用寿命，从而保证行车安全和费用节约。

(1)气压正常。气压直接影响轮胎的使用寿命和行车安全性。保持气压正常，除按相关规定充气外，还要在使用中经常检查。如发现不足，要及时充气。充气时应注意：热胎不能马上充气，需散热后再充气；充气要注意清洁，不能含有水分和油液；子午线胎充气时，最好使用标准气压表，以防过度充气；不应过度充气，然后再放气。

(2)防止超载。轮胎一旦超载，变形就会加大，帘线应力加大，容易造成帘线折断、松散和帘布脱层。要避免汽车超载或装载不均衡(应均匀装载并将货物固定牢靠)。

(3)控制车速。车速提高，胎体受力增加，易使帘布层断裂和胎面剥落，严重时爆胎。

(4)控制胎温。胎温升高，橡胶老化加速，产生龟裂，甚至导致胎体帘布脱层。炎热的夏季、行车速度快、载荷大、运距长、道路条件恶劣等，都会引发胎温上升。轮胎升温后，应该将车停在阴凉处降温。

(5)合理搭配。不同车型要求选用不同轮胎，同一辆车应选用规格、结构、层级和花纹等相同的轮胎(至少同一轴上的轮胎应该完全相同)。更换新胎时，最好整车更换或同轴更换(亦可将新胎装在转向轮，把旧胎或翻新胎装在其他轮)，以保证行车安全。后轮双胎并装的，应将新旧程度接近的轮胎装在一起，二胎之间的最小距离，在汽车满载时不能小于2mm。禁止将子午线轮胎与普通斜交轮胎混装在同一辆车上，至少不能混装在同一轴上。气门嘴应对准外胎上的平衡标记，并装双胎的气门嘴要互成180°，并使其朝外。

(6)精心驾驶。在驾驶技术方面，应起步平稳、加速均匀、中速行驶、直线前进、减速转向、少用制动；在选择良好道路方面，要求驾驶员用心观察，尽量躲避路面上可能扎破和划伤轮胎的锋利石头、玻璃、金属和可能腐蚀轮胎的化学泼洒物、油渍等，尽量不靠近道路边石行驶，以免刮伤胎侧；行驶在拱度较大的路面时，尽量居中行驶。

(7)保持车况。保持车况完好，尤其是底盘技术状况良好，是防止轮胎早期损坏的有效措施。如：前束和外倾角大小是否合适，轮毂轴承间隙调整是否适当，车轮是否平衡，钢板弹簧挠度是否一致，车轮总成的横向摆动量和径向跳动量是否符合要求，轮毂油封和液压制动轮缸是否漏油，行车制动器调整是否良好等。

(8)加强维护。分日常维护、一级维护和二级维护，其维护周期与汽车维护周期相同。

日常维护：出车前主要检视气压是否正常，气门嘴是否漏气，气门帽是否齐全，轮胎螺母是否紧固，千斤顶等随车工具是否齐全等；行车中的检视主要是结合途中停车、装卸等检查轮胎气压和温度是否正常，轮胎螺母有无松动，挡泥板等是否碰擦轮胎，轮胎花纹中是否夹石，胎面和胎侧有无不正常磨损和损伤等；收车后的检视主要是检查轮胎有无漏气，轮胎是否夹石，螺母有无松动，是否造成轮胎不正常磨损，停车场是否干净等。

一级维护包括紧固轮胎螺母、检查是否漏气，气门帽是否齐全；挖出夹石和花纹中的石子、杂物；检查轮胎有无不正常磨损、气压是否正常、有无与其他机件碰刮现象等。

二级维护除执行一级维护的作业项目外，还包括：拆卸轮胎，测量胎面花纹磨耗、周长及断面宽的变化；对轮胎进行解体检查；对解体轮胎进行装合、充气；对轮胎进行动平衡；对轮胎进行换位(图2-24)。

(9)正确存运。轮胎要防晒、防淋、防腐蚀。长途运输时须竖立放置，内胎如无包装，需适量充气后放在外胎内。保管轮胎时，库房应清洁干燥，温度和湿度适宜，避免阳光直射。外胎或成套轮胎应立放，严禁平置或堆叠。内胎如需单独存放，应适当充气，悬挂在托架上，不得折叠堆置。

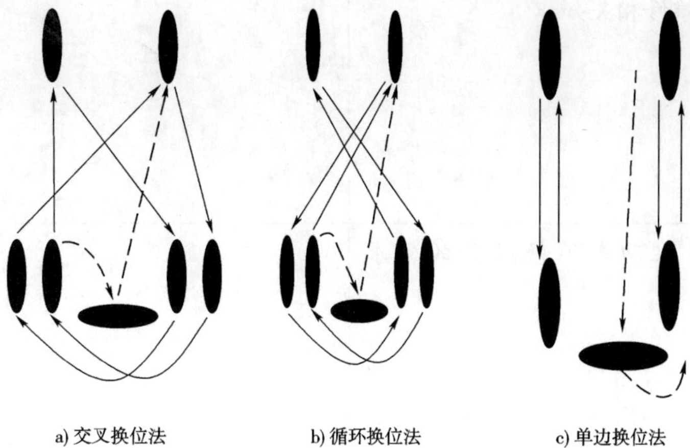

图 2-24 轮胎换位方法

a）交叉换位法；b）循环换位法；c）单边换位法

【复习思考题】

1. 谁在何时发明了世界第一辆现代汽车？其诞生的重大意义是什么？
2. 在世界汽车史上，产量最大的是哪四款车？
3. 目前世界知名的汽车展分别是哪五个？
4. 汽车的组成，包括哪四大部分？
5. 汽车的主要技术参数有哪几个？
6. 汽车 VIN 码是怎么组成的？如何通过 VIN 码判断汽车生产年份及其他有关信息？
7. 汽车零配件是如何分类的？它们的编号有什么意义？
8. 配件选购应该遵循什么样的原则？
9. 汽车运行材料通常是指哪些材料？轮胎为什么要定期换位？

【工作页】

汽车的基本知识工作页

布置日期：　　年　　月　　日　　　　　　　　完成时间：　（分钟）

问题： 依据我所学到的关于机动车维修的相关知识，结合我们厂的实际情况，在我厂应该强化机动车维修的哪些服务项目？还可以进一步开展哪些机动车维修的服务项目？	任务： 分析在我厂应该强化哪些机动车维修的服务项目？并分析进一步开展机动车维修服务项目的可行性。
分析要点：	

续上表

工作步骤	注意事项
1. 学习机动车维修相关知识。	
2. 调研本地区机动车维修服务的需求情况。	
3. 调研竞争对手在本地区开展机动车维修服务的基本情况。	
4. 分析我厂机动车维修服务的资源条件、竞争优势。	
5. 提出我厂应该强化的现有机动车维修服务项目。	
6. 提出我厂应该进一步开展的机动车维修服务项目。	
学习纪要：	

【模拟考试题】

一、单项选择题

1. 汽缸工作容积是指________的容积。

A. 活塞运行到下止点活塞上方　　B. 活塞运行到上止点活塞上方

C. 活塞上、下止点之间　　D. 进气门从开到关所进空气

2. 在进气行程中，汽油机和柴油机分别吸入的是________。

A. 纯空气、可燃混合气　　B. 可燃混合气、纯空气

C. 可燃混合气、可燃混合气　　D. 纯空气、纯空气

3. 过量空气系数小于 1 的混合气为________混合气。

A. 浓　　B. 稀　　C. 理论　　D. 功率

4. 柴油机低压油路是指________。

A. 从油箱到喷油器这一段油路　　B. 从油箱到喷油泵这一段油路

C. 从喷油泵到喷油器这一段油路　　D. 从油箱到输油泵这一段油路

5. 为了防止换挡时同时挂上两个挡，因此在变速器内设置了________。

A. 定位装置　　B. 自锁装置

C. 互锁装置　　D. 倒挡锁装置

6. 鼓式车轮制动器中的旋转部分是________。

A. 制动轮缸　　B. 制动蹄　　C. 制动底板　　D. 制动鼓

7. 装有 ABS 制动防抱死装置的汽车，当 ABS 失去作用时________。

A. 制动系统仍然能继续工作　　B. 制动系统完全失效

C. 制动时车轮总不会抱死　　D. 无任何影响

8. 润滑系中旁通阀的作用是________。

A. 保证主油道中的最小机油压力

B. 防止主油道过大的机油压力

C. 防止机油粗滤器滤芯损坏

D. 在机油粗滤器滤芯堵塞后仍能使机油进入主油道内

9. 四冲程六缸发动机，各同名凸轮之间的相对位置夹角应________。

A. 120°　　B. 90°　　C. 60°　　D. 30°

10. 曲轴箱通风的目的主要是________。

A. 排出水和汽油

B. 排出漏入曲轴箱内的可燃混合气与废气

C. 冷却润滑油

D. 向曲轴箱供给氧气

11. 在 17 位的 VIN 码中，表示车辆出厂年份的是第________位。

A. 9　　B. 10　　C. 11

12. 活塞式内燃机按活塞运动方式分为________内燃机。

A. 往复活塞式内燃机和旋转活塞式

B. 往复活塞式内燃机和三角转子活塞式

C. 三角转子活塞式和旋转活塞式

13. 内燃机按照完成一个工作循环所需的行程数可分为________内燃机。

A. 单行程和多行程　　B. 四冲程和二冲程

C. 四冲程和单行程

14. 对应一个活塞行程,曲轴旋转________。

A. 180°　　B. 360°　　C. 720°

15. 发动机有效功率的单位为________。

A. N · m　　B. kg · m　　C. kW

二、多项选择题

1. 多缸发动机曲轴曲拐的数量及布置位置与以下________因素有关。

A. 曲轴的材料　　B. 气缸的排列形式

C. 发动机的平衡　　D. 各缸的工作顺序

E. 气缸数量

2. 强制循环式水冷却系的主要组成部件有________。

A. 风扇　　B. 集滤器　　C. 散热器　　D. 节温器　　E. 水泵

3. 下面万向节属于等速万向节的是________。

A. 球笼式　　B. 双联式　　C. 球叉式　　D. 三销轴式　　E. 十字轴式

4. 膜片弹簧离合器的膜片弹簧起到________的作用。

A. 压紧弹簧　　B. 分离杠杆　　C. 从动盘　　D. 主动盘　　E. 分离轴承

5. 转向盘自由行程________。

A. 越大越好

B. 越小越好

C. 不能太大,向左、向右的自由行程一般不超过15°

D. 是可以调整的

E. 是由于转向系各零件、传动副间存在间隙和弹性变形而形成的

6. 进气行程中,由于曲轴的旋转,活塞从上止点向下止点运动,这时________。

A. 排气门关闭　　B. 进气门打开

C. 进排气门均打开　　D. 进排气门均关闭

7. 发动机动力性能指标指曲轴对外作功能力的指标,包括________。

A. 有效转矩　　B. 有效功率　　C. 曲轴转速　　D. 额定功率

8. 发动机有效功率等于________的乘积。

A. 有效转矩　　B. 曲轴转速　　C. 车速　　D. 额定转矩

三、判断题

1. 车用轻柴油的十六烷值越高,其燃烧性能就越好。　　(　　)

2. -20号轻柴油的最低使用温度约为-20℃。　　(　　)

3. 选用发动机机油时,应根据发动机性能、结构、工作条件和燃料品质选择黏度级别。

(　　)

4. 选用发动机机油时,要根据气温、发动机工况和技术状况选择使用性能级别。(　　)

5. GL-5 85W/90表示低温黏度符合SAE85W要求、高温黏度符合SAE90要求的重负荷车辆齿轮油,其中85W表示适用于最低气温为-26℃的地区。　　(　　)

6. 制动液吸收水分后沸点将会下降。　　(　　)

7. 不合格的发动机冷却液易造成发动机严重腐蚀。 ( )

8. 配制电解液时，一定要注意将水缓慢倒入盛有硫酸的容器，边倒边搅拌，以防硫酸飞溅伤人。 ( )

9. 纯正部品的汽车配件可以允许是配件配套厂的协作件。 ( )

10. 17 位的 VIN 码中的车辆说明部分(VDS)由 VIN 码的第 4 位到第 9 位共 6 位字符组成，如果制造厂不用其中的一位或几位字符，应在该位置填入选定的字母或数字占位。 ( )

11. 把曲轴转两圈(720°)，活塞在汽缸内上下往复运动四个行程，完成一个工作循环的内燃机称为四冲程内燃机。 ( )

12. 把曲轴转一圈(360°)，活塞在汽缸内上下往复运动两个行程，完成一个工作循环的内燃机称为二冲程内燃机。 ( )

13. 活塞在汽缸里作往复直线运动时，当活塞向上运动到最高位置，即活塞顶部距离曲轴旋转中心最远的极限位置，称为上止点。 ( )

14. 活塞在汽缸里作往复直线运动时，当活塞向下运动到最低位置，即活塞顶部距离曲轴旋转中心最近的极限位置，称为下止点。 ( )

15. 活塞从一个止点到另一个止点移动的距离，即上、下止点之间的距离称为活塞行程。 ( )

第三章 汽车维修业务知识

学习目标

通过对本章内容的学习，您需要：

1. 了解汽车故障的成因及影响因素；
2. 熟悉维修企业对机动车维修的流程和质量保证体系；
3. 掌握汽车常见故障诊断与排除等知识。

第一节 基本概念

汽车及零件的故障

对汽车而言，可靠性是非常重要的一个内容。汽车可靠性标志着汽车在整个使用寿命周期内保持所需质量指标的性能。在汽车整个寿命周期内，因零件磨损、疲劳等而消耗在维修上的费用在汽车使用成本中占有很大比重。而汽车的使用可靠性在很大程度上取决于汽车的正确使用与维修。

(一)汽车故障类型

1 汽车故障模式

所谓故障或失效是指产品丧失了保持原有功能的能力。判断产品是否失效，必须预先确定失效判别标准。在产品的试制、生产、使用及维护等各个阶段，都可能出现失效现象，而失效的机理也依产品的种类、系统的结构及零件材料的不同而异，不能一概而论。

故障模式是指由失效机理显示出来的各种失效现象或失效状态，汽车常见故障模式有：

(1)损坏型，如断裂、碎裂、点蚀、烧蚀、击穿、变形、拉伤、龟裂、压痕等。

(2)退化型，如老化、变质、剥落、磨损等。

(3)松脱型，如松动、脱落等。

(4)失调型，如压力过高或过低、行程失调、间隙过大或过小、干涉、卡滞等。

(5)堵塞与渗漏型,如堵塞、气阻、漏油、漏水、漏气、漏电等。

(6)性能衰退或功能失效型,如功能失效、性能衰退、公害超标、异响、过热等。

2 汽车故障类型

汽车在不同的使用时期,故障率高低、故障模式及故障原因不同,需要采取的使用维修措施也不同。所以,掌握汽车的故障规律对制定使用维修对策非常重要。汽车因各种原因而产生故障,按照故障率函数特点可把故障分为三种类型:早期故障型、偶然故障型和耗损故障型。如图 3-1 所示为浴盆状故障率函数曲线。

早期故障型的故障,是指产品在开始使用阶段发生故障的可能性很大,随着时间的推移,故障逐渐下降,相当于磨合期(见图 3-1 中 A 段)。此类故障大多是因设计、制造、管理、检验的差错及装配不佳而导致的,一般可通过强化试验或磨合的方式加以排除。

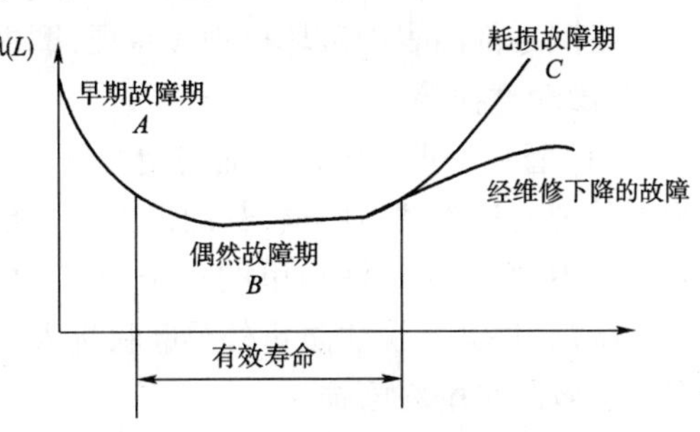

图 3-1　浴盆状故障率函数曲线

偶然故障型的故障,是与时间无关的常数(见图 3-1 中 B 段),其故障率变化甚微,故障率恒定,相当于正常使用期。此类故障多是由于操作疏忽、润滑不良、维护欠佳、设计或制造隐患、加工工艺及结构缺陷等原因所致,故障的发生具有偶然性。

耗损故障是指产品经长期使用后,出现老化衰竭而引起的,随着时间的推移,故障逐渐增加,称为故障率增长型(见图 3-1 中 C 段)。因此,若在故障率开始上升前更换或修复将要耗损的零部件,则可以减小故障率,延长汽车使用寿命,有效降低故障率。

(二)汽车零部件失效模式

对汽车零部件进行失效分析,是为了研究汽车零部件丧失功能的原因、特征和规律,找出导致失效的责任,并提出改进和预防措施,从而提高汽车的可靠性和使用寿命。

1 汽车零部件失效概念及分类

汽车零部件失去原设计的功能称为失效。失效不仅是指完全丧失原定功能,还包括功能的降低和有严重损伤或隐患,继续使用会失去可靠性及安全性的零部件。

机械设备发生失效事故,往往会造成不同程度的经济损失,而且还会危及人的生命安全。汽车作为交通运输工具,其可靠性和安全性越来越受到重视。因此,在汽车维修工程中开展失效分析,不仅可以提高汽车维修质量,而且可为汽车制造部门提供反馈信息,以便改进汽车设计和制造工艺。

2 失效基本类型和机理

按照失效模式和失效机理,对失效进行分类是研究失效的重要内容之一。失效模式是失效的宏观特征,而失效机理则是导致零部件失效的物理、化学或机械变化原因,并依零件种类、使用环境而异。失效模式经常作为分析零件失效原因的重要依据。

汽车零部件按失效模式分类,可分为磨损、疲劳断裂、变形、腐蚀及老化等五类。

引起汽车零件失效的原因很多，主要可分为工作条件（包括零件的受力状况和工作环境）、设计制造（设计不合理、选材不当、制造工艺不当等）、使用与维修三个方面。

3 汽车零部件磨损失效

大多数零件不是由于整体破坏，而是因工作表面磨损导致失效的。大约75%的汽车零件是由于磨损而报废的，因此磨损失效是影响汽车零部件可靠性的主要因素。

磨损是一个十分复杂的现象，它与零件所受应力、工作与润滑条件、加工表面状况、材料组织结构与性能、环境介质的化学作用等一系列因素有关。

按照零件的表面破坏机理和特征，磨损可分为磨料磨损、黏着磨损、表面疲劳磨损、腐蚀磨损、微动磨损等。

（1）磨料磨损。零件表面与硬质颗粒或硬质凸出物（包括金属）相互摩擦引起表面材料损失的现象称为磨料磨损，其约占磨损总量的50%。引起发动机磨料磨损的磨料来源主要是空气中的尘埃、燃润料里的夹杂物、零件表面脱落的金属屑、燃烧形成的积炭或胶质等。使用维修过程中，设法防止外界磨料进入（如对空气滤清、密封曲轴箱、装配时注意卫生等），可以有效减少磨料磨损。

（2）黏着磨损。摩擦副相对运动时，由于固相焊合作用，造成接触面金属损耗的现象称为黏着磨损。干摩擦和在润滑不良条件下工作的滑动摩擦副容易产生黏着磨损，严重时会使摩擦副"咬死"。汽车零件中，汽缸套与活塞、活塞环，曲轴轴颈与轴承等，使用不当时，都可能产生黏着磨损。常说的"拉缸"、"抱瓦"即为这种磨损。使用维修中注意保证摩擦副配合间隙、走合期低速轻载、控制摩擦表面温度，保证良好润滑条件等可以避免黏着磨损。

（3）表面疲劳磨损。两接触表面在交变压应力作用下，材料表面因疲劳而产生物质损失的现象称为表面疲劳磨损。一般多出现在相对滚动或滚动加小幅度滑动的点接触或线接触摩擦副，如齿轮副的轮齿表面、滚动轴承的滚珠和滚珠道、凸轮副等。表面疲劳磨损的表面有光滑的点坑，亦称"麻点"。使用中，若零件摩擦表面的润滑油黏度较高，可以使接触部分的压力比较均匀，同时油液不易渗入裂纹，从而能提高表面抗疲老磨损的能力。

（4）腐蚀磨损。零件表面在摩擦过程中，表面金属与周围介质发生化学或电化学反应，因而出现物质损失的现象称为腐蚀磨损。腐蚀磨损是腐蚀和摩擦共同作用的结果，其表现的状态与介质的性质、介质作用在摩擦表面上的状态以及摩擦材料的性能有关。

（5）微动磨损。在静配合接触表面间没有宏观运动，但在外界变动负荷或温度变化的影响下，有微小相对移动引起的磨损，此时接触表面间产生大量的微小氧化物磨损粉末，所造成的磨损称为微动磨损。在微动磨损过程中，如果两个表面间以化学反应起主要作用时，称微动腐蚀磨损；如果在微动表面或次表面层产生微裂纹，在交变应力作用下发展成疲劳裂纹，称为微动疲劳磨损。微动磨损经常由几种磨损共同作用形成，其本身没有损伤机理。

4 汽车零部件疲劳断裂失效

零件在交变应力作用下，经过较长时间工作而发生的断裂现象称为疲劳断裂。疲劳断裂是汽车零件中常见的失效方式之一，也是危害性最大的一种失效方式。

（1）疲劳断裂断口的宏观特征。宏观疲劳断口分为三个区域：疲劳源或称疲劳核心、疲劳裂纹扩展区、瞬时断裂区，如图3-2所示。

①疲劳源区。疲劳源是疲劳破坏的起点，一般位于零件表面，但如果零件不存在严重缺

陷，也可能发生在零件内部。疲劳源区的断面由于疲劳裂纹扩展缓慢及裂纹反复张开与闭合效应而磨损严重，具有光亮的表面结构。疲劳源数目可以不止一个，尤其是过负荷疲劳，其应力幅度较大，断口上常出现几个不同位置的疲劳源。在断口表面同时存在几个疲劳源的情况下，可按疲劳线密度确定疲劳源产生的次序。疲劳线密度越大，表示起源时间越早。

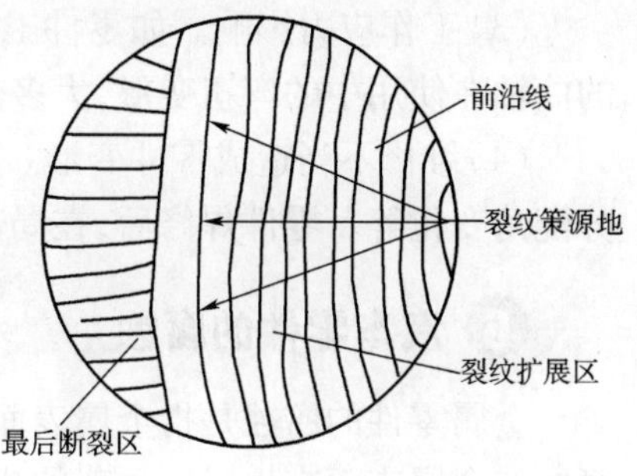

图3-2　疲劳断裂断口示意图

②疲劳裂纹扩展区。这是疲劳断口最重要的特征区域，此区较光亮、平滑，存在一些以疲劳源为中心，与裂纹方向垂直的、呈半圆形或扇面型的弧形线（疲劳弧线），这是金属疲劳断口的基本特征。裂纹扩展区对衡量材料性能很重要，这个区域大，表示材料临界裂纹尺寸大，能较好地抵抗裂纹扩展，即具有足够的断裂韧性。有些金属零件在交变应力作用下发生断裂失效，宏观断口观察不到疲劳弧线，这是由于断口表面被多次反复压缩而摩擦，使该区变得很光滑的缘故。

③瞬时断裂区。当疲劳裂纹扩展到临界尺寸时，承载面越来越小，剩余截面上的应力超过材料强度，零件发生瞬时断裂的区域。它的特征与静载荷下的快速破坏区相似，出现放射区和剪切唇。脆性材料断口呈粗糙的"晶粒"状结构；塑性材料断口具有纤维状结构。

（2）预防疲劳断裂的措施：

①严格执行走合期制度。在汽车走合期，要严格执行走合制度，搞好次负荷锻炼。所谓次负荷锻炼，是使零件在远低于疲劳强度的较小负荷下运转一定时间，这样可以消除零件内的应力，大大提高零件抵抗疲劳的能力。

②避免大负荷超速使用，防止过负荷损坏。如果零件在大于疲劳强度的条件下运行，特别是在使用初期，将使零件的疲劳强度大大降低，这种现象叫做过负荷损坏。

③零件修理时防止应力集中。在零件机加工修复、校正和焊修时，很容易造成内部应力集中，使零件的疲劳强度降低。例如：零件进行机加工修复时要保证零件的圆角，不要在零件表面留下台阶；焊修很容易在零件内部形成热应力，对零件焊修时要严格执行正确的焊修工艺，特别是对形状复杂的零件焊修时，注意焊前预热、焊后缓冷，来减小应力集中；目前零件校正主要采用压力校正，这会降低零件的疲劳强度（如曲轴每次压力校正都会降低疲劳强度15%左右），不能反复校正。

④保证零件的形位误差。如果运动件相互干涉，在运动中就会产生交变应力，会使零件产生疲劳损伤。如曲轴轴承座孔不同轴度超标时，会加速曲轴的断裂。

5 汽车零件的变形

零件的变形，特别是汽车各总成的基础件（如汽缸体、变速器壳、后桥壳、车架等），在使用过程中，因故造成了不同程度的变形，改变了各零件原来的相互配合关系和相对位置，会严重影响总成、甚至整车性能的发挥，影响零件的使用寿命。零件变形原因有以下几种：

（1）残余内应力的影响。铸件和焊接件，如没有进行时效处理或处理不当，在铸造和焊接过程中产生的内应力就会长期作用于零件内部，引起零件变形。

（2）使用中产生高温。一些零件在使用中产生高温，冷却后会发生变形。例如，严重"抱瓦"后，如果轴承座孔温度过高，冷却后座孔就会变成椭圆形。

(3)工作应力影响。如零件工作中受力超过了屈服极限,就会产生变形。承受冲击载荷的曲轴在使用中的弯扭变形,大多是受外部载荷作用的结果。

(4)维修不当造成零件变形。如磨削曲轴使连杆轴颈的曲柄半径变大、连杆轴颈周线的分配角变化等。零件焊修后,在局部冷却中也经常会使零件发生变形。

6 汽车零件的腐蚀

金属零件的腐蚀是指金属表面与外部介质发生化学作用,造成零件表面被破坏的现象。腐蚀使金属表面产生了一种新的物质,长久不用,可能造成零件严重损坏而报废。

金属的腐蚀过程虽然缓慢,但其后果是十分严重的,所以在金属表面必须采取防腐措施。对汽车零件最常用的防腐措施是覆盖保护层法,如镀铬、镀锡、镀锌等,这些镀层的耐腐蚀性强,可以保护内部金属不受腐蚀。也可用非金属保护层法,如油漆、塑料、橡胶、搪瓷等。还可使用化学保护膜,如磷化、法兰、钝化等。

7 汽车零部件失效分析方法

(1)失效分析的基本思路。失效分析也称故障分析,是研究零部件的磨损、断裂、腐蚀、变形等失效现象的特征或规律,并从中找出损坏原因的一门综合性学科。

失效分析就是对已发生的失效事件,沿着一定的思路去分析研究失效现象的因果关系,进而寻找失效原因,提出改进措施。由于零件的工作条件、失效模式和失效机理各不相同,其失效分析的思路也不尽相同,可以归纳为图 3-3 所示的几种类型。

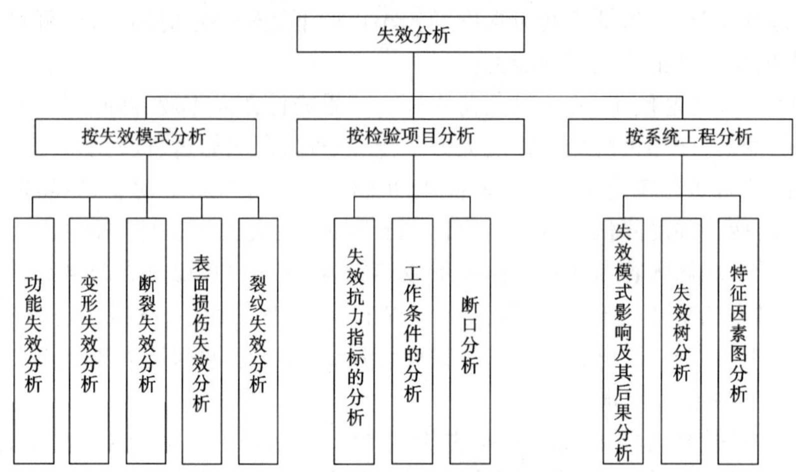

图 3-3　失效分析思路分类

在各种分析方法中,按失效检验项目的分析思路主要用于零件的失效分析,按失效模式和系统工程的分析思路大多用于系统的失效分析。

①按检验项目进行失效分析。零件的失效是由于工作应力大于失效抗力而造成的。因此,应先从零件的受力状态、环境介质、温度等去考虑失效原因。例如,对于承受交变应力的,多表现为疲劳断裂,若此时有介质存在,则可能是腐蚀疲劳;处于高温环境多为高温疲劳。不同的工作条件,要求零件具有不同的失效抗力指标,而材料的失效抗力指标则主要取决于材料的成分、组织和状态。根据资料和现场调查,可以确定主要的分析项目,如疲劳破坏,可以从测试材料的屈服极限、疲劳裂纹扩展速率以及疲劳裂纹扩展值等入手,找出失效原因。

②按失效模式进行分析。失效模式是一种或几种物理或化学过程所产生的效应，导致零件在尺寸、形状、状态或性能上发生明显变化，造成机器丧失设计能力。不同的物理或化学过程对应有不同的失效模式。根据零件的残骸（断口、磨屑等）的特征和残留的有关失效过程信息，首先判断失效模式，进而推断失效原因。

判断失效模式时，首先从外部诱因和后果（即失效形式）入手，就可得到已知条件，而内因和过程本身则是需要探索的内容。

③系统工程分析方法。这种方法是把一个设备、装置或结构组成一个系统，采用数学方法，研究系统故障率的原因与结果之间的逻辑关系，对系统构成要素、组织结构、信息交换等功能进行分析、设计、制造、维护等，从而达到最优设计、最优控制和最优管理的目的。因此，系统工程分析方法不仅是在事故发生后采用的一种善后处理方法，而且可在事故发生前就采取必要的防范措施，避免事故发生。

(2)失效分析步骤。进行失效分析时，可以按照以下步骤：

①收集原始资料。收集和积累原始资料是对零件进行失效分析的基础。收集范围包括零件的设计、制造、材料、使用条件、运转参数、环境条件、操作情况等基本情况，对于没有达到顶期使用要求的失效零件，应特别掌握其工况条件。

②收集失效零件残骸。这是进行失效分析的关键，也是判断零件失效原因的主要依据。

③确定和分析失效模式。在对失效零件原始材料和现场调查的基础上，对失效件的残骸进行观察和检测，以确定失效模式，推断失效原因。

④对一些重要零件或在一些工况下不可能回收磨屑时，可将零件材料在仿效运行工况下进行模拟试验，以验证初步判断。

⑤完成各项检验后，将所得原始数据和试验结果汇总分析，从设计、选材、加工工艺、装配、运行操作、维护、环境介质等因素中找出失效零件的主要原因并提出改进意见。

二 汽车的维护与修理

(一)系统维修性的基本概念

对于可维修的系统，如汽车，评价它的使用性能时，不仅要研究系统结构，建立相应的系统可靠度函数方程，估计它从开始工作到发生故障这一时间的可靠程度和工作寿命，而且还要研究其一旦发生故障是否可以在较短时间内经过修理，恢复到原来工作状况。

(1)维修性。维修性是某一系统（或产品）在预定维修级别上，由具有规定技术水平的人员，利用规定程序和资源进行维修时，保持或恢复到规定状况能力的度量。

(2)维修度。维修度是指系统（或产品）在规定条件下进行维修时，在规定时间内，保持或恢复到规定状态的概率。

维修时间是影响维修性的一个重要因素，它受许多因素的影响，主要取决于维修对象、维修人员水平、现有维修设备及工作条件等。

(3)系统可维修性及维修时间评价指标：

①平均修复时间。是指修复时间的平均值。可修系统是正常正作与失效交替出现的系统。正常工作时称为工作时间，失效时（包括维护、修理而停工的状态）称为维修时间。

②维修时间。一定维修度对应一定的维修时间，用 t_m 表示维修度 M 下相应的修复时

间。可以求得：

$M=0.9$ 时的 $t_{0.5}$，称 $t_{0.9}$ 为最大修复时间；

$t_{0.5}$ 与 $M=0.5$ 相对应，称 $t_{0.5}$ 为中位修复时间。

(二)汽车维修指导思想

汽车是一种价值较高的机械产品，在长期使用过程中，由于技术状况的变化，不可避免地要发生故障和损坏。汽车维护的基本任务就是采用相应的技术措施预防故障的发生，避免损坏；汽车修理的基本任务就是消除故障和损坏，恢复车辆的工作能力和完好状况。

1 汽车技术状况的变化规律

汽车技术状况的变化规律是指汽车技术状况与行驶里程或时间的关系，研究和掌握汽车技术状况的变化规律，是控制汽车技术状况、完善汽车结构的重要手段。

汽车在使用过程中，由于结构和使用条件的不同，其技术状况会以不同规律和不同强度发生变化，其变化规律可以归纳为两大类：渐发性和突发性。渐发性即表示汽车技术状况的参数随行驶里程或时间作单调变化，可用一定的回归函数式表示其变化规律；突发性即表示汽车、总成和零部件达到极限状态的时间是随机的、偶发的。

2 汽车维修指导思想

汽车维修指导思想是指组织实施车辆维修工作的指导方针和政策，是人们对汽车维修目的、维修对象、维修活动的总认识。

正确的维修指导思想是客观规律的正确反映，它将直接影响维修活动。只有正确的维修指导思想，才能产生正确的维修方针和政策，才能采用先进的维修手段和维修方法，制定出合理的维修制度和选择适宜的维修方式。

(1)预防为主的维修指导思想。预防为主的维修指导思想，是指根据汽车技术状况变化的规律，在发生故障前提前进行维护或修理，以防止故障发生。预防为主的维修指导思想是建立在零部件失效理论和失效规律的基础之上的。所以对由于零件耗损引起的渐发性损坏可以起到预防作用，而对突发性损坏起不到预防作用。

(2)以可靠性为中心的维修指导思想。随着汽车性能及功能的进一步发展，汽车的复杂程度也愈来愈高，其本身价值及维修费用在使用费用中所占比重也越来越高，这就迫切需要一种新的维修方法，能够以最佳的经济效益来实现汽车最大的可靠度。于是，以可靠性为中心的维修指导思想便开始应用于汽车维修领域。以可靠性为中心的维修指导思想，是以最低的消耗，充分利用汽车的固有可靠性来组织维修，它是以可靠性理论为基础，通过对影响可靠性因素的具体分析和试验，科学地制定出维修作业内容、维修时机，以控制汽车的使用可靠性，归纳起来有以下几点：

①汽车的使用可靠性取决于汽车本身的固有可靠性及汽车的使用、维修技术水平，并与汽车的使用条件有关。正确的使用和维护，只能保持和恢复汽车的固有可靠性水平，不适当的强化维修工作(如增加维修次数、增加维修项目)并不能有效防止可靠性水平的下降。汽车固有可靠性的提高应基于必要的使用数据的信息反馈，去修改原有的设计和工艺。

②维修的作用在于通过对影响可靠性的诸因素进行分析从而控制可靠性的下降，以保持汽车的使用可靠性在允许水平之内。

③以可靠性为中心的维修,强调了诊断检测,加强了维修中的"按需维修"成分,它根据不同零部件、不同可靠性及不同故障后果,选用不同的维修方式,避免了采用单一维修方式所造成的预防内容扩大、维修针对性差、维修费用增大等缺点。例如,如果汽车的故障有可能影响安全性或造成严重后果,就必须尽力防止其发生;如果故障几乎不产生其他影响,那么就可以除了日常清洁、润滑外,对它不采取任何预防措施。

④以可靠性为中心的维修,要求建立一套完整的故障采集和分析系统,不断采集和分析使用数据,为建立科学的、经济的、符合汽车使用实际的维修制度提供依据。

(3)汽车维修制度。

①历史沿革。建国初期,我国的汽车维修制度以学习原苏联为主。

1954 年原交通部(现已更名为交通运输部,后同)颁布《汽车运输企业技术标准与技术经济定额》(红皮书),明确规定了当时的汽车维修制度为强制预防性维修制度。其中规定汽车保修分为例行保养、一级保养、二级保养;将汽车修理分为小修、中修和大修。

此后,我国参考国外经验,并结合我国国情,于 1962 年对该红皮书进行了较大修改,分别制定出《汽车运输企业技术管理制度》和《汽车运用技术规范》。

1965 年,将汽车维护改为例行保养、一级保养、二级保养和三级维护,同时取消了中修。增加的三级维护作业,中心内容为总成解体、清洗、调整、消除隐患,并增加了部分修理内容。

20 世纪 70 年代末 80 年代初,我国又对红皮书进行了修改,制定出《汽车运输与维修企业技术管理制度》和《汽车修理技术标准》。

在当时条件下,这些制度都对我国的汽车维修制度及维修工作开展起到了积极的推动作用。随着汽车技术和不解体检测技术的发展,以及人们对汽车技术状况变化规律认识水平的提高,旧的维修制度已经严重制约了我国汽车维修技术的发展。1990 年,原交通部为适应汽车维修的部门管理向行业管理转变,根据国家有关设备管理的规定和政策,结合我国汽车运输的实际情况和建国以来的管理经验,吸取国内外技术管理的成果,制定了《汽车运输业技术管理规定》,以原交通部第 13 号令颁布实行。规定我国的维修制度,属于计划预防性维修制度,规定车辆维修必须贯彻预防为主、定期检测、强制维护、视情修理的原则。

②汽车维护。车辆的维护作业的内容为:清洁、检查、补给、润滑、紧固、调整等,除主要总成发生故障必须解体时,不得随意对车辆进行解体。并将维护分为三级,分别为日常维护、一级维护和二级维护。

日常维护为日常性作业,由驾驶人负责执行,作业内容是清洁、补给和安全检视。

一级维护属于定期强制性维护作业,由专业修理工负责执行,作业内容除日常维护作业项目外,以清洁、润滑、紧固为主,并检查有关制动、操纵等安全部件。

二级维护属于定期强制性维护作业,由专业修理工负责执行,作业内容除一级维护作业项目外,以检查、调整为中心,并拆检轮胎,进行轮胎换位。同时车辆二级维护前应进行检测诊断和技术评定,根据结果,确定附加作业或小修项目,结合二级维护一并进行。

③汽车修理。将汽车修理分为汽车大修、总成大修、车辆小修和零件修理等四类。

汽车大修是指新车或大修后的车辆,在行驶一定里程(或时间)后经过检测诊断和技术鉴定,用修理或更换汽车任何零部件的方法恢复车辆完好技术状况和工作能力,完全或接近完全恢复车辆寿命的恢复性修理。

总成大修是指车辆的总成经过一定行驶里程(或时间)后,用修理或更换总成任何零部件(包括基础件)的方法,恢复其完好技术状况和寿命的恢复性修理。

车辆小修是指用修理或更换汽车个别零部件的方法，保证或者恢复车辆工作能力的运行性修理。

零件修理（包括旧件修复）是指对因磨损、变形、损伤而不能继续使用的零件的修复，以恢复其使用性能。零件修理，应考虑到有修复价值和符合经济的原则。

三 汽车维修流程

（一）汽车维修工作流程

汽车维修工作的流程如图3-4所示。

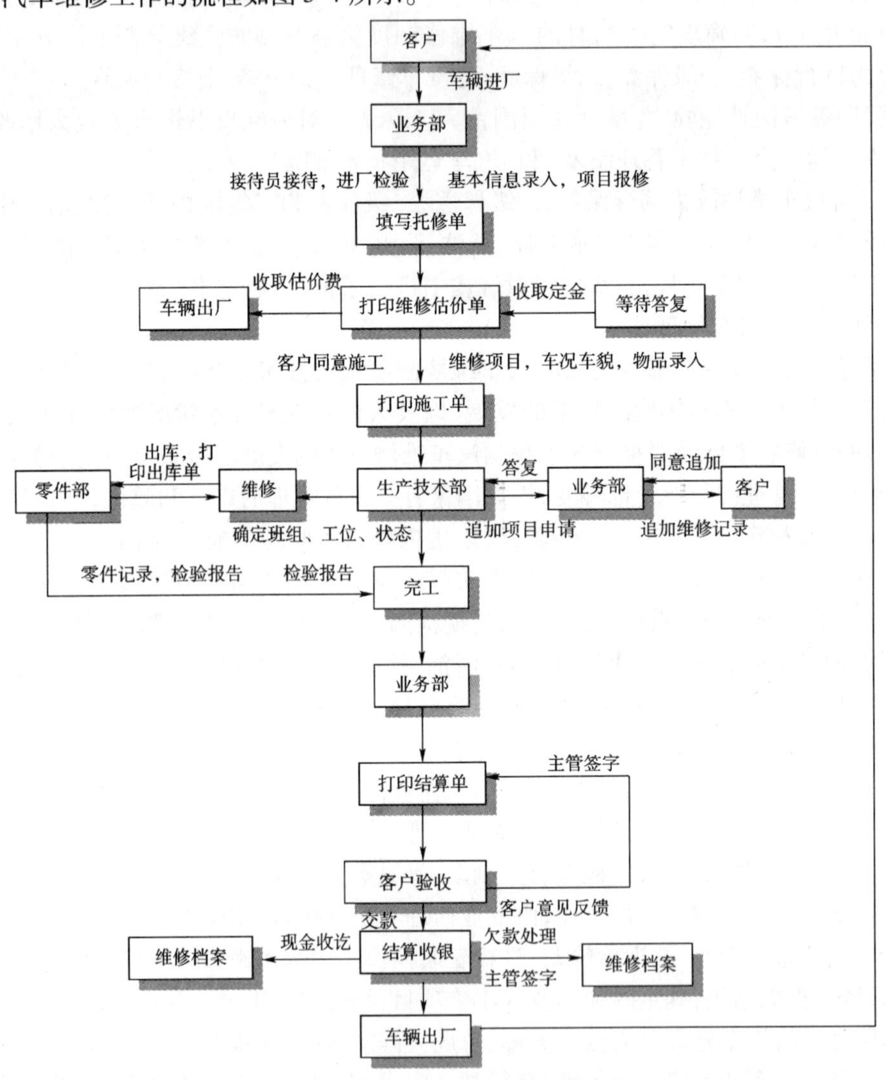

图3-4 汽车维修工作的流程图

（二）维修车辆的接待

汽车整车或总成维修时应符合送修规定（《汽车运输业车辆技术管理规定》原交通部令

第 13 号令),并经检测、诊断、鉴定其技术状况,确定维修作业的范围和深度,然后办理交接手续,并签订维修合同。

1 送修的规定

(1)车辆和总成送修时,承修单位与送修单位应签订合同,商定送修要求、修理车日和质量保证等。合同签订后必须严格执行。

(2)整车送修时,应具备行驶功能,装备齐全,不得拆换。

(3)总成送修时,应在装合状态,附件、零件均不得拆换和短缺。

(4)肇事车辆或因特殊原因不能行驶和短缺零部件的车辆,在签订合同时,应作出相应规定和说明。

(5)整车或总成送修时,应将有关技术档案一并移送承修单位。

2 检测诊断与技术鉴定

检测诊断与技术鉴(评)定,是指对车辆在不解体情况下,通过仪器设备和人工进行检测诊断,并通过了解驾驶人、查阅车辆技术档案以及使用情况,对车辆技术状况进行综合评定,并确定汽车维修范围和维修的深度。

(1)调查汽车使用情况。通过对驾驶人或送修人员的咨询,以及查阅车辆技术档案,了解汽车的使用情况和维修历史,这样有利于准确地对车辆进行鉴定评价,也有利于快速诊断汽车故障。

(2)利用设备检测诊断。为实施视情修理和强制维护制度,在车辆大修或二级维护前必须进行不解体检测。主要检测内容包括汽车动力性、安全性、经济性、噪声和排放等。

通过检测诊断,确定汽车的技术状况,并诊断汽车故障。除性能检测外,汽车维修还必须用专用诊断设备对汽车进行故障诊断,如电脑检测仪器和其他诊断仪器。

3 人工检查诊断

(1)车辆外观检查。检查车辆装备是否齐全;外观是否整洁;有无零件破裂、渗漏、变形等;检查悬挂机构是否有变形;轮胎磨损是否正常。

(2)道路试验检查。主要检查发动机运转是否正常、仪表显示是否正常、汽车起步情况、行驶是否平稳、行驶中是否有异响和抖振、换挡是否正常、汽车是否跑偏、转向和制动等操纵机构工作是否正常等。

在人工诊断时要注意模拟驾驶人反应的故障发生情况,诱发故障发生。

4 技术鉴定或评定

通过以上检查,最后由专业技术人员填写车辆技术档案,商定送修要求、修理车日和质量保证,签订维修合同。

(三)汽车维修的作业要求

1 车辆的保护

(1)车辆进入维修车间,在交付维修技师进行维修前,需要确认转向盘、前排座椅、变速器操纵手柄、手制动器操纵手柄是否已经套了保护罩。汽车前排是否在左右分别放置了脚垫。

(2)在维修过程中,如果需要打开发动机舱进行维修或检查,一定要在发动机罩的前、左、右三面放置保护罩,以免划伤车身油漆。

2 维修作业

(1)维修技师按照《汽车维护检查项目表》的要求以及《汽车维修估价单》的指示内容,进行汽车的维护或修复作业,以保持汽车的正常状况、恢复汽车的原有性能。

(2)检查是否需要追加维修项目。如需要追加,告知维修接待,与客户联系、确认。

(3)如果需要使用液压千斤顶,必须做好相关的安全防护工作。

(4)如果需要拆卸内饰,必须保持双手清洁,以免脏污了内饰。

(5)维修过程中,假如需要拆卸蓄电池,应该在维修作业完工之后,将时钟等需要恢复的电子设备恢复。

(6)维修作业过程中,如有泥土、水、油液等落在地面,应该及时清理干净。

(7)维修作业完成后,检查并记录《汽车维护检查项目表》、《汽车维修估价单》、《汽车维修追加项目单》所列的每一项维修作业是否按照要求完成。

(四)维修追加项目

如果在汽车维修过程中发现还有其他损坏,需要追加维修项目时,应该注意适当的策略,按照合理的程序进行。

(1)如果发现有需要追加的项目,维修技师要立即停止维修工作,向维修主管汇报。同时加强诊断,确认全部需要追加的项目、准备好相关的证据、预估好追加的费用、测算出可以交车的时间、想清楚解释的理由。

(2)维修主管通知维修接待,马上与客户联系,征求其意见,是否同意追加维修项目。

(3)将检查、诊断结果向客户说明。将需要追加维修的项目内容、所换零件、维修费用、交车时间进行详细说明。说服顾客时需采用一定的技巧:

①说明所存在问题的严重性。

②判断顾客听到要求追加维修项目后的反应。

③如果问题涉及到的专业性很强,建议客户来店,由维修技师当面说明。

④假如追加项目所涉及到的价格很高,要做好客户会暂时搁置或者给客户优惠工时费的打算。

⑤如果客户询问是否必须现在就进行处理,应该视情回答:假如所涉及到的项目直接相关行车安全,建议客户一定追加维修,并说明重要程度;假如所涉及到的项目与行车安全关系不大,可以同意客户下次再做,但说明假如这次一起做了,由于在维修程序上是多个项目合并进行,可以节省维修费用。

(4)得到客户同意后,填写《汽车维修追加项目单》。

(5)请客户确认《汽车维修追加项目单》之上的内容,并注明确认方式(现场签字、电话确认),假如是电话确认的,最好能够有录音为证,起码也应该做好电话记录。

(6)假如客户不同意追加,一方面感谢客户与你的交谈,另外一方面将检查结果、维修建议、客户决定都记录在工单上,以备将来产生纠纷时作为证据。

(7)无论客户是否同意追加维修项目,都要感谢客户与你的交谈。

(8)在没有得到客户确认之前,绝对不允许擅自追加维修项目。

四 汽车维修质量管理及保证体系

质量是产品或服务满足规定或潜在需要的特征或特性的总和。质量管理是一个组织内部各个部门在质量发展、质量保持、质量改进的努力下,结合起来的一个有效体系,以便使生产和服务达到最经济的水平,并使用户满意。质量高低是一个组织内部每个工作环节工作质量的综合表现,它渗透到每个工作的环节。

汽车维修质量是一个系统工程,它与维修工艺、维修人员技术水平、维修生产组织、维修材料和设备、维修技术资料等密切相关。

(一)汽车维修质量管理机构

汽车维修企业必须建立健全与其维修类别相适应的质量管理机构。三类企业应明确由技术业务水平高的人员负责维修质量管理工作。一、二类维修企业应建立"质量管理领导小组",其成员由企业技术负责人、专职检验员(经过国家培训并取得"检验员证"),以及质量管理部门和其他有关负责人组成。一类汽车维修企业还应单独设置质量管理的具体办事机构——质量检验科,其他成员由专业技术人员、专职检验员及资料员等组成。

质量管理机构和人员的主要职责是:

(1)认真执行质量管理法规。

(2)贯彻执行政府颁布的有关汽车维修的技术标准以及地方标准。

(3)制定维修工艺和操作规程。

(4)依据国家标准、行业标准、地方标准的要求,制定汽车维修企业技术标准。

(5)建立健全汽车维修业户内部质量保证体系,加强质量检验,掌握质量动态,进行质量分析,推行全面质量管理。

(6)开展质量评优与奖惩工作。

(二)汽车维修质量管理制度

这是提高维修质量的根本保证,维修企业必须建立健全汽车维修质量管理制度,以保证维修质量。

(1)维修检验制度。维修检验是将汽车维修标准贯彻于每个维修环节的保证,是汽车维修工作中非常重要的环节。维修检验包括汽车进厂检验、维修过程检验和竣工出厂检验。每道工序都要通过自检、互检,并做好检验记录,以备检查。

(2)原材料、外协加工及外购件进厂入库检验。配件管理是汽车维修管理中非常重要的一项工作,需要严把质量关,确保装车的每个配件质量合格,这对保证维修质量非常重要。维修企业必须建立配件管理和检验机构,对新购配件、外协加工件,在进厂时有专人验收,严禁假冒伪劣件、不合格零件入库。在维修领料时要认真填写"领料单",注明零件规格、型号、材质、产地、数量,并由领料者、发放人签字。当前汽车维修企业一般没有机加工设备,都是外协加工,如汽缸镗削、曲轴磨削加工等,很多维修企业不对加工汽缸和曲轴进行检验,常常造成"拉缸"和"抱瓦"的严重故障。

(3)计量管理制度。计量管理是当前汽车维修企业中最不受重视的一项工作。在强调汽车维修质量目标管理中,计量管理其实是质量保证体系链中的一个重要环节,是保证维修质量的重要手段。维修企业计量管理工作主要是计量器具和检测设备的管理。要按有关规定,明确专人管理、使用和鉴定,确保计量器具和设备的精度。

(4)技术业务培训制度。维修人员和技术管理人员的技术水平对维修质量有很大影响,加强职工的技术培训,是提高职工素质、保证维修质量、提高维修效率的重要途径。企业要根据自身生产情况和人员技术水平,积极组织技术培训,并建立考核奖励制度,激励职工的学习积极性。

(5)岗位责任制。维修质量是由每一道工序工作质量保证的。因此,要建立明确的岗位责任制,以提高每个人的质量意识。定岗时要合理搭配,定岗后要明确责任,并保持相对稳定,以便提高岗位技能和责任心。

(6)出厂合格证制度。出厂合格证是车辆维修合格的标志,一经厂方签发,在质量保证期内出了质量问题就需由厂方负责。《汽车运输业车辆技术管理规定》明确规定:维修厂(场)必须认真进行维护作业,确保维护质量。车辆维护后,应将车辆维护的级别、项目等填入车辆技术档案,并签发合格证;送修车辆和总成修竣检验合格后,承修单位应签发出厂合格证,并将技术档案、修理技术资料和合格证移交送修单位。“汽车维修竣工出厂合格证”由道路运输管理机构统一印发。“汽车维修竣工出厂合格证”如图 3-5 所示。

(7)质量保证期制度。车辆维修后,在正常使用情况下,按规定有一定的质量保证期限,在质量保证期内出现质量事故,由厂方承担责任,这是制约承修方保证质量的重要手段。因此,承修厂在签发合格证时要注明出厂日期和质量保证期限。《机动车维修管理规定》规定:汽车和危险货物运输车辆整车修理或总成修理质量保证期为车辆行驶 20000 公里或者 100 日;二级维护质量保证期为车辆行驶 5000 公里或者 30 日;一级维护、小修及专项修理质量保证期为车辆行驶 2000 公里或者 10 日。

(8)质量考核制度。企业应按照岗位职责大小,分别制定考核奖惩标准,并认真实施。

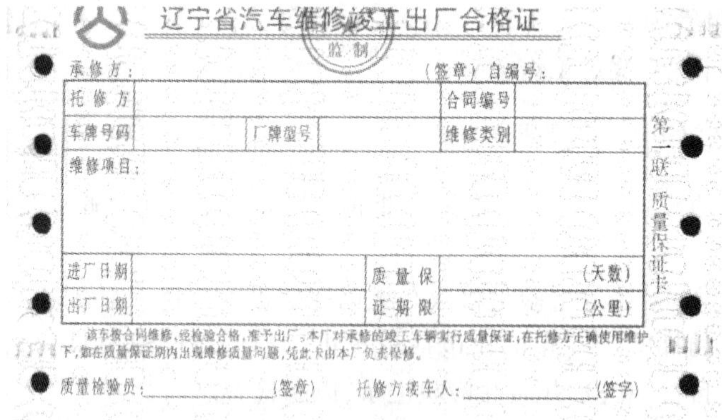

辽宁省汽车维修竣工出厂合格证

监制

承修方:　　　　(签章) 自编号:

托修方				合同编号	
车牌号码		厂牌型号		维修类别	
维修项目:					
进厂日期		质量保证期限	(天数)		
出厂日期			(公里)		

该车按合同维修,经检验合格,准予出厂。本厂对承修的竣工车辆实行质量保证,在托修方正确使用维护下,如在质量保证期内出现维修质量问题,凭此卡由本厂负责保修。

质量检验员:________(签章)　托修方接车人:________(签字)

第一联　质量保证卡

图 3-5　汽车维修竣工合格证

(三)汽车维修质量管理方法

汽车维修质量是维修企业的生命,维修质量的好坏是企业综合水平的反应,它关系着企业的生存与发展。不断地提高维修质量,是企业质量管理的头等大事。

在维修生产中不断发现维修中所存在的质量问题,从工艺、材料、设备、管理、人员素质、环境等方面找出原因,及时发现问题、解决问题,不断提高维修质量。

❶ 制定质量管理计划

企业不仅要有生产计划,也要在生产实际中总结经验,制定切合本企业实际的质量计划指标,作为组织质量管理和实现提高质量的奋斗目标。

维修质量指标一般用合格率表示。合格率是指维修合格的车辆在维修车辆总数中所占的比例,其计算公式为:合格率 = 维修合格车辆/维修总次数 ×100%。

维修合格率不仅反映了维修车辆本身的状况,还反映了企业的总体维修质量水平。一般情况下,维修过程中的工作质量越好,合格率就越高;反之,合格率就越低。因此,利用合格率指标可以综合反映企业生产过程中的工作质量好坏,从而找出出现质量问题的原因,并不断加以改进和提高。另外,维修质量合格率也是对每道工序、每个班组进行质量考核的依据。

有时还需考核返修率、在厂车日等指标,用来评价企业的服务质量。返修率是指汽车回厂返修车次与在厂维修车辆总数的比值。在厂车日是指维修车辆自入厂时起,直至竣工出厂时的日历天数。

❷ 建立质量分析制度

质量分析,是对维修出现的质量问题进行全面分析,找出出现质量问题的根本原因,并进行改进的过程。

质量分析应当是经常的、全面的,厂部、车间、班组都要进行。既要分析发生的质量事故,又要分析合格车辆。分析质量事故,是为了找出发生质量事故的原因和责任者,以便有针对性地采取技术组织措施。分析合格车辆,是为了全面掌握达到质量标准的规律,总结经验,鼓励先进,为进一步改善和提高质量奠定基础。

质量分析可从企业内部和企业外部两个方面进行。在企业内部,除了对日常质量检验的统计资料进行分析外,还可通过现场质量分析会,专项难点攻关等形式进行分析。在企业外部,主要是组织质量调查组深入用户进行跟踪走访调查,更具体地了解用户的意见和要求,为进一步提高维修质量提供资料。

❸ 制定提高维修质量的措施

质量计划指标应有切实可行的措施来保证。为了实现质量计划指标,必须制定相应的具体措施。

(1)加强教育,提高全体员工质量意识,做到人人关心质量和保证质量,这是保证和提高维修质量的先决条件。

(2)抓好技术管理,建立健全各项有关质量管理的规章制度。做到岗位有职责、检验有标准、操作有规程、优劣有奖惩,不断提高质量管理水平。

(3)以质量为中心,依靠群众,积极推广和应用新技术、新工艺、新材料、新设备、新经验,不断提高维修质量和生产效率。

(4)加强职工的技术业务培训,不断提高工人的技术水平和操作熟练程度。

(5)一、二类维修企业要结合自身条件,积极推行全面质量管理的新经验,把维修质量管理工作提高到一个新的境界。

4 汽车维修质量保证体系

(1)汽车维修质量保证体系的概念。汽车维修质量保证体系是通过一定的制度、规章、方法、程序、机构等,把质量保证活动系统化、标准化、制度化。

汽车维修企业维修质量保证体系参考模式如图3-6所示。

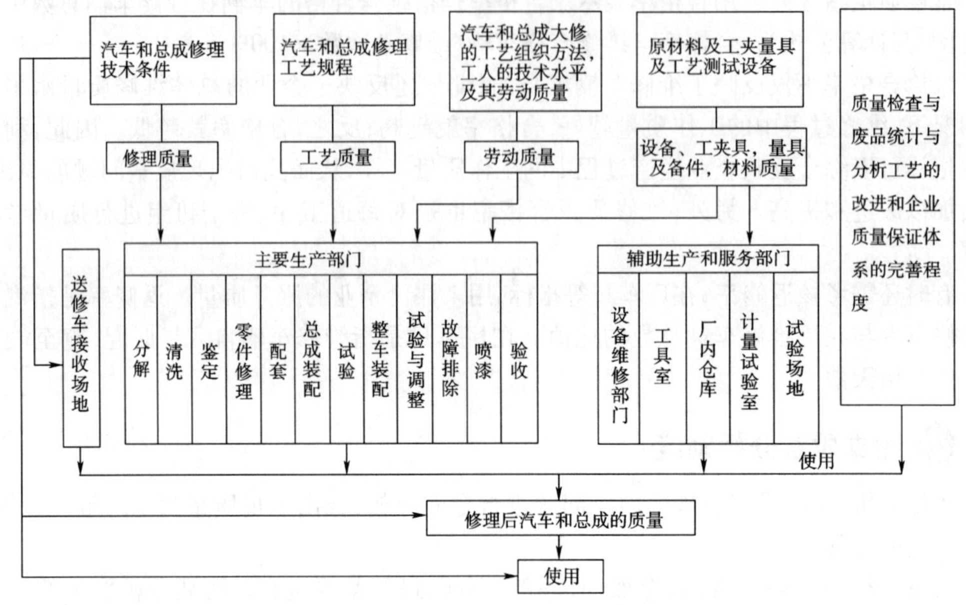

图3-6 汽车维修企业维修质量保证体系

建立质量保证体系,就是以保证和提高维修质量为目的,运用系统的方法和手段,把质量管理各阶段、各环节的质量管理职能组织起来,形成一个既有明确任务、职责、权限,又能互相协调、互相促进的整体。

(2)质量保证体系内容。

①有明确的质量计划、质量方针和质量目标。质量计划是实现质量目标的具体计划和措施。质量方针是企业质量管理活动必须遵守和依从的行动指南。质量目标是企业根据质量方针提出的在一定时期内质量工作要达到的预期效果。

②建立明确的质量责任制。

③建立质量管理机构。质量管理机构的主要职责:协助厂长进行日常质量管理活动;开展全面质量管理教育;组织QC小组活动,组织编制质量计划检查,督促计划执行;制定降低质量成本的目标和方案,协同财务部门进行质量成本分析、计算;研究推广先进的管理经验;负责质量信息的反馈分析。

④实行管理业务标准化和管理流程程序化。管理业务标准化,是把企业中重复出现的管理工作制定成标准,纳入规章制度。管理流程程序化,是使质量管理工作的过程合理化,并用图表、文字表示出来。

⑤建立质量信息反馈及分析系统。建立全面质量管理系统关键是预防、预测,将质量问题在萌芽状态就予以解决。

⑥组织外协、外购企业的质量保证活动。

5 加强全面质量管理实施步骤

(1)对员工进行全面质量管理教育。

①将满足客户需求放在首位,让每个员工深刻理解“客户满意”的思想。为灌输“客户满意”的思想,可以让员工进行“换位思维”,并讨论清楚如下问题:如果自己是客户,对维修质量是怎么要求的;希望得到什么样的服务。

管理人员:如果自己是现场执行人员(如业务员、维修人员、配件采购人员),对在工作中遇到的问题会有何想法;希望得到什么样的帮助和理解;希望管理者如何对待自己。

现场执行人员:假如自己是管理者,会如何对现场工作进行指导与管理;对出现的问题会怎么看待;是否知道它们的起因;如何解决。

要鼓励大家以自己希望得到的服务方式去为客户服务,要将每个人都作为自己的重要客户,想方设法使其满意。

②明白提高质量与降低成本的关系。质量提高不仅不会提高成本,反而会降低成本。因为质量提高了,会减少反复修理的时间,缩短在修车辆的在厂时间,降低人力资本,还会提高士气,提高工作效率。

③树立100%合格维修产品的责任感,使100%的员工成为抓质量的主人。当问到每一个员工“谁来负责维修质量”时,得到的回答都是“我”而不是别人,教育效果就达到了。应该让全体员工认识到如果存在问题,最终会影响到维修质量和企业形象。假如问题在开始阶段不解决,最后阶段将付出更高的代价才能解决。要教育员工树立100%维修质量合格的责任感,消除侥幸心理。

(2)了解市场。了解其他同行是如何使客户满意的,并进行研究,让员工明白别人是怎么做的,我们有何差距。

(3)树立样板。要让员工明白什么样的质量、什么样的标准才能令客户满意。

(4)建立质量标准和质量测评制度。维修质量的好坏一定要有一个明确公开的衡量标准,每个人都可以把自己的工作结果与之对照,从而知道自己做得是好还是坏。

(5)建立激励机制。如果质量检测结果对个人利益无任何影响,则员工没有尽力提高的动力,要根据员工绩效在物质和精神方面进行不同激励。

(6)转变质量检测部门的职能。改变质检人员“挑问题者”的角色,让他们帮助维修人员解决问题,消除相互之间的隔阂,加强沟通与理解。

(7)建立解决问题的机制。一旦出现问题,能够找出解决问题的方法,而不是互相埋怨。解决问题常用六步法:

第一步,讨论并确定问题;第二步,找出问题的根源;第三步,提出可能解决问题的方法;第四步,选择最佳方法;第五步,建议批准和实施;第六步,测试、评估、调整及检查。

(8)在全体员工中培育主人翁意识和敬业精神。消除员工中抱有的“公司不是我的,我是来打工的。公司效益好坏、存活与发展跟我无关”之类的不良心态。

(9)让员工有一定的自由和权利。只有员工有了相应的权利才会有工作的主动性。允许员工提出问题、商讨问题,并将解决方案付诸实施。如果什么问题都要管理者来决定,大家只能消极等待。

(10)全面质量管理意识的培养。要加强全面质量管理意识的培养,尤其是协同作战精神的培养。要有效制定改进措施,不断增强客户意识,始终围绕客户的要求去工作,并教给职工如何更好地交流,如何更好地合作,如何更好地解决问题。

6 车间生产工艺规程

工艺规程是对汽车维修的生产工序衔接的具体规定，是生产有序进行的技术依据。在机动车维修企业中，存在四种生产工艺规程，具体如图 3-7 所示。

（1）大修工艺规程。

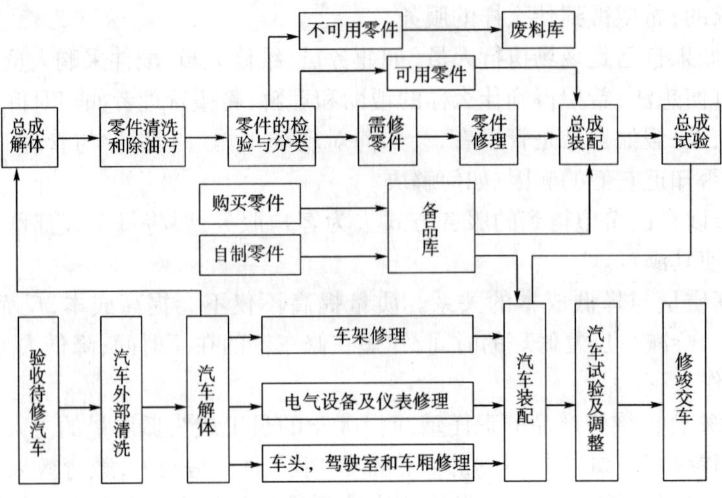

图 3-7　大修作业工艺规程

（2）小修工艺规程（图 3-8）。

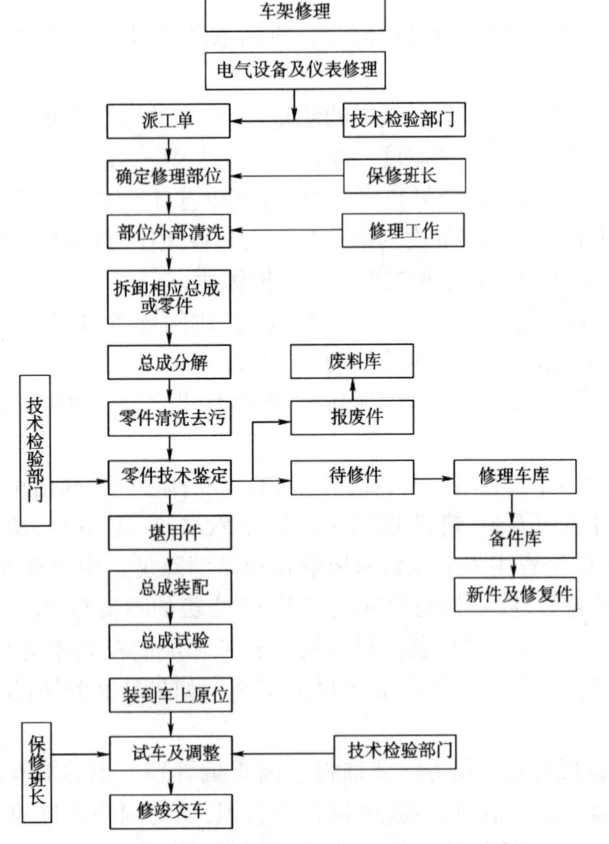

图 3-8　小修作业工艺规程

(3)总成维修工艺规程(图3-9)。

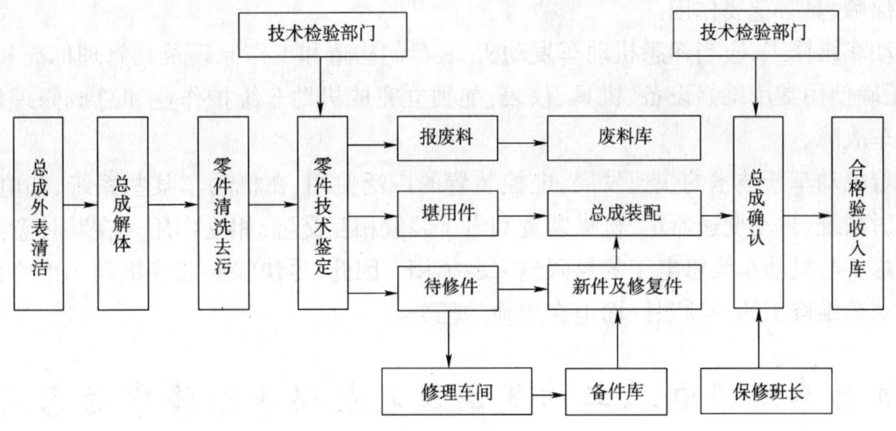

图3-9 总成维修作业工艺规程

(4)零件维修工艺规程(图3-10)。

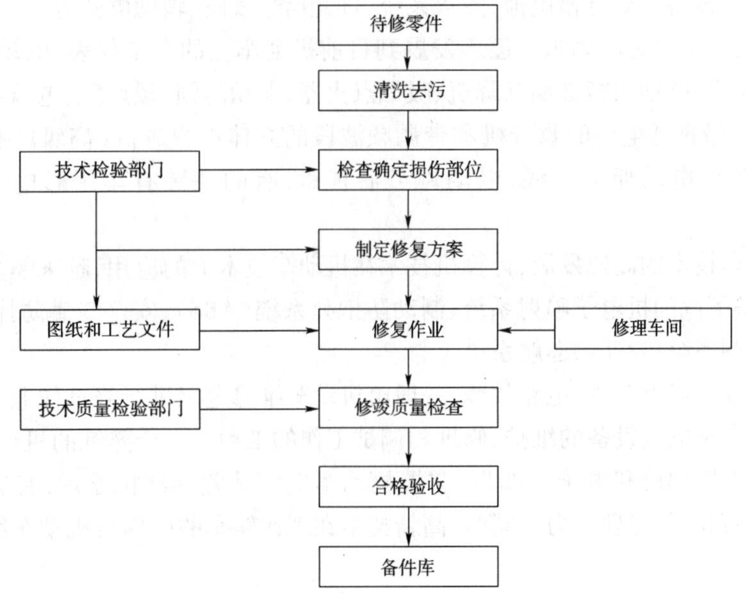

图3-10 零件维修工艺规程

第二节 机动车维修主要工种特点

机动车维修企业的主要工种有机动车维修工(机动车发动机维修工、机动车底盘维修工)、机动车维修电工、机动车维修钣金工、机动车维修漆工等。

一 机动车维修工工作范围及在机动车维修中的意义

机动车维修工是从事机动车发动机、底盘系统的维护、修理和调试工作的工种,它承担了机动车维护、修理的最重要的工作。机动车维修工工作对机动车主要的技术状况和安全性提供保障,具有重要作用。

机动车维修工,应当熟悉机动车发动机、底盘的构造和工作原理及其修理标准和工艺规程,能正确使用常用维修设备、机具、仪表,能独立完成机动车维护作业和总成修理作业,排除机动车故障。

随着机动车新技术的快速发展,电控装置的广泛使用,在机动车某些系统,如电子控制燃油喷射系统、自动变速器里,机械装置和电子装置相互交融,相互作用。在某种意义上,机动车维修工与机动车维修电工的界限越来越模糊。因此,尽快掌握现代机动车维修技术,是我国机动车维修工的一项艰巨而迫在眉睫的任务。

二 机动车维修电工工作范围及在机动车维修中的意义

电气设备是机动车的四大组成部分之一,如果把发动机比作心脏,底盘比作骨骼,车身比作皮肉,那么,电气设备就是神经。

机动车电气设备主要有蓄电池、点火系统、灯光信号线路、辅助电器等。

辅助电器,最早只有电喇叭。逐步发展到目前机动车上的电子仪表、电动刮水器、电热除霜器、电洗窗机、电动门窗玻璃升降机、吸烟点火器、电动门锁、暖风机、电风扇和车用空气调节器(冷气)、带预选电台的收音机和带调频波段的立体声收放机(高级的有磁带自动翻面、计算机选曲)、电动伸缩天线、电动调节后视镜,有的还装有车用彩电、高级 CD 机、VCD 机。

随着机动车技术的高速发展,计算机技术在机动车技术上的应用,越来越多的进口和国产的汽车,装备了汽油机电子喷射系统、制动防抱死系统(ABS)、安全气囊防撞系统(SRS)、自动变速器控制系统(ECT)、巡航系统等。

机动车如发生以上电器、电路故障,一般由机动车维修电工进行修理作业。机动车维修电工是从事机动车电气设备的维护、修理和调试工作的工种。一个熟练的机动车维修电工,须具备机动车电器理论和电子学知识,掌握机动车电气装置的结构原理,有进行机动车电气、线路故障的判断和修理能力。同时,高新技术在现代轿车的应用对机动车维修电工提出了新的要求。

三 机动车维修钣金工工作范围及在机动车维修中的意义

机动车在使用过程中,由于磨损、撞击或使用维护不当,往往造成部分金属构件(如散热器罩、翼子板、驾驶室、排气管、客车车身、发动机罩、脚踏板、挡泥板和消声器等)歪扭、断裂、锈蚀等损伤,尤其是机动车交通事故的损坏的车辆维修。在机动车维修过程中,钣金工的任务就是通过修补、整形和更新、恢复这些部分的尺寸、形状和使用性能。机动车钣金工是机动车修理作业中的一个不可缺少的组成部分,它同其他工种配合,共同完成机动车修理作业。

机动车维修钣金工在机动车维修中,也占有重要的地位;如驾驶室、客车车身的修理作业,不仅工作量大,而且质量要求高,这些零部件的修理质量将在一定程度上影响机动车寿命和使用性能，将关系到驾驶员的劳动条件和安全生产，关系到机动车的外观质量。由此可见，在机动车修理作业中，钣金工的工作质量直接影响到机动车修理质量。为此，要求钣金工应当具有较高的操作技能以满足机动车修理工作的需要。

一个熟练的钣金工应当兼有冲压工、铆工、焊工的技能。很多工作，往往钣金工不能独立完成，还需经过机械加工、热处理等工序才能完成。因此，作为一个合格的钣金工，不仅应对本工种的技术理论和操作技能熟练的掌握，还必须对相关工种的作业范围，工作内容和操作特点有所了解。目前，对现代汽车的修理中使用了先进的自动化车身修复整形设备，对钣金工的素质提出了更高的要求。为适应修理工作的需要，一个熟练的钣金工还需对机动车各金属构件的特点、性能及工作条件有足够的了解，机动车各金属构件按其不同的用途具有不同的要求。如机动车覆盖件，为满足密封的要求，其外形轮廓尺寸要求较严格。为能使其外形精致美观，还应力求做到表面光滑平整。因此，只有了解各金属构件的不同作用和要求，才能选择合理的工艺手段，以保质保量地完成修理任务。

四 机动车维修漆工工作范围及在机动车维修中的意义

机动车维修漆工是在机动车维修中从事机动车车身、车架、总成件涂漆工作的工种。

机动车是人们熟识的交通工具，它主要由金属所制成，而且大部分是钢铁。钢铁本身的防蚀性能很差，容易被空气中的氧和其他介质所腐蚀。而且机动车长年累月在大自然中送客运货，经受日晒雨淋、风沙、冰雪、严寒、炎暑这样多变环境条件的影响，再加上行驶中，经常接触化学药品、酸、碱、盐等腐蚀介质，更容易使金属锈蚀、变质腐烂。为了保护机动车基体不受腐蚀，通常使用相应的涂料来保护机动车上各种材料，在其表面形成一层保护层，起着一种“屏蔽”作用，使基体与外界的腐蚀介质隔开，从而延长材料的使用寿命。

同时，机动车本身是一种工业艺术品，它不但造型要美观，而且装饰要漂亮。在保护机动车不受腐蚀的基础上，对机动车表面进行装饰美化。还能起到美化环境，调节人们的精神面貌。机动车车容装饰美观已经是机动车产品的一项技术指标，也被当作车辆年检中技术要求项目之一。机动车的装饰涂漆必须具有品种齐全、颜色丰富、色彩鲜艳，来满足各种机动车的装饰要求。机动车高级装饰性的涂漆，要求涂膜外观光滑平整、花纹清晰、光亮如镜、光泽不低于90%；中级装饰性的涂漆，要求涂漆外观光滑平整、花纹清晰、允许有轻微“桔皮”、光泽不低于80% ~85%。不同类型的机动车，不同的部位，要求也是各不相同，同时要有所侧重。如轿车车身对涂料的装饰性、耐久性、保护性、保光性要求很高，而载重机动车车身的涂装，对涂漆的装饰性、耐久性、保护性的考虑就比较全面，对机动车底盘的涂装，则主要是要求耐久，耐化学腐蚀及防锈性能；对油箱内壁涂装，要经受汽油的长期浸泡，涂料的耐汽油性就是主要考虑的因素。

因施工对象的差异，对漆工工艺要求也会有不同要求：

(1)对要求不高的漆工作业，如载货机动车车厢小面积补漆，可采用刷涂的方法。

(2)对要求较高或施工面积较大的漆工作业，通常采用喷漆的工艺。车身喷漆工艺一般需要经过清理表面，涂刷防锈漆，刮涂原子灰，打磨原子灰，喷底漆，喷漆前准备，喷面漆，最后清理等。对于中高档机动车的喷漆作业，还需要在烤漆房中进行烤漆。

第三节　汽车的常见故障诊断与排除

一　故障诊断原则

(1)先思后行。故障现象千变万化,故障原因十分复杂。在故障诊断时应先进行综合分析,判断可能的原因,再进行系统检查,以避免盲目性,并有效防止产生新的故障。

(2)先外后内。很多故障可能十分简单,通过外部检查或调整既可排除。

(3)先简后繁。能以简单方法检查的疑是故障部位应优先检查。可以用问、看、摸、听、嗅、试等直观检查法,将一些较为显露的故障部位迅速找出来。

①问:向驾驶员了解故障情况对快速诊断汽车故障十分重要。主要了解行驶里程、经常行驶路况、近期维修情况、故障发生之前有何预兆等。

②看看线路是否松动、断路;是否漏油;进气管是否破裂漏气;真空管是否漏插、错插、高压分线是否插错等。

③摸:摸可疑线路插头是否松动;摸发动机喷油器或怠速控制阀振动情况,以判断是否工作;摸电控元件温度是否正常。

④听:听有无漏气声、发动机是否异响、一些电磁阀是否有规律的“嗒嗒”响等。

⑤嗅:根据发动机运转时散发出的某些特殊气味,判断故障所在。这对于诊断线路、传动带打滑、尾气排放等处的故障简便有效。

⑥试:亲自试车体验故障部位。如可用单缸断火判断发动机各缸工作情况;用信号发生器或更换元件法来证实故障部位;路试感觉起动、换挡、制动、转向情况;检验运行中有无异响和抖振。

(4)先易后难。由于结构特点和使用环境不同,汽车某一故障现象通常是由某些总成或部件引起的,应先对这些常见故障部位进行检查。若未找出故障,再对其他不常见的故障部位检查,这样做可能迅速排除故障,省时省力。

(5)代码优先。当电控系统出现某种故障时,故障自诊断系统就会立刻监测得到,并通过故障警告灯报警,同时以代码方式储存故障信息。但对某些故障,自诊断系统只存储故障代码,并不报警。因此,系统检查前,应先按制造厂提供的方法读出故障代码,再按照故障代码的内容排除该故障。

(6)先备后用。采取新件替换法判断原件是否有故障。

二　汽车故障诊断的常用方法

(1)问诊法。维修人员通过与车主交谈,了解故障的现象、产生及发展过程,为进一步确定故障原因收集尽可能多的信息。了解故障现象是问诊的主要任务,同一种故障,现象有所不同,通过问询、提示、启发等,让车主尽可能做出全面、客观的描述。此外,还应了解故障产生的条件、发生的频繁、首发时间、发展过程、维修情况等,以便对故障更加全面地了解,为故障诊断提供足够信息。

（2）外观观察法。应用望、触、听等手段，从外观上对整车和局部的状态及特征进行故障查找。仔细、认真地进行外观检查，常常能直接发现某些特征明显的故障，如破损、泄漏、松脱等。

（3）电脑自诊法。通过读取故障代码来查找故障原因。故障代码既可用电脑检测仪读取，也可以用人工法读取。电脑自诊断法主要适用于电喷发动机的传感器、执行器的诊断排除。采用电脑自诊断法时，应注意同一个故障代码常常有几个不同含义，需通过进一步检测才能确定故障的具体部位。

（4）电脑信号波形分析法。用示波器对电控发动机电控系统中电信号的波形进行检测，并通过对测得的波形的分析来判断故障。它弥补了其他仪器无法对脉冲电信号进行全面检测和分析的缺陷。由于示波器反应极快，对于传感器的瞬时故障也可以从其信号波形的瞬时异常上反映出来。

（5）部件互换法。将怀疑有故障的电子部件用正常部件替代，以判断故障原因。如果更换部件后故障消失，说明被换下的部件有故障；反之，说明该部件可能正常，应进一步查找其他故障原因。

（6）资料分析法。在故障诊断过程中，以汽车制造厂提供的有关电控发动机电控系统结构、原理及故障索引等技术资料为参考，对故障进行分析，从而查找出故障原因。在诊断过程中，充分合理地利用厂家提供的技术资料，能收到事半功倍的效果。

三 汽车典型故障的诊断排除

现代汽车部分典型故障的诊断与排除见表3-1。

现代汽车部分典型故障的诊断与排除 表3-1

故障类型	故障现象	故障原因	查找内容
起动困难	难以着火或着火后又熄火	缺油、缺电、汽缸密封性差	①检查火花塞是否跳火、喷油器是否喷油、连接器或连线接头是否松动，如有进行排除。 ②检查点火正时对否、汽缸压力和蓄电池电压是否正常、进气系统密封是否良好。 ③检查TPS、CTS工作是否正常。 ④扩大检测范围（如防盗保护、排气管堵塞等）
怠速游车	发动机转速忽高忽低	点火性能、密封性能差，有关部件失调或损坏，造成混合气过浓、过稀、变化无常	①检查各缸工作情况是否良好，有无缺火、断火。 ②检查进气管真空度是否在60kPa以上，各缸压力是否在1MPa以上。 ③检查汽油泵、滤油器、喷油器工作是否正常。 ④检查TPS零位是否正确，其怠速触电IDL是否导通。 ⑤检查怠速控制阀（IAC）是否失灵。 ⑥检查EGR阀是否过早投入工作、常开或漏气，PCV阀是否常开或不灵活

续上表

故障类型	故障现象	故障原因	查找内容
各工况游车	加速踏板在任一位置时,发动机喘振和失速	混合气忽浓、忽稀、点火性能和密封性能差,有些原因同怠速游车	①检查各缸各转速下点火、喷油是否正常,有无缺火、断火和断油现象。MAP 或 AFS 的输出电压是否正常。 ②检查 TPS 初始位置是否失准,怠速触点 IDL 是否正常。 ③检查气门间隙是否正常,液力挺柱是否正常,热态大负荷时是否漏气。 ④检查 VSS 与 SP 是否正常
发动机无力、汽车加速不良	加速反应迟缓,加速踏板踩下一半车速无明显变化	混合气过稀、点火性能和密封性能差	①检查发动机是否动力不足、车轮制动器是否过紧、离合器是否打滑、自动变速器工作是否正常。 ②检查点火、喷油、进气是否正常,主要检查脏堵、松旷、漏气或缺火。 ③检查袋式滤油器是否接反、喷油器是否脏堵、汽油泵是否老化、分配管燃油压力是否正常。 ④检查汽缸压力、蓄电池电压、点火正时、三元催化器工作有无问题
汽车油耗高	发动机燃油消耗过大	混合气过浓,点火性能和密封性能差	①检查进气、喷油、点火系统工作是否正常、汽缸密封性是否良好。 ②检查水温传感器 CTS 是否失常、节温器是否常开。 ③检查燃油油压调节器是否犯卡或漏油,进气管压力传感器 MAP 真空管是否接错,喷油器是否失效。 ④检查制动器是否过紧,离合器是否打滑,自动变速器工作是否正常
发动机排放超标	发动机尾气中 CO、HC、NO_X 超标,冒黑烟或蓝烟	混合气过浓、烧润滑油、净化装置失效	①检查进气系统密封是否良好、进气量是否失常、喷油量是否过多。 ②检查点火和喷油系统是否失常,喷油器是否有滴漏和雾化不良现象。 ③检查活性炭罐是否失效、电磁阀是否常开或关不严。 ④检查汽缸和活塞环磨损情况,是否窜润滑油严重。 ⑤检查曲轴箱通风 PVC 阀是否失控

续上表

故障类型	故障现象	故障原因	查找内容
发动机回火、放炮	发动机进气管向上窜火、排气管放炮	混合气过浓造成排气管放炮，过稀造成回火；缺火、错火造成回火或放炮；进、排气门关闭不严产生回火或放炮	①检查点火系统（火花塞、分线、点火线圈、点火器、分电机）在各转速下工作是否正常。 ②检查进、排气门关闭是否严密，三元催化器和消声器是否脏堵。 ③检查燃油系统是否脏堵，喷油压力是否正常，喷油器脉冲线是否接错，点火分线是否接错。 ④ 检查配气正时是否正确，正时皮带或链条是否错牙
发动机爆燃	加速时汽缸内有连续的金属敲击声	点火过早、发动机过热、燃油品质差	①检查点火是否过早，爆震传感 KNK 工作是否正常。 ②检查发动机是否窜润滑油，燃烧室是否积炭过多。 ③检查水泵是否失效，节温器是否按规定打开，电动风扇是否工作，冷却系水垢是否严重。 ④检查燃油品质和润滑油品质是否满足使用需要
发动机不熄火	关掉点火开关，发动机不立刻熄火	发动机不熄火经常由于燃烧室内积炭过多产生炽热点火引起	①检查发动机是否窜润滑油，燃烧室积炭是否过多（火原）。 ②检查喷油器是否滴漏（油源）。 ③检查节气门关闭是否严；熄火后步进电机是否回到初始关断位置（气源）。 ④检查火花塞冷热型是否有误，是否出现炽热点
手动变速器换挡困难	换挡时操纵沉重或挂不上挡	①换挡连接机构调整不当，互锁机构磨损。 ②拨叉磨损。 ③同步器磨损。 ④轴承磨损	①检查换挡连接机构调整是否不当，换挡连接机构连接处是否有磨损或松旷。 ②解体检查同步器各处磨损情况，滑块是否损坏。 ③检查拨叉轴和互锁、自锁机构是否有严重磨损。 ④检查变速器轴承是否磨损严重。 ⑤检查拨叉是否变形和磨损
手动变速器掉挡	行驶中受到振动或变速器负荷变化时，变速器自动掉挡	①变速器拨叉轴自锁机构损坏。 ②远程控制连接机构调整不良。 ③齿轮位置不准，啮合间隙过大，有锥形磨损。 ⑤轴承磨损	①检查换挡连接机构调整是否不当，检查换挡连接机构连接处是否有磨损或松旷。 ②检查啮合齿轮的磨损情况，是否有严重磨损或锥形磨损。 ③检查拨叉轴和互锁、自锁机构是否有严重磨损或其他损伤。 ④检查变速器轴承是否磨损严重。 ⑤检查变速器壳的变形情况

续上表

故障类型	故障现象	故障原因	查找内容
转向沉重	转向比正常车辆沉重，转向需要较大的力量	①转向器轴承过紧、啮合副损坏、轴承损坏。 ②助力机构损坏、连接机构调整过紧或球头损坏。 ③前轮定位失准	①检查转向器轴承预紧度，如果过大进行调整。 ②检查啮合副的是否有严重磨损或其他损伤。 ③检查转向传动机构有无变形，各连接处是否有磨损或其他损伤，各连接处是否过紧。 ④检查前轮定位值，如果不符合标准进行调整。 ⑤检查转向助力泵和助力器工作情况，如果不正常修理或更换
转向盘振动	行驶中前轮以转向主销为轴进行横向摆振，进而使转向盘持续振动	①转向盘自由行程过大，转向传动机构松旷，轴承松旷。 ②前轮定位不准，前轮气压不足，车轮不平衡。 ③减振器损坏	①检查调整转向盘自由行程。 ②检查调整前轮定位。 ③检查前轮气压。 ④检查车轮平衡，不符合标准进行平衡
制动效果差	制动力不够，制动距离长	①制动主缸、轮缸或助力器不良，管路有气阻。 ②轮胎磨损重。 ③制动踏板自由行程太大。 ④制动鼓或蹄磨损过大。 ⑤制动蹄表面变质或脏污	①踏住制动踏板，如缓慢下行，说明制动主缸或制动轮缸漏油。检查轮缸，如轮缸不漏，说明主缸漏；如踏住踏板感觉很软，说明制动液压系统中有空气，应进行放气。 ②踏死制动踏板，起动发动机，如果制动踏板下行，说明助理器起作用，否则说明助理器损坏。 ③测量制动蹄和制动鼓的间隙，如间隙过大，将间隙调整到标准值。 ④检查车轮制动器，如制动蹄（块）脏污，进行清洁。 ⑤将制动蹄贴在制动鼓上，如果制动蹄中间与制动鼓接触，两头不与制动鼓接触，应更换制动鼓或制动蹄
制动跑偏	制动过程中，汽车向某一方向行驶	①同轴左右轮制动力不等。 ②同轴左右轮胎气压不等或磨损不一致。 ③悬挂异常造成左右高度不等	①检查同轴两侧车轮轮胎磨损情况，如不一致应更换。 ②检查同轴两侧车轮轮胎气压，如不等则充气。 ③在制动实验台上检测车轮制动力，如果不符合标准进行排除。 ④观察或测量左右侧高度，如果不一致则排除

【复习思考题】

1. 汽车维护分哪三级？各自的作业项目是什么？

2. 维修质量管理机构和人员的主要职责是什么？建立健全汽车维修质量管理制度有什么意义？

3. 我国目前的机动车维修制度是什么？

4. 汽车常见故障的诊断原则是什么？诊断的方法有哪些？

5. 为什么机动车维修工与机动车维修电工的界限越来越模糊？

【工作页】

汽车故障诊断检查工作页

布置日期： 年 月 日 完成时间： （分钟）

问题： 选择一辆你所熟悉的旧车型，假设该车来厂维修，请你依据汽车故障发生的一般规律，对其进行全面的诊断与检查。	任务： 确定汽车的故障现象和故障部位。	
检查诊断要点：		
项目	检查要点	注意事项
损坏型故障	检查汽车外部零部件有无裂纹和断裂，有无变形、腐蚀、压痕和老化。	
退化型故障	1. 起动发动机，检查发动机的运转有无异响。	
	2. 汽车起步，检查挂挡是否顺利，有无脱挡和乱挡，检查传动系统有无异响。	
	3. 行车中检查转向是否轻便，转向有无异响，汽车有无行驶跑偏。	
	4. 进行汽车制动，检查制动是否有效，检查汽车是否有制动跑偏，制动中有无异响。	
	5. 行车中检查全车有无异响和振动。	

续上表

项目	检查要点	注意事项
松脱型故障	1. 检查汽车外部有无螺栓松动。	
	2. 检查球头连接松动，其他连接松动。	
	3. 检查有没有焊点脱落。	
失调型故障	1. 检查发动机润滑油压力和发动机水温是否正常。	
	2. 检查各种踏板和转向盘自由行程是否正常。	
	3. 检查各种操纵机构是否有干涉和卡滞。	
堵塞与渗漏型	1. 检查是否有漏水、漏气、漏油和漏电现象。	
	2. 检查有无油、气、水堵塞的现象。	
性能衰退或功能失效型	1. 是否检查发动机的动力性能？	
	2. 检查汽车尾气排放是否超标等。	
学习纪要：		

汽车维修管理工作页(参加早会)

布置日期：　　年　　月　　日　　　　　　　　完成时间：　　(分钟)

问题： 在一家规范的汽车维修企业，一般都要举行早会，作为一名汽车维修接待人员，你应该如何参加早会？	任务： 学会参加早会，包括听会、检查、发言、记录等。
参会要点：	
工 作 步 骤	注 意 事 项
1. 我应该以什么样的精神面貌参加早会？	
2. 我如何以早会的要求指导当天的工作？	
3. 我如何通过早会锻炼自己与客户交流的能力，提高自己的管理水平？	
4. 我如何在早会期间做好自我检查、相互检查？	
5. 我如何做好领导交办的记录早会内容的工作？	
学习纪要：	

【模拟考试题】

一、单项选择题

1."认真做好机动车维修检验记录,按规定签发机动车维修出厂合格证",是《全国汽车维修行业行为规范公约》中"________"的具体要求。

A.诚信为本,公平竞争

B.规范操作,保证质量

C.弘扬职业道德,建设精神文明

2."严格按照技术标准和工艺流程进行修车作业,并实行质量保证期制度"是企业守法经营方面有关________的具体体现。

A.经营主体合法　　B.经营行为合法　　C.维修工艺规范

3.《机动车维修管理规定》中规定,在质量保证期内因维修质量原因造成机动车无法正常行驶的,维修经营者应该________。

A.返修,并收取少量维修费用

B.无偿返修

C.仅收取返修材料费

4.《机动车维修管理规定》鼓励推广应用机动车维修环保、节能、________和故障诊断技术。

A.高科技　　B.安全监测

C.不解体检测　　D.综合性能检测

5.机动车维修经营,是指以维持或者恢复机动车技术状况和正常功能,延长机动车使用寿命为作业任务所进行的维修、________以及维修救援等相关经营活动。

A.修理　　B.拆装　　C.检测

6.《机动车维修管理规定》规定:道路运输管理机构应当加强对机动车维修专业技术人员的管理,严格执行专业技术人员________和管理制度。

A.培训　　B.考核　　C.考试　　D.持证上岗

7.《道路运输条例》规定,机动车维修经营者对机动车进行二级维护、总成修理或者整车修理的,应当进行维修质量检验。检验合格的,维修质量检验人员应当签发________。

A.维修记录　　B.过程检验单　　C.机动车维修竣工出厂合格证

8.用________规范指导汽车二级维护作业和竣工质量检验。

A.《汽车维护、检测、诊断技术规范》

B.《汽车维修业开业条件》

C.《机动车安全运行技术条件》

D.《发动机大修技术条件》

9.恢复和提高机动车技术状况,保证安全生产,充分发挥机动车的效能和降低运行消耗,是我国机动车维修职业的________

A.基本要求　　B.评价标准　　C.社会要求　　D.社会责任

10.《机动车维修管理规定》规定:汽车维修经营业务、其他机动车维修经营业务根据经营项目和________分为一类维修经营业务、二类维修经营业务和三类维修经营业务。

A.场地　　B.企业规模　　C.服务能力　　D.设备设施

11. 汽车维修质量检验按维修工艺过程分类可分为________。

A. 进厂检验、过程检验和竣工检验

B. 进厂检验、专职检验、竣工检验

C. 自检、互检、专职检验

D. 自检、专职检验、竣工检验

12. 机动车维修经营者对事故车修理费的估算,可按事故车修复、换件、折检工费执行。事故车评估前,应事先取得托修方的同意。事故车辆的评估费,按不超过评估总金额的________分档收取。

A. 5%　　B. 10%　　C. 15%　　D. 20%

13. 机动车维修最主要的特征就是以其________,恢复汽车的使用性能,使汽车能正常运行。

A. 服务的周到性　B. 技术的可靠性　C. 设施的完备性

14. "加强行业培训与交流,开展业内的横向联合与协作,加速行业技术进步"是《全国汽车维修行业行为规范公约》中"________"的具体要求。

A. 诚信为本,公平竞争　　B. 自我管理,自我发展

C. 科技兴业,开拓创新

15. 《道路运输条例》规定,机动车维修经营者应当持________依法向工商行政管理机关办理有关登记手续。

A. 营业执照　　B. 税务登记证

C. 机动车维修经营许可证明

16. 《道路运输条例》规定,县级道路运输管理机构应当自受理机动车维修经营许可申请之日起________日内审查完毕,作出许可或者不予许可的决定,并书面通知申请人。

A. 7　　B. 10　　C. 15

17. 《机动车维修管理规定》中规定,机动车维修经营业务根据维修对象分为________类。

A. 二　　B. 三　　C. 四

18. 《机动车维修管理规定》鼓励机动车维修企业实行集约化、专业化、________,促进机动车维修业的合理分工和协调发展。

A. 现代化　　B. 连锁经营　　C. 多种经营

19. 《机动车维修管理规定》中规定,获得________类汽车维修经营业务许可的,可以从事相应车型的维修竣工检验工作。

A. 一　　B. 二　　C. 三

20. 《机动车维修管理规定》中规定,机动车维修经营许可证件实行有效期制。从事一、二类汽车维修业务和一类摩托车维修业务的证件有效期为________年。

A. 3　　B. 5　　C. 6

二、多项选择题

1. 《道路运输条例》第三章"道路运输相关业务"中第三十八条对从事机动车维修经营应当具备的条件进行了规定:申请从事机动车维修经营的,应当具备________等条件。

A. 有相应的机动车维修场地

B. 有必要的设备、设施和技术人员

C. 有健全的机动车维修管理制度

D. 有必要的环境保护措施

2. 机动车维修经营者应当公布机动车维修________,合理收取费用。

A. 技术标准　　B. 工时定额　　C. 管理制度　　D. 收费标准

3.《安全生产法》规定国家安全生产管理方针包括________。

A. 坚持安全第一　B. 三不放过　　C. 防患未然　　D. 预防为主

4.《机动车维修管理规定》中所说的汽车维修技术规范主要包括________。

A. 车辆使用说明书　　B. 维修手册

C. 工时定额　　D. 检验规程

5. GB/T 18344—2001《汽车维护、检测、诊断技术规范》规定了汽车日常维护、一级维护、二级维护的________。

A. 周期　　B. 作业内容　　C. 工时定额　　D. 技术规范

6. 机动车维修价格主要由________构成。

A. 维修前诊断费、检测费　　B. 工时费　　C. 材料费

D. 外加工费　　E. 管理费

7. 维修竣工检验合格后,承修方应向客户出具________。

A. 统一格式的机动车维修费用结算清单

B.《机动车维修记录》

C. 维修发票

D. 经营者对机动车进行二级维护、总成修理、整车修理的,还应当出具《机动车维修竣工出厂合格证》

8. 制定出台《道路运输条例》是为了________。

A. 解决我国道路运输市场管理无法可依的迫切需要

B. 落实《行政许可法》管理道路运输市场的需要

C. 适应加入世界贸易组织后道路运输市场管理的需要

D. 适应建立全国统一开放、竞争有序的道路运输市场体系的需要

9. 机动车维修经营者应当公布机动车维修________,合理收取费用。

A. 技术标准　　B. 工时定额　　C. 管理制度　　D. 工时单价

10. 机动车维修经营者必须按照报备的________计算作业工时和收取维修费用,不得随意加价、乱收费。

A. 汽车维修技术标准　　B. 汽车维修工时单价

C. 汽车维修工时定额　　D. 汽车维修质量标准

11. 从事机修、电器、钣金、涂漆的维修技术人员应当熟悉所从事工种的________,并了解汽车或者其他机动车维修及相关政策法规。

A. 岗位职责　　B. 维修技术　　C. 职业道德　　D. 操作规范

12. 机动车维修的社会责任具体讲就是对________负责。

A. 机动车技术状况　B. 托修方　　C. 企业员工　　D. 本企业

13.《中华人民共和国标准化法》规定,我国标准分为________。

A. 国家标准　　B. 行业标准　　C. 地方标准　　D. 企业标准

14.《道路运输从业人员管理规定》中规定,质量检验人员应具有高中以上学历,熟悉机

动车维修检测作业规范，掌握机动车维修________的相关技术。

A. 操作工艺　　B. 故障诊断　　C. 竣工验收　　D. 质量检验

15.《道路运输从业人员管理规定》中所指的机动车维修技术人员，包括机动车维修________，以及从事机修、电器、钣金、涂漆、车辆技术评估(含检测)作业的技术人员。

A. 企业负责人　　B. 质量检验人员

C. 技术负责人员　　D. 业务接待员

16. 价格结算员对维修作业项目审核的费用主要有________。

A. 材料费　　B. 工时费　　C. 管理费　　D. 其他费用

三、判断题

1.《机动车维修管理规定》中规定，机动车维修经营者不签发机动车维修竣工出厂合格证的，没有违法所得处以5000元以上2万元以下的罚款。（　）

2. 机动车维修经营者应当公示承诺的机动车维修质量保证期，所承诺的质量保证期可以低于《机动车维修管理规定》的有关规定。（　）

3.《机动车维修管理规定》中规定机动车维修档案的主要内容包括：托修方、车牌号码、车型、发动机型号、底盘号、维修类别、维修合同编号和进出厂日期。（　）

4. 未签发机动车维修竣工出厂合格证的机动车，不得交付使用，车主可以拒绝交费或接车。（　）

5. 机动车维修作业项目尚无标准或规范的，可参照机动车生产企业提供的维修手册、使用说明书和有关技术资料进行维修操作。（　）

6. 维修企业管理制度包括：质量管理制度、安全生产管理制度、车辆维修档案管理制度、人员培训制度、设备管理制度及配件管理制度。（　）

7. "通过正常渠道反映企业的意见与要求，不断提升行业整体素质"，是《全国汽车维修行业行为规范公约》中"自我管理，自我发展"提出的要求。（　）

8. "建立客户档案，定期跟踪回访，主动征求意见"，是《全国汽车维修行业行为规范公约》中"自我管理，自我发展"提出的要求。（　）

9. 汽车维修质量检验按维修工艺过程分类可分为自检、互检和专职检验。（　）

10. 按行业规定二级维护质量保证期为2000km或20天。（　）

11. 价格结算应统计准确，每项收费有凭有据，使用全省统一格式的机动车维修费用结算清单，对维修作业的维修诊断费、检测费、材料费、工时费、加工费及其他费用分项计算。结算清单中应注明原厂配件、副厂配件、旧配件或修复配件。（　）

12. 机动车维修经营企业应建立内部价格管理制度，配备专职的维修价格管理及结算人员。一、二类机动车维修经营企业的维修价格结算人员应经维修行业主管部门考试合格并持证上岗。（　）

13. 工时定额必须按照省交通主管部门制定《机动车维修结算工时定额》执行。（　）

14. 维修经营企业通过车辆的检查、检测、诊断后确定的维修项目，按行业的价格结算规定计算出的预算费用，应预先告知，并征求客户的意见。（　）

15. 机动车维修经营企业，必须按照《商品和服务实行明码标价的规定》，认真作好维修、配件价格，及其施救、牵引等服务收费的明码标价工作，在醒目位置公示服务承诺、投诉电话，及时为客户提供工费或江苏省工时定额的查询手册，有条件的维修经营企业应当建立本企业的维修价格电子查询系统，方便客户查阅。（　）

16. 价格结算员应了解各类机动车维修业务和相关法律法规，熟悉机动车维修服务收费标准，掌握机动车维修服务收费业务。 （ ）

17. 在车辆维护中需要进行附加作业，则附加作业费用可按汽车小修分项工费的规定进行结算。 （ ）

18. 在结算过程中，价格结算员应主动向客户解释说明各项收费及依据。当客户对维修作业项目和价格有疑问时，价格结算员应认真听取客户的意见，耐心细致做好解释工作。 （ ）

19. 机动车维修经营者应当公布机动车维修工时定额和收费标准，合理收取费用。 （ ）

20.《全国汽车维修行业行为规范公约》中“文明生产，保护环境”一条对作业现场未提出明确要求。 （ ）

第四章 机动车维修价格结算

学习目标

通过对本章内容的学习，您需要：

1. 了解机动车维修价格结算的涵义和特点；
2. 熟悉机动车维修价格结算的依据和程序；
3. 掌握机动车维修价格结算的计算方法。

第一节 概　　述

机动车维修价格的预算，是机动车价格结算中的前期工作。依据有关法律，托修方在接受维修服务之前有权知道该次维修的价格范围。比较准确地预算机动车维修费用，是机动车维修企业的经营管理素质的具体体现。如果维修价格预算费用严重超过实际维修的费用，托修方就会考虑找别的厂家，维修企业就会失去该项业务；如果维修价格预算费用比实际维修的费用少很多，在维修过程也没有正当的理由去向托修方解释，托修方在维修结算时就会产生意见，造成承托双方的价格纠纷。

一 机动车维修价格预算的涵义和特点

机动车维修价格预算，是指机动车维修企业作为承修方与托修方在签订机动车维修合同之前，根据机动车维修前技术状况的鉴定，对所列出的维修项目进行维修费用的概算。

二 机动车维修价格预算的依据和程序

机动车维修价格预算时，先由机动车维修企业的业务员（须持有质检员证）或专职检验员进行待修车的进厂检验和检测工作，认真听取托修方对车况的陈述，并做必要的检验和不解体检测，介绍维修方案，与托修方共同确定维修项目，再根据所罗列的项目清单，确定维修工艺过程中所牵涉的工种，预计所需更换的材料费和外协加工费，然后根据维修工时定额标准以及本企业收费标准，计算出将发生的维修预算总费用。

三 机动车维修价格结算的特点或原则

机动车维修价格结算，是在承修车辆维修竣工交付使用时，由承修方对车辆维修作业所发生的全部工时费用、配件材料费、外加工费以及其他各种费用，用统计的方法计算出来，向托修方收取全部费用的结算过程。

机动车维修价格结算具有合法性、准确性、公开性、完整统一性的特点。

1 合法性

机动车维修价格结算必须遵循国家有关价格法律法规和行业管理规章，并承担相应的法律责任。要做到明码实价，公开服务项目和收费标准，公平合理收费，不强迫对方接受不合理的价格，不见危加价，不见生欺客，不夸大维修项目，不隐瞒本企业无能力承修的项目，不接受超出经营范围的维修项目，配件材料不以次充好、以旧充新。

2 准确性

机动车维修价格结算工作务必做到统计准确，每项收费有凭有据，做到不错收、漏收或重复收费。

3 公开性

是指维修结算程序公开，材料单价、工时单价、工时定额、材料管理费公开。

4 完整统一性

是指提供的结算原始单据必须是全面的、系统的，使用的相关单据是汽车维修行业管理机构规定的单据，开具的专用发票是税务机关监制的专用发票。

第二节　机动车维修价格结算的依据

为了加强机动车维修企业价格结算工作的管理，规范机动车维修企业价格结算行为，保护机动车维修承托双方的合法权益，在进行维修价格结算时，必须遵照交通行政管理部门的规定，把以下单据作为结算工作的依据：

(1)机动车维修合同文本；
(2)施工单(或称派工单)；
(3)工时定额收费标准；
(4)《维修结算单》；
(5)《仓库出料单》；
(6)《机动车摩托车维修业户专用发票》(小规模纳税人用)；
(7)《增值税专用发票》(增值税一般纳税人用)。

一 机动车维修合同

机动车维修合同是一种契约，是托修方和承修方当事人为了协同其机动车维修活动，达到按规定标准和约定条件维修机动车的目的，而协商签订的相互制约的法律性契约。

机动车维修合同依法签订后，即具有法律约束力。承托修双方必须对合同中的权利和义务负责，必须承担由此而引起的一切法律后果。为此，签订机动车维修合同应注意以下几个问题：

1 严肃认真地签订机动车维修合同

机动车维修合同是承托修双方的法律行为，合同依法成立后，必须信守合同，否则，必须承担法律规定或双方约定的违约责任。因此，签订机动车维修合同必须严肃、认真。

2 尽可能了解对方

为了慎重签订机动车维修合同，使合同稳妥可靠，应尽可能了解对方。只有了解对方，才能胸中有数，合同才稳妥可靠。

3 遵守国家法律、行政法规和政策规定

机动车维修合同从形式到内容，都必须符合国家法律、行政法规和现行政策的规定。承托修双方不得签订违反国家利益和社会公共利益的机动车维修合同。

4 贯彻平等互利、协商一致、等价有偿的原则

机动车维修合同依法成立后，承托修双方当事人的法律地位是平等的，权利和义务也是对等的。

5 机动车维修合同主要条款必须明确

6 明确承托修双方的违约责任

机动车维修合同的违约责任，是机动车维修合同内容的核心，是其法律约束力的具体体现。当事人必须根据法律规定或双方约定明确各自的违约责任。否则，合同就失去了约束力，不利于全面、严肃地履行机动车维修合同。

7 材料提供方式

车辆维修所需的原材料和零配件，原则上应由承修方负责提供。如合同约定由托修方提供的原材料或零配件，托修方应按合同规定的品种、规格、数量、质量、时间提供，承修方对托修方提供的原材料或零配件应及时检验，不符合要求的立即通知托修方调换或补齐。因托修方责任延误维修期限由托修方负责。承修方对托修方提供的原材料和零配件不得擅自更换，不得偷换车辆原有的零配件。擅自调换托修方提供的原材料、零配件或车辆原有的零配件，托修方有权拒收，承修方应当赔偿托修方因此蒙受的损失。

8 经营范围

签订机动车维修合同时，机动车维修作业项目不得超越经营范围。

9 凡下列机动车维修作业范围，承托双方必须签订合同

①机动车大修；
②主要总成大修；
③二级维护；
④维修费用在1000元以上的作业项目。

10 合同的主要内容

(1)承、托修方的名称及双方签字；
(2)签订日期及地点；
(3)合同编号；
(4)送修车辆的车种车型、牌照和发动机型号(编号)、底盘号、维修类别及项目；
(5)预计维修费用；
(6)质量保证期；
(7)送修日期、地点、方式；
(8)交车日期、地点、方式；
(9)托修方所提供材料的规格、数量、质量及费用结算原则；
(10)验收标准和方式；
(11)结算方式和期限；
(12)违约责任和金额；
(13)解决合同纠纷的方式；
(14)双方商定的其他条款。

机动车维修合同示范文本由辽宁省交通厅、辽宁省工商行政管理局于2009年正式发布，《辽宁省汽车维修合同(示范文本)》从2009年10月1日起正式推行使用，各单位要注意收集示范文本推行使用中发现的问题，并及时向所在地交通、工商部门反馈。本合同示范文本由辽宁省交通厅、辽宁省工商行政管理局联合制定，使用者可登录"辽宁省工商行政管理局网站(www. lngs. gov. cn)、辽宁省交通厅运输管理局网站(www. lnyg. net)"下载。文本的发放办法另行制定，任何单位和个人不得出于商业目的擅自翻印和出售，样式见附件。

二 施工单(或称派工单)

由业务部门根据维修合同中的"维修类别及项目"一栏开出进行实施维修工作的单据，是维修车间进行维修工作的依据。

业务人员填写施工单时，必须依据维修合同的"维修类别及项目"进行。施工单中的维修项目必须符合维修合同的"维修类别及项目"，不能超越维修合同所规定的维修范围。

施工单在车辆的整个维修过程中，在维修车间随车一起流动。维修人员若在维修过程中发现新的问题需要增加维修项目，必须随时反映给接车的业务人员。新增维修项目，由业

务人员与车主取得联系,经车主同意后方可增加,否则,进行该项目所发生的工时费、材料费等一切费用在结算时无法律效力,即未经车主同意增加的维修项目不能进行结算计费。施工单随着车辆维修竣工,最后回业务部门。价格结算员进行工时费计算时,按施工单和维修合同,对照施工单中的维修项目是否超出维修合同中“维修类别与项目”一栏中所列出的范围,做出工时结算。

施工单应包括以下内容:

(1)工作单号:本次承、托修合同编号;
(2)车主:车主姓名或单位名称;
(3)电话:车主联系电话号码;
(4)车牌:托修车辆号牌号码;
(5)车型:托修车辆型号;
(6)接车日期;
(7)预约交车日期;
(8)完工交车日期;
(9)维修类别:指大修、总成大修、维护和小修;
(10)作业项目:托修车辆具体作业项目;
(11)修理工:修理工完成作业项目后签名;
(12)定额工时:指该维修类别与作业项目的定额工时;
(13)工时费:指该维修类别与项目的工时费;
(14)工时单价:该工种的工时单价;
(15)增加作业项目:增加项目、工时数、工时单价、修理工签名、客户签名和备注等项目;
(16)序号:本施工单顺序号。

施工单样本如表 4-1 所示。

超越宝典汽修试用版施工单 表 4-1

<table>
<tr><td colspan="3">工单号:20091019001</td><td colspan="2">自编号:</td><td colspan="2">颜　　色:</td><td colspan="2">进厂日期:2009.10.19</td></tr>
<tr><td colspan="3">车牌号:</td><td colspan="2">厂　牌:一汽</td><td colspan="2">车　　型:A6</td><td colspan="2">计划完工:2009.10.19</td></tr>
<tr><td colspan="3">底盘号:</td><td colspan="2">发动机号:</td><td colspan="2">发动机型:</td><td colspan="2">油表状态:3/4</td></tr>
<tr><td colspan="3">接车员:小李</td><td colspan="2">保养证号:</td><td colspan="2">进厂里程:15000</td><td colspan="2">备　　注:</td></tr>
<tr><td colspan="9">施 工 内 容</td></tr>
<tr><td colspan="2">班组/主修员</td><td colspan="2">维修项目/故障现象</td><td>工种/工时</td><td colspan="2">开工/完工时间</td><td colspan="2">质检签名/备注</td></tr>
<tr><td colspan="2">机修一组</td><td colspan="2">更换减震器</td><td>机修</td><td colspan="2">· ·　: :</td><td colspan="2"></td></tr>
<tr><td colspan="2">小王</td><td colspan="2"></td><td>10.00</td><td colspan="2">· ·　: :</td><td colspan="2"></td></tr>
<tr><td colspan="2">机修一组</td><td colspan="2">更换三滤</td><td>机修</td><td colspan="2">· ·　: :</td><td colspan="2"></td></tr>
<tr><td colspan="2">小王</td><td colspan="2"></td><td>12.00</td><td colspan="2">· ·　: :</td><td colspan="2"></td></tr>
<tr><td colspan="9">增修项目/备注</td></tr>
<tr><td colspan="9"></td></tr>
<tr><td colspan="9"></td></tr>
<tr><td colspan="9"></td></tr>
<tr><td rowspan="2">质检</td><td>故障</td><td>油水</td><td>灯光</td><td>空调</td><td>音响</td><td>仪表</td><td>旧配件</td><td>清洁</td></tr>
<tr><td></td><td></td><td></td><td></td><td></td><td></td><td></td><td></td></tr>
</table>

总检签名:　　　　　　　　　　　　　　　　　　　　客户签名:

三 维修结算清单

为进一步规范机动车维修经营行为,保障机动车维修企业和广大车主的合法权益,减少维修质量和服务纠纷,促进汽车维修行业和谐健康发展。根据交通部《机动车维修管理规定》,省局制定了《辽宁省机动车维修结算清单》(以下简称《结算清单》)示范文本,如附件所示。

《辽宁省机动车维修结算清单》一式三联,其中第一联为承修方存根联,第二联为托修方联,第三联为承修方财务结算联。考虑到当前我省机动车维修行业的实际情况,三类机动车维修经营者结合自身的实际情况可选择进行手工填写,一、二类机动车维修经营者应使用软件进行计算机打印填写。

四 工时定额标准

为加强对维修行业的管理,规范各维修业户的经营行为,维护维修业的承托双方的合法权益,由交通行政管理部门和物价部门制订了工时定额,适用于各类各种经济形式的机动车维修业户,参见《辽宁省机动车维修工时定额》。

1 收费原则

我省行政区内所有维修企业自行制定或执行的汽车生产企业提供的汽车维修工时定额一律不得超出本《定额》所规定的最高限额,各业户在执行中只许下浮,不得上浮。汽车维修工时单价应按当地政府有关部门规定的价格标准执行。汽车维修企业自行制定或执行的汽车生产企业提供的汽车维修工时定额以及自行制定的维修工时单价必须报当地维修管理部门备案批准。

2 承修要求

机动车维修企业在承修作业过程中,应严格按照国家或交通行政管理部门制订的工艺规范和技术标准作业,不弄虚作假,不偷工减料,如发现有新的需修项目,或超出预算500元以上的,必须在征得托修方同意后方可继续作业。

3 工时定额说明

机动车全车大修工时定额:指大修一辆机动车所需全部工时的最高限额;

机动车总成大修工时定额:指大修某一总成所需全部工时的最高限额;

机动车维护工时定额:指机动车进行某一级维护所需全部工时的最高限额;

机动车专项修理工时定额:指专项修理所需全部工时的最高限额;

机动车小修工时定额:指某一小修作业单项工时的最高限额;

机动车综合性能检测收费标准:内含机动车各单项不解体检测的收费规定。

作业项目所列出的工时是该项作业单项定额,所连带的拆装工时参见《工时定额收费标准》备注说明栏。二级维护作业范围内须拆检作业部分的换件不另列工时,其他检查调整作业时发现须拆修的项目可另列小修。

根据交通部门《机动车维修行业管理暂行办法》第十七条规定，机动车维修企业和个体维修户，必须按统一的《机动车维修工时定额》和《机动车维修收费标准》计算维修作业工时及收取机动车维修费用。不得随意加价，乱收费用；不准用给私人回扣等违反国家财务制度的不正当手段，搞非法经营。

机动车维修收费标准是指在一定生产技术条件下进行某种作业所耗用的劳动时间的价值，其单位为“元”。

机动车维修的收费标准直接关系到维修业户的经济效益和广大用户的利益，也是机动车维修市场最敏感的问题。机动车维修收费标准由省物价局会同省交通厅制定发布，从根本上解决机动车维修行业存在的乱收费、收受回扣等不正当的经营行为，实现依法管理。

工时单价：是指核定的机动车维修每一工时的收费标准，其单位为“元/小时”。工时单价的确定是以机动车维修和生产中的工时成本为依据的。

工时成本中包括：维修生产工人的平均工资、奖金、福利待遇费用、修理设备和工具、加工设备、检测设备和计量器具、生产辅助设备、厂房等的折旧，水、电、油、动力等消耗、部分辅助材料消耗、员工培训、场地准备和其他用于生产的支出费用等。

制定方法是对机动车维修涉及的各种工时成本分别进行统计和计算，按各工种花费工时平均比例，采用加权平均的方法算出机动车维修的平均工时成本。再根据平均工时成本确定出合适的工时单价。工时单价确定后，应报经物价部门批准后执行。

厂外加工费：以厂外协作方式完成维修作业项目而发生的费用。

材料费：指材料实际购进价格。

企业管理费率：包括企业的利润在内。（一般最高为13%）

法定规费：指省批准征收的有关管理费和价格调节基金(0.5%)。

税率：根据《中华人民共和国增值税暂行条例》的第一条：在中华人民共和国境内销售货物或者提供加工、修理修配劳务以及进口货物的单位和个人，为增值税的纳税义务人，应当依照本条例缴纳增值税。第二条第四点：纳税人提供加工、修理修配劳务（以下简称应税劳务）税率为17%（增值税一般纳税人适用）。第十一条：小规模纳税人销售货物或者应税劳务实行简易办法计算应纳税额。第十二条：小规模纳税人销售货物或者应税劳务的征收劳务的征收率为6%。简易办法计算应税额，是指小规模纳税人可以不核算销项和进项税额，不使用增值税专用发票。

在《中华人民共和国增值税暂行条例实施细则》的第二十四条规定：从事货物生产或提供应税劳务为主，并兼营货物批发或零售的纳税人，年应征增值税销售额在100万元以下或从事货物批发或零售的纳税人，年应税销售额在180万元以下的称为小规模纳税人。年应税销售额超过上述情况者，经主管税务机关批准可认定为增值税一般纳税人。

总体来说：现行的维修业户纳税形式，分增值税一般纳税人和小规模纳税人两种。

所以如果维修业户是小规模纳税人则税率为6%。如果维修业户是一般增值税纳税人则税率为17%。

4 《维修结算单》

价格结算员根据合同的维修项目，施工单的工作项目、工时收费标准、核准后填写的用于工时费结算的表格，如表4-2所示。

超越宝典汽修试用版车辆维修结算单 表4-2

地　址:　　　　联系电话:　　　　传真:

委托单号:　　自编号:　　结算时间:　　　　单位:元

车牌号:		车　型:		联系人:		维修类别:	
车架号:		厂　牌:		联系电话:		进厂里程:	
车　主:				手　机:		油表状态:	
客户地址:				会员号:		进厂日期:	

维修项目	班组	工种	工时金额	账类
1. 更换减振器	机修一组	机修	20.00	C
2. 更换三滤	机修一组	机修	36.00	C
		工时合计	56.00	

配件项目	型号	规格	数量 单位	单价	金额	账类
1. 前减振器	A6	双向	2 只	119.00	238.00	C
2. 后减振器			2	145.00	290.00	C
3. 机油格			1	80.00	80.00	C
				配件合计	608.00	

附加项目	数量	单位	金额	账类
		附加合计	0.00	

账类:C　　总计:664.00　　税额:0.00　　实收:664.00　　现金

人民币大写:陆佰陆拾肆元整

操作员:　　　　收款员:　　　　客户签名:

5 仓库出料单

在机动车维修作业过程中,更换或消耗一些零配件、原材料、辅助材料等,具体使用时要仓库出料,并健全出料制度,制订仓库出料单,仓库出料单是机动车维修材料费结算的依据。仓库出料单料应包括以下内容:

(1)工作单号:本次承、托修合同编号;

(2)车主:车主姓名或单位名称;

(3)车牌号:托修车辆车牌号;

(4)车型:托修车辆型号;

(5)日期:领料日期;

(6)材料名称;

(7)单位:材料计算单位;

(8)数量:领出材料数量;

(9)单价:领出材料单价;

(10)材料费:领出材料费;

(11)备注;

(12)领料:由领料人签名;

(13)出料:仓库发料人签名;

(14)序号:本出料单顺序号。

表格一式三份,由车间、仓库、财务结算各一份,式样如表4-3所示。

仓库出料单 表4-3

日期: / /

工单号		牌照号			车型	
序号	零件名称	规格或编码	数量	单位	售价	金额
合计人民币(大写): 万 仟 佰 拾 元 角 分(小写)________						

采购员:________ 仓管检验员:________ 审核:________

备注:本表一式四联(存查、财务、客户、统计各一联)

第三节 机动车维修价格结算的程序与计算方法

一 机动车维修价格结算的程序

(1)先查看机动车维修合同,按合同内容审核施工单的作业项目是否合理,项目增减部分是否已经征得托修方的同意;

(2)确定施工单和外加工费用无误后,填写《工时费结算明细表》;

(3)按维修项目核实各工种所领用的材料单,核算材料费,填写《仓库出料单》;

(4)按规定的税率和法定规费计算收费总额;

(5)开具《机动车维修业户专用发票》(小规模纳税人适用),或者开具《增值税专用发票》(增值税一般纳税人适用)。向托修方收费,把发票联和提车联交给托修方作财务凭证。

二 机动车维修工时的计算

1 维修作业范围的确定

为了核实维修施工单的作业项目真正应该收费的项目,正确地填写"工时费结算明细表",确保不会重复或漏项收费,就一定要熟悉以下各种维修类型所包含的工艺内容和范围。

(1)机动车全车大修。

机动车全车大修作业范围包括:发动机总成、前桥总成、后桥总成、车架总成、变速器总成、客车车身总成、货车车身总成的解体、拆卸清洗、分类检验、备料、换件、零件修复、装配、总成的组装调试、竣工验收等全部工作过程。

按以往的概念，我国机动车货车大修以发动机总成大修为主，前桥总成附转向器总成，变速器附传动轴总成，后桥总成中两个或两个以上总成达大修条件为标志。客车以车身大修为主，而车架总成或发动机总成其中一个总成达大修条件为标志。

(2)发动机总成大修。

发动机总成大修的作业范围包括：发动机的解体、清洗、分类检验、换件、零件修复、总成装配调试、竣工验收的全部工作过程，卸装发动机总成的工时另计，镗磨汽缸体、磨曲轴工时另计。

发动机大修的工艺标志是镗磨汽缸体和磨曲轴，当维修发动机需要镗磨汽缸体和磨曲轴时，可以按发动机总成大修的工时定额计算，并按其工艺规范和技术标准进行修理工作。

(3)前桥总成大修、后桥总成大修、变速器总成大修。

以上各总成的作业范围包括：该总成零部件解体清洗、分类检验、换件、修复、装配、调试及竣工验收的工作过程。

总成大修的标志是壳体发生变形、裂断、基孔磨损严重需要机械加工、焊、镶套校正或换新桥体，这时就可以按总成大修的工时计算。从机动车上拆卸安装总成的工时和机加工壳体的工时另计。例如，变速器中间轴齿轮更换，但壳体是好的，未达到大修变速器的条件，只能计算为小修项目。

(4)当车架出现断裂、弯曲、扭曲、铆钉松动必需拆卸其他总成后才能修复者则为车架总成大修，在计算工时中，拆装其他总成的工时另计。

(5)客车车身和货车车身(驾驶室，车厢)总成大修作业包括彻底修复横直梁、骨架断裂、霉烂、变形。其标志是横直梁、骨架断裂、较大面积更换外蒙皮或外观霉烂严重变形。

(6)机动车小修作业项目范围包括：个别零部件的修理、更换、润滑、故障排除、调整试车、竣工验收的过程。

小修是指在基础件如壳体、缸体、梁体不用修复或更换的情况下发生的各种零部件修理过程或发生在总成装拆过程需要拆卸附带零部件。其工时计算特点是单项性，可直接在工时定额标准表内查阅到。

(7)机动车维护作业项目。机动车维护作业分为日常维护、一级维护和二级维护。在交通行业标准《汽车维护、检测、诊断技术规范》(GB/T 18344—2001)中已明确规定了机动车维护的作业范围和具体工艺内容。凡维护作业范围之外的修理都属于附加项目，可附加计算收费。

(8)机动车不解体的单项性能检测项目。在进厂检测诊断中发生的检测项目可附加计算收费。

2 维修工时费的计算

根据施工单列出的各工种作业项目，按照企业实际收费标准(以行业标准为原则)计算总工时费用。计算前注意核实有无重复项目、漏项或未作业项。审核无误后填写《维修业户专用发票工时费结算明细表》。

(1)计算公式

鉴于各市的工时单价有价税合计和价税分离的区别，应按本市情况，选择下列计算公式：

$$S=t\cdot P\ (1+W\%)$$

式中：S——工时费用；

t——总工时；

P——工时单价；

W——税率。

(2)计算步骤

①计算总工时

总工时是《实际作业项目及工时明细表》中的工时累计。

②确定工时单价

工时单价有两种形式，一种是价税合计，另一种是价税分离。如果属于价税分离的，在计算工时费时应变成价税合计后再执行，计算方法如下。

某市规定的工时单价是价税分离的单价：

A.一般纳税人企业(税率17%)

一类一级：5.5元/小时

价税合计：5.5×(1+17%)=5.5×1.17=6.44元/小时；

一类二级：5元/小时

价税合计：5×(1+17%)=5×1.17=5.85元/小时；

二类：4.5元/小时

价税合计：4.5×(1+17%)=4.5×1.17=5.27元/小时。

B.小规模纳税人(税率6%)

一类一级：5.5元/小时

价税合计：5.5×(1+6%)=5.5×1.06=5.83元/小时；

一类二级：5元/小时

价税合计：5×(1+6%)=5×1.06=5.30元/小时；

二类：4.5元/小时

价税合计：4.5×(1+6%)=4.5×1.06=4.77元/小时。

③计算工时费

计算工时费必须具有两个条件，即维修总工时和工时单价，将以上两个条件代入公式$S=t\cdot p$中，即可得出工时费用。

例一：某修配厂维修一台车辆总工时为80小时，该修配厂工时单价不含税为5元/小时，$p=5\times(1+17\%)=5\times1.17=5.85$元/小时，$t=80$小时，$S=80\times5.85=480$元。

以上是按一般纳税人为例，小规模纳税人只是税率不同，计算方法相同。

又如：某一类机动车维修企业进行某次东风EQ1090大货车二级维护附发动机大修作业。计算工时，在二级维护工时中先减去发动机维护部分的工时，再加上发动机大修的工时和镗磨缸体、磨曲轴的工时，得到该车维修的总工时。

计算过程如下：(假定工时费以每小时5元计算)

维修工时费=二级维护总工时费(5.85×103元)-二级维护工时发动机部分(18×5.85)+发动机大修工时(5.85×245)+拆装发动机总成工时费(5.85×42)+镗磨缸体工时费(200元)+磨曲轴工时费(250元)=2626.20元

例二：某厂承修一台凌志LS400小轿车拆修起动机项目。工时单价5元，计算工时应该把连带的拆装进排气歧管的工时加上,即:更换起动机(5.85 ×3) + 拆检起动机总成(5.85 × 3) + 拆装进排气歧管总成(4.50 ×5.85) =61.43 元。

三 机动车维修材料费计算

材料费中主要包括:维修零配件、原材料、低值易耗材料、旧件修复费用。

(一)材料费原值计算

(1)零配件材料费及原材料费的计算是累计《维修材料明细表》中所列材料原值的金额。

按照各工种在维修作业时所领用的材料单,核实维修合同或施工单上是否注明是包工包料的,如漆工、钣金工种部分。例如,承修一辆柯罗娜(CORONA,ST170)全车二级维护附加发动机罩损坏,在维修合同中已明确发动机罩的钣金修复和漆工部分补灰喷烤漆共收 700 元,在结算材料时,就应该把漆油等材料费减除,但应该加上发动机罩锁总成材料费 450 元。另外还有二级维护的其他材料费等。

(2)旧件修复费。

可按不超过同一名称、型号、规格的新件价格的 70% 收取费用或者协议期价格。

(3)低值易耗材料费(辅助材料费)。

低值易耗材料费按维修总工时费的 5% 收取。例如,某修配厂承修一台车辆总工时为 100 小时,该修配厂工时单价为 6 元/小时(含税),维修该车耗用的低值易耗材料费等于 100 小时 ×6 元/小时 ×5% =30 元。

各地区若有其他规定的,可按本地区的规定执行。如大连地区规定小修项目修理可按 0.3 元/小时收取低值易耗材料费;整车大修、总成大修、二级维护修理级别可按《大连汽车维修辅助材料消耗定额标准》执行,即按定额消耗的低值易耗品的数量计算。

(4)查核仓库出料单开具材料明细表,计算材料费总费用。

(二)零配件材料管理费计算方法

材料管理费是按材料的加价率计算。

(1)国产汽车零配件材料(含低值易耗材料)的加价率为 15% 。

用国产零配件材料费的总计金额乘以 15% ,得数为零配件材料管理费。

(2)进口汽车零配件材料(含低值易耗材料)的加价率为 17% 。

用进口零配件材料费的总计金额乘以 17% ,得数为进口汽车材料管理费。

四 外加工费用结算

机动车维修外协加工所涉的下列两种情况的费用可作维修成本处理。

(1)全包工的项目(全车大修、总成大修、全车喷漆)。

在本项目工艺规程内的中间工序如发生外协加工时,如驾驶室顶篷或坐垫缝工、镗磨汽缸体、磨曲轴、壳体机加工、调校工字梁、调校高压油泵、计算机解码、计算机调漆等,及其外协加工的费用。

(2)在项目作业范围之内因零件磨损超过技术标准要求,需要通过机械加工修复的,如镗制动鼓、铆制动蹄片等,及其外协加工的费用。

外协加工费用,按实际发生额收取。须附外协加工发票复印件。

五 总费用结算

汽车维修费用结算,即为汽车修竣后所产生的所有费用的总计。

(一)汽车维修费用

(1)工时费;

(2)材料费;

材料费内包含低值易耗材料费(辅助材料费)

(3)外协加工费;

(4)旧件修复费;

(5)材料管理费;

材料管理费含低值易耗材料管理费和外协加工费的管理费。

(6)其他收费项目(如补胎、充电等)

(二)汽车维修费用计算方法

(1)计算公式:

维修费用 = 工时费 + 材料费 + 外协加工费 + 旧件修复费 + 材料管理 + 其他费用 + 税金。

(2)汽车维修费用计算方法。

汽车维修费用的计算方法采取累计计算的方法。

(三)汽车维修费用结算注意事项

结算维修费用时,除要求结算员要具有较强的事业心和责任感外,还须熟悉维修业务并具有熟练的计算技巧。在具备了这些基本要求的基础上,在结算维修费用时要注意:

(1)准确计算,不准增项或减项;

(2)托修单位自带零配件,允许收低值易耗材料费及管理费,不允许收材料管理费;

(3)已按规定收取低值易耗材料费后,不准将低值易耗材料重复计入材料明细,重复收费;

(4)高档车检测、修理必须是在省工时定额未列车型,才允许使用协议工时,并不是凡是高档车,就可以使用协议工时;

(5)整车大修、总成修理按相应规定的工时定额执行,不得累计小修项目工时计费;

(6)工时单价的使用要注意是本单位经核定批准的收费标准;

(7)工时单价是税外价的,要换算成价税合计数,但要注意本单位的纳税率是17%还是6%;

(8)材料费中既有国产件,又有进口件的在计算材料管理费时要区别不同的情况按不同的加价率计算管理费。有的地区统一加价率,就无须考虑这个情况。

第四节　结算实例分析

实例一

某市汽车维修中心,是一类一级维修企业,为一般纳税人,该市经交通行业修理部门与物价部门核定每个工时单价定额为6.44元(含税),材料管理费加价率为17%。该厂99年4月8日大修竣工一台BJ130货车,经结算员统计,耗用总工时为1071小时;材料费累计为18326.36元(含税),外协加工费1950元。请计算出该车总维修费用(即出厂价)。

根据省、市有关规定,首先按公式计算出总工时费、总材料费和其他费用:

(1)总工时费=6.44元×1071=6897.24元

(2)总材料费=18326.36×(1+17%)二21441. 84元

(3)低值易耗材料费=6897×5% =344.85元

(4)外协加工费=1950×(1+17%)=2281. 50元

再根据公式:Vz=Gz+Cz+Qz算出总维修费用(出厂价)

总维修费用=689.24+21441.84+344.85+2281.5=30965.43元

该车维修总费用(出厂价)为30965.43元。

实例二

宏发汽车维修部与"例一"在同一市内,是二类二级维修配厂,为小规模纳税人,与"例一"执行一工时单价定额。小修竣工一台130小货车,经统计耗用总工时22小时,材料费累计为299.94元(含税),请计算总维修费用。

根据省、市有关规定,首先按公式计算出总工时费,总材料费和其他费用。

(1)总工时费=6.44×22=141.68元

(2)总材料费=299.94×(1+17%) ×(1+6%)=371.99元

(3)低值易耗费=141.68×5% =7.08元

再根据公式 $V_z=G_z+C_z+Q_z$ 算出总维修费用(出厂价)

总维修费用=141.68+371.99+7.08=520.75元

该车小修总费用(出厂价)为520.75元。

实例三

某市众合汽车大修厂是一类一级维修企业,为一般纳税人,该市经交通行业管理部门与物价部门核定二类二级以上企业每个工时单价定额为4.65元(不含税即价外税),三类企业每个工时单价定额为3.90元(不含税即价外税)材料管理费加价率为15%,该厂大修竣工一台黄河JN151货车,经统计总工时为1652小时;材料费累计为17,656.28元(含税);修复旧件费500元;外协加工费1600元;请计算出该车总修理费用(出厂价)。

根据省、市有关规定,首先按公式计算出总工时费,总材料费和其他费用。

(1)总工时费二1652×4.65×(1+17%)=8987.71元

(2)总材料费 = 17656.28 ×(1 + 15%) = 20305 元

(3)低值易耗费 = 8987.71 ×5% = 449139 元

(4)外协加工费 = 1600 ×(1 + 15%) = 1840.00 元

(5)修复旧件费 = 500 ×70% = 350 元

再根据公式 $V_z = G_z + C_z + Q_z$ 算出总费用。

总维修费 = 8987.71 + 20.305 + (449.39 + 3840 + 350) = 31932.1 元

该车总维修费用(出厂价)为 31932.1 元。

实例四

红光汽车电器修理部与“例三”同在一市,是三类企业,为小规模纳税人,执行每个工时单价 3.90 元的定额,该厂给一台丰田面包车检修了发电机、起动机、喇叭、换刮水器、换蓄电池卡子,经统计共耗用工时 37 小时,材料费 265.00 元(含税),计算总维修费用。

根据省、市有关规定,首先按公式计算出总工时费、总材、料费和其他费用。

(1)总工时费 = 37 ×3.90 ×(1 + 6%) = 152.96 元

(2)总材料费 = 265 ×(1 + 15%) ×(1 + 6%) = 323.04 元

再根据公式 $V_z = G_z + C_z + Q_z$ 算出总维修费用。

总维修费 = 152.96 + 323.04 + 0 = 476 元

该车专项维修费用为 476 元。

实例五

一台桑塔纳轿车因交通事故撞损前盖,大灯前部及右前沙板。(粤 F4968,桑塔纳 JV1.8L 轿车)。

分析:该维修项目属事故修复型的修理项目,在进厂修理时应会同检验员对车辆损坏修复进行修复工时费及材料费预算,并签订维修合同。

1)维修工时费预算

(1)修复前盖 400 元;

(2)修复前照灯支座(左右)200 元;

(3)拆换灯具 80 元;

(4)拆换前中 50 元;

(5)拆装散热网、水箱 150 元;

(6)拆换前保险杠 120 元;

(7)检修发动机 80 元;

(8)检修空调 250 元;

(9)修复右前翼子板 120 元;

(10)修复前龙门架 350 元;

(11)检修电子风扇 120 元;

(12)修复沙板 120 元;

(13)喷漆前盖 450 元;

(14)喷漆右前翼子板 300 元;

(15)喷前龙门架 150 元。

共计 2940 元。

2)维修材料预算

(1)两前照灯总 470 ×2 =940 元;

(2)右前角灯 105 元;

(3)中网 195 元;

(4)前保险杠 585 元;

(5)制冷剂 100 元;

(6)发动机皮带 50 元;

(7)电子风扇 450 元;

(8)前照灯下方饰条 2 ×25 =50 元;

(9)前保险杠灯(左)65 元。

共计 2540 元。

3)按上述数据填写维修合同

4)结算审核

进入维修施工按作业程序竣工后结算时,审核派工单及仓库出料单。

5)填写明细表

审核派工单与维修工时费预算 2940 元,基本无误可填入维修工时结算的明细表,作为维修工时费结算依据。

6)填写材料结算明细表

审核仓库出料单材料项目无误但价格与预算总计相差 60 元,即为 2600 元,应以 2600 元为依据填入材料费结算明细表,作为维修材料费结算依据。

7)填写发票与结算

根据增值税一般纳税人或小规模纳税人的类型来按式(4-1) ~ 式(4-10)计算及参照实例一的范本填写发票及由客户结清收费款项。

实例六

一台轻型双排座庆铃 1.5t 柴油发动机小货车,全车大修,(车身外表良好,附件完整,可驾驶入厂)。

该车入厂经进厂检验员检验属大修车的一类车质,全车大修总工时:柴油发动机大修增加(226 ×30%)67 工时、双排座人货车厢及驾驶室大修增加(210 ×30%)63 工时。该车全车大修工时定额是 921 +67 +63 =1051 工时。

据此与客户签订维修合同后车辆开始进行维修作业,经维修竣工试车检测合格后,进行维修收费结算工作。

(1)审核施工单是否有超出全车大修范围的修理项目,例如是否有加装设备、可车厢篷架等非原车装备的项目和修复旧料如电镀或修复曲轴、缸体、壳体等缺陷,如有则另附加工时。并且审核是否有漏修的总成与项目。该车不存在上述情况,故工时费结算可维持原合同签订的工时额。

(2)材料及外协加工费,审核材料仓库出料单中是否有属各工种低值易耗物资,审核换用总成件是否有事先与车主取得确认,并减去工时费用中总成件占的大修工时,再加上总成装卸工时。比如换用变速器新总成,起动机新总成等都属于这种类型。外协加工费中有超过全车大修范围的可附加计算,比如座椅皮套、车内附加装饰等。

(3)经审核扣填写工时及材料结算明细表。

(4)按前述的总收费结算方法计算及发票填写和办理最后的结算手续。

【复习思考题】

1. 机动车维修价格结算有什么特点?其依据是什么?
2. 机动车维修价格结算的收费原则是什么?
3. 机动车维修价格结算员是根据什么填写《维修结算单》的?
4. 机动车维修价格结算程序是怎样的?
5. 机动车维修材料费中主要包括哪些材料?
6. 机动车维修费用结算注意事项有哪些?

【工作页】

机动车维修价格结算工作页

布置日期:　　年　　月　　日　　　　　　　　完成时间:　　(分钟)

<table>
<tr><td>问题:
依据我所学到的关于机动车维修价格结算的相关知识,结合我们厂的实际情况,在我厂应该强化机动车维修价格结算的哪些项目?怎样保证机动车维修费用结算的准确性?</td><td>任务:
分析在我厂应该强化机动车维修价格结算的哪些项目?怎样保证机动车维修费用结算的准确性。</td></tr>
<tr><td colspan="2">分析要点:</td></tr>
<tr><td>工作步骤</td><td>注意事项</td></tr>
<tr><td>1. 学习机动车维修价格结算。</td><td></td></tr>
<tr><td>2. 调研本地区机动车用户对机动车维修价格情况的反应。</td><td></td></tr>
</table>

续上表

工作步骤	注意事项
3. 调研竞争对手在本地区机动车维修价格基本情况。	
4. 分析我厂的机动车维修价格结算的合理性。	
5. 提出我厂应该强化的现有机动车维修价格结算的项目。	
6. 提出我厂为保证机动车维修价格结算准确性的合理化建议。	
学习纪要:	

【模拟考试题】

一、单项选择题

1.《机动车维修管理规定》中规定,机动车维修经营者应当将其执行的机动车维修工时单价标准报所在地道路运输管理机构________。

A. 批准　　B. 审核　　C. 备案

2. 机动车维修合同在《合同法》中属于________规范的范畴。

A. 运输合同　　B. 委托合同　　C. 技术合同　　D. 承揽合同

3. 汽车维修合同签订的范围应是________以上维修作业和维修金额在2000元以上的。

A. 二级维护作业及以上

B. 总成大修作业及以上

C. 一级维护作业及以上

D. 日常维护作业及以上

4. 维修前的仪器检测、诊断费由________承担,维修后送检测站的检测费由承修方承担。

A. 托修方　　B. 承修方　　C. 管理部门　　D. 检测站

二、多项选择题

1. 工时单价由承修方依据________等自行制定。

A. 企业的资质、规模、技术等级

B. 维修及服务质量

C. 市场需求

2. 机动车维修合同示范文本内容有以下内容________。

A. 合解决合同争议的方式

B. 维修项目

C. 质量保证期

D. 收费标准及预计维修费用

3. 下列哪些收费项目必须到价格、维修行业主管部门备案________。

A. 工时单价　　B. 材料进销差率

C. 执行维修工时定额　　D. 配件价格

4. 机动车维修经营企业应当诚实守信、合法公平地进行价格竞争,凡有________行为的,由价格部门进行查处。

A. 为排挤竞争对手,独占市场,以低于成本的价格提供服务的

B. 与其他经营者串通,操纵市场价格,损害其他经营者和消费者利益的

C. 以虚假广告或使人误解的价格手段,诱骗消费者接受服务的

D. 虚报维修项目或维修配件、降低维修或配件质量,变相提高服务价格的

E. 拒不提供价格检查所需的账册、单据、凭证等有关资料,或提供虚假资料的

5. 机动车维修经营者虚报机动车维修项目、维修工时、诊断、加工、检测费用以及材料费用的,由县级以上道路运输管理机构责令改正,处以________。

A. 1000 元以上 5000 元以下的罚款

B. 情节严重的,可以并处暂扣机动车维修经营许可证一个月

C. 吊销营业执照

D. 在行业内进行通报

6. 机动车维修经营者未按照规定制作、出具机动车维修记录或结算清单的,由县级以上道路运输管理机构处以________。

A. 责令改正,给予警告

B. 情节严重的,处以 500 元以上 2000 元以下的罚款

C. 吊销营业执照

D. 在行业内进行通报

7. 按《消费者权益保护法》,向托修方提供________等是对机动车维修消费者权益保护的体现。

A. 结算清单　　B. 工时定额标准　　C. 工时清单　　D. 材料清单

8. 结算清单中对配件应注明________。

A. 原厂件　　B. 副厂件　　C. 旧配件　　D. 修复件

9. 一般常用汽车的________作为动力性评价指标。

A. 最高车速、加速能力　　B. 最大爬坡度

C. 发动机最大输出功率　　D. 底盘最大驱动力

10. 汽车排放污染物的主要成分是________等。

A. CO　　B. CO_2　　C. HC　　D. NO_X

三、判断题

1. 凡应委托方要求为抛锚车、事故车等提供的现场排障、施救、牵引服务的，承修方可以按相关规定收取服务费用。 (　　)

2. 维修经营企业从事整车大修、总成大修、二级维护或维修费用在2000元以上的维修业务，以及事故车的修理，应按国家合同法的规定与托修方签订车辆维修合同。 (　　)

3. 机动车维修工时定额可按各省机动车维修协会等行业中介组织统一制定的标准执行，也可按机动车维修经营者报所在地道路运输管理机构备案后的标准执行，也可按机动车生产厂家公布的标准执行。当上述标准不一致时，优先适用机动车生产厂家公布的标准。 (　　)

4. 汽车维修合同签订的范围是总成大修和汽车大修。 (　　)

5. 机动车维修经营者不按规定出具机动车维修记录或结算清单，情节严重的，由县级以上道路运输管理机构处以500元以上2000元以下的罚款。 (　　)

6. 按《机动车维修管理规定》要求，配件材料明码标价仅指：机动车维修经营者在结算材料费用时，应将原厂配件、副厂配件和修复配件在材料清单上分别标示。 (　　)

7.《机动车维修管理规定》中规定，机动车维修经营者未在经营场所公布收费项目、工时定额和工时单价，由县级以上道路运输管理机构责令其停止经营。 (　　)

8. 在质量保证期和承诺的质量保证期内，因维修质量原因造成汽车无法正常使用，且承修方在7日内不能或者无法提供因非维修原因而造成汽车无法使用的相关证据的，汽车维修经营者应当及时无偿返修，不得故意拖延或者无理拒绝。 (　　)

9. 汽车维修企业实行的质量保证期不得低于国家规定的要求。 (　　)

10. 国家规定，汽车小修质量保证期为车辆行驶1000km或5日。 (　　)

第五章 计算机技术在机动车维修价格结算中的应用

学习目标

通过对本章内容的学习，您需要：

1. 掌握基本的电脑知识，了解计算机技术上线的准备；
2. 了解管理软件的目的与应用；
3. 掌握汽车维修价格结算流程。

第一节 电脑基础知识

一 微型计算机基础知识

微型计算机(简称 PC 机或个人计算机)是计算机技术和大规模集成元件技术发展的产物。微型计算机功能较全，可靠性高，体积小，价格低廉，使用方便，正得到越来越广泛的应用。目前，最为普及的 PC 机有品牌机及兼容机。常用的 PC 机主要由主机箱、显示器、键盘等组成，主机箱是最重要的部分，其中有中央处理器、内部存储器和磁盘设备等部件。

PC 机的主机是由中央处理器(CPU)、内部存储器(RAM 与 ROM)、输入/输出(I/O)接口部件三部分组成。各种外部设备(软盘、硬盘、显示器、键盘)都是通过 I/O 接口与主机相连。PC 机的中央处理器(CPU)主要由运算器和控制器组成。运算器主要由算术逻辑单元和寄存器构成，它的功能是执行算术运算与逻辑运算，如取数、送数、相加、移位等，并按控制器发出的命令来完成各种操作。控制器主要由指令寄存器、指令译码器和指令计数器构成，它的功能是根据指令的信息控制计算机的各部分协同动作，完成计算机的各种操作。

常用的输入设备——键盘和鼠标。计算机要进行数据处理，首先要把程序和数据传送给计算机。将程序、数据及各种控制命令转换成计算机能够识别和接受的电信号的装置就是输入设备。目前广泛使用的输入设备主要有键盘和鼠标等。

输出设备是计算机系统与外部世界相互联系的重要桥梁，常用的输出设备是显示器和打印机等。显示器是 PC 机必备的外部设备之一，用于显示数字字符或图形等信息。打印机是最常用的输出设备之一，用于把 PC 机的运算结果、程序、数据等信息输出在打印纸上。目前常用的有针式打印机、喷墨打印机和激光打印机等。

二 计算机软件系统

软件是计算机程序、原始数据和文档的总称。它完善和发挥了系统的功能,使系统具有广泛的应用。计算机的软件系统包括系统软件和应用软件两大类。

1 系统软件

系统软件是指为计算机系统充分发挥效率、方便用户使用的需要而配置的软件,如操作系统、语言处理系统和工具软件等。操作系统的功能是对计算机的硬件和软件资源进行有效的管理,合理组织计算机的工作流程,为计算机用户提供高效、方便的服务。操作系统是软件系统的核心,是用户与计算机之间的接口,用户可利用操作系统提供的命令和其他功能去操作计算机。

2 应用软件

应用软件是为解决各类应用领域中的问题而开发的软件。它由各种应用系统、软件包和用户程序等构成。随着计算机在各个领域的不断发展,应用软件的数量也随之不断增加,质量日趋提高,使用更加灵活方便。

第二节 计算机技术上线的准备

一 硬件基本准备

1 系统服务器(建议采用专业服务器)

(1)硬件配置:P4 2.4GHz 以上,1G RAM, 80G + Hard Disk, 10/100M 网卡,CD-ROM/DVD 光盘刻录机。

(2)操作系统:Windows 2000 Server 中文版。

(3)数据库软件:Microsoft SQL Server 2000 中文标准版。

2 打印机(根据实际需要)

(1)激光打印机:支持 A4 幅面,最少一台。

(2)针式打印机:建议采用 Epson LQ-580K 或 Epson LQ1600III。

3 系统客户端 PC 要求

(1)硬件配置:P4 2.0GHz, 256M RAM, 60G + Hard Disk, 10/100M 网卡。

(2)操作系统:Windows 2000 中文专业版。

(3)IE 浏览器 5.5 以上版本。

❹ 本地局域网络环境

所有使用系统的服务器、PC 或者网络打印机都必须通过 5 类网线连接到客户本地局域网络中。

❺ Internet 访问资源

(1) Internet 接入方式采用 512K 以上的 ADSL 的宽带接入(推荐 2M)。

(2) ADSL 宽带线路必须提供 7 * 24 小时实时在线。

二 网络及宽带准备

(1) Internet 互联网:

①Internet 接入方式采用 1M 以上的 ADSL 宽带(推存 4M);

②ADSL 宽带线路必须保证 7×24 小时实时在线。

(2) 本地局域网络环境:

所有使用系统的服务器、PC 机或网格打印机都必须通过 5 类网线连接到客户本地局域网络中。

三 人员培训准备

(1) 电脑基础知识学习:

①电脑的正常开机、关机;

②操作软件的正常使用操作。

(2) 熟悉汽车修理厂的工作流程。

第三节 管理软件的目的与应用

管理软件主要加强对汽车行业各个业务环节、流程的理解和实际动手操作能力,更能明白结算员岗位在整个维修环节中的作用及位置。超越管理软件设计的思想是从汽车企业的管理入手,融合汽车行业软件开发经验以及国内上万家(汽车 4S 店/维修企业/配件销售)的客户基础,透彻解析当今汽车行业企业的管理流程,具有广泛的代表性和通用性。软件主要包括整车销售管理、维修服务管理、配件供应销售、客户关系管理、财务系统、统计分析决策系统。下面就以广州超越软件有限公司的超越大典版整合敏捷科技(沈阳)有限公司教学版教学特点,阐述汽车维修结算员如何使用信息化管理软件。

一 汽车维修的业务流程

汽车维修的业务流程如图 5-1。

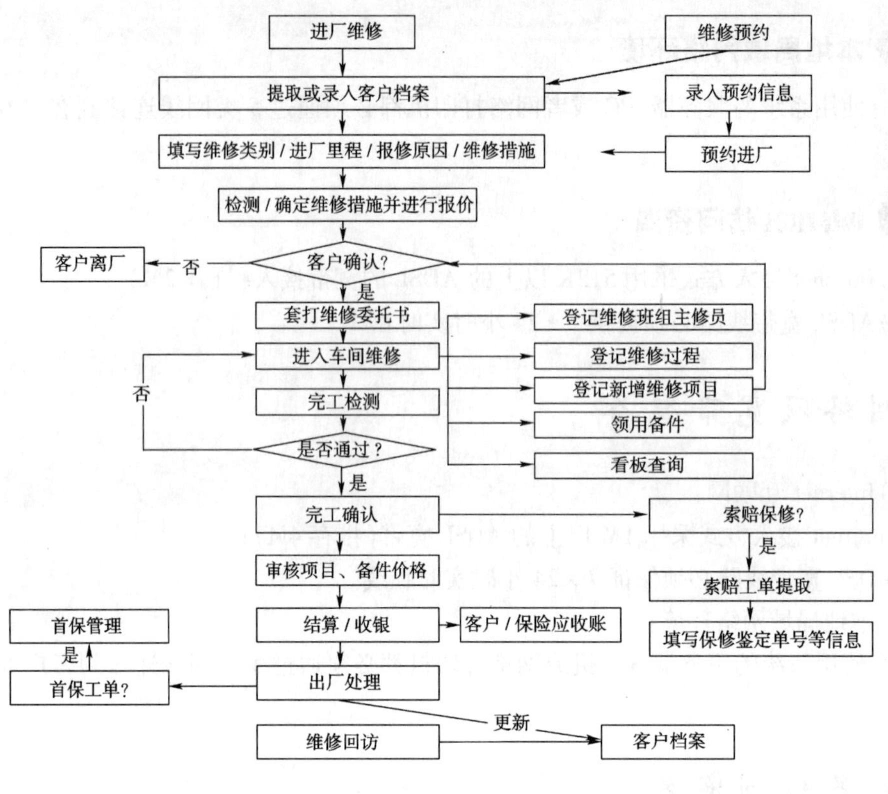

图5-1　汽车维修的业务流程

二 业务流程解析

1 前台管理

车辆来厂时,登记客户和车辆的基本信息档案(如车牌号、车型、车主、送修人,联系电话、地址等),记录进厂信息(如进厂日期、维修类别、保险公司、计划出厂时间、保养时间和里程等),记录进厂时维修项目、维修班组、主修员及初步的报价等;如该客户有以往维修历史,即可调出该客户的档案,以及上次的维修里程、时间和总的维修次数、费用等。

2 进厂检测

录入检测后的维修项目并打印维修施工单,便于以后的业务查阅。(如不打印施工单,该步骤可省略)

3 报价

在正式确定维修前,通常客户要求对维修项目、工时费、零件费进行报价,报价后再确定维修,正常打印维修报价单。

4 确定维修协议

经过报价后,当客户确定维修时,承修方需与托修方签订维修合约,然后正式维修,避免纠纷。如果在签约前通过报价或预约的过程,即可通过确定将其转为正式工单,输出维修委托单。

5 派工

当客户确定维修后,下一步即需要对车辆安排维修。不同工种的维修项目可由不同的班组实施,所以需将接待单分派给各个班组进行维修,确定维修班组、维修主修人员和维修工位。同时派工时提出维修要求(如计划完工时间、工艺标准等),进行派工后那么车间调度人员就可以通过车间看板了解到车辆到车间后的情况。

6 维修进度

当派工完成后,维修班组班组长或车间主任对维修项目的开工时间进行确认,在维修过程中如果遇到不能确定的原因,需要征求车主同意来确定的,那么在车间进度中确定为待复状态;如维修过程没有材料那么确定为等料状态;如果对项目停止维修那么就确定为暂停状态,维修班组对所做的项目完成车辆就进入完工待检状态;整个车间上的运作情况都可以通过车间看板来反映出来。

7 总检完工

当维修任务全部通过时,总检人将通过的时间报告等记录下来,完工通过后才能进入结算的业务处理过程。

8 车间管理

在维修分配的任务完成后,确认完工前需通过检测,在检测过程中可能会发现质量不过关,需要重新维修的,这时即由主管给负责维修的班组发回返修,如在检测中发现一些新的维修项目要施工,同样在征求车主同意下,继续在该工单下增加新的维修项目。

9 看板管理

(1)客户看板:让客户可以了解到自己爱车在车间里的在修状态、进度、完工时间,并将变化着的信息输出到外接屏幕,让客户更好地安排时间。

(2)车间看板:在维修过程中,各班组的作业情况将随着工作进展变化,自动显示在看板上,并且可以输出到外接屏幕。

10 结算

在维修完工后,客人取车前,需计算维修的费用,费用包括“工时费、零件费、辅料费(分物料费、外加工费、外采购费、其他费)、管理费、杂费/税费”,其中“工时费、零件费和辅料费”可以根据维修过程中录入的明细项目计算,而“管理费、杂费/税费”即需要在结算时确定,另在结算中将可能需要对维修工时费或零件费打折;维修发生的费用,在同一张工单中可能包含“客户付费、内部免费、保险公司或原厂付费、返修车或本厂车由本厂付费”四种情况,结算时将分开;结算中,还可能发生客人请求虚开的项目或价格,那么请到报销管理中完成。

⑪ 收银

在结算完成后,确认了维修发生的费用,客人即需要凭结算单到财务处交款,开具发票,确定现金、支票、挂账等付费方式。

⑫ 出厂

在收银完成后,即出厂,通常要给客人专门的出厂放行条,并记录客户的满意度和下次应保养的时间和里程。

⑬ 报销单

在维修经营中,通常会遇到客户要特殊要求,我们将正常发生的工单转换为报销单,然后在报销单上进行修改,这样不会影响正式工单和库存情况。

⑭ 索赔/保险

分原厂索赔和保险索赔,清晰记录每一张工单的索赔价格、客户明细及消费明细。

⑮ 收维修欠款

对维修车辆做收银时的挂账、维修项目及需求配件有索赔账或保险账时的收取欠款。

⑯ 收账

记录维修车辆挂账后和收到欠账后全部余额,并且记录所发生过的每一次收账过程的明细。

三 业务流程操作指导

① 前台接待

来厂维修客户资料、车辆档案资料登记及修改;登记车辆的诊断记录、维修措施、需求配件;记录建议维修项目、附加项目等。

前台接待模块可开一般维修工单、理赔维修工单、保养维修工单等主要工单类型。

➢ 进入【前台管理】—【前台接待】

➢ 点击【接车】,在单头输入车牌号码后回车,如果客户档案中没有该客户的信息,也可以理解为该客户是第一次来厂维修,如图 5-2 所示。

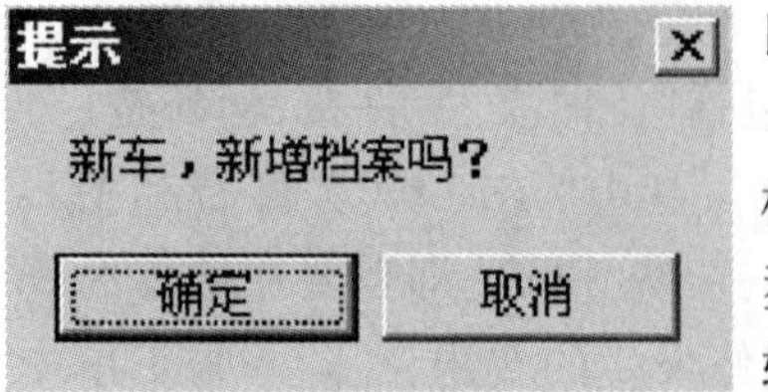

图 5-2　接车模块

➢ 点击【确定】后,系统会转到【客户档案】模块,在该模块完善新客户的档案信息,主要有:VIN 码、牌照号码、车型代码、车主姓名、移动电话等;如果是海马车,还要完善车辆品牌、购车日期、保养标准等信息,完善后的客户档案资料如图 5-3 所示。

➢ 填写完基本的的客户档案信息后,点击功能按钮的【保存】,回到前台接待的界面,并完善单头的进厂里程、剩余油量等字段信息,如图 5-4 所示。

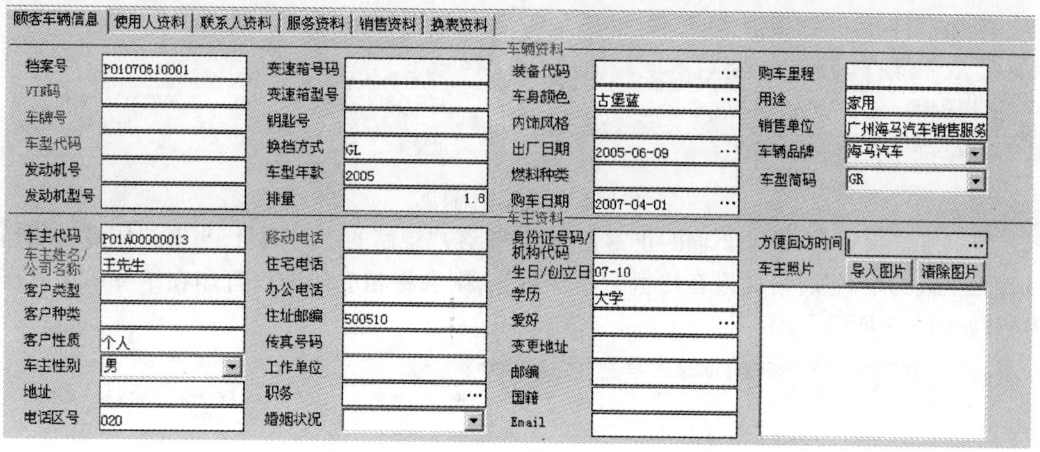

顾客车辆信息 | 使用人资料 | 联系人资料 | 服务资料 | 销售资料 | 换表资料

车辆资料

档案号 P01070610001　变速箱号码　装备代码　购车里程
VIN码　变速箱型号　车身颜色 古堡蓝　用途 家用
车牌号　钥匙号　内饰风格　销售单位 广州海马汽车销售服务
车型代码　换档方式 GL　出厂日期 2005-06-09　车辆品牌 海马汽车
发动机号　车型年款 2005　燃料种类　车型简码 GR
发动机型号　排量 1.6　购车日期 2007-04-01

车主资料

车主代码 P01A00000013　移动电话　身份证号码/机构代码　方便回访时间
车主姓名/公司名称 王先生　住宅电话　生日/创立日 07-10　车主照片 导入图片 清除图片
客户类型　办公电话　学历 大学
客户种类　住址邮编 500510　爱好
客户性质 个人　传真号码　变更地址
车主性别 男　工作单位　邮编
地址　职务　国籍
电话区号 020　婚姻状况　Email

图 5-3　客户档案模块

增加 删除 修改 保存 取消 查询 下页 维修历史 投诉历史 精品安装历史 外委改装历史 关闭

接车 修改 增加项目 保存 取消 删除 刷新 前单 后单 定位 辅助功能 套餐提取 提取项目 换表处理 打印 关闭

工单号　进厂时间 2007-06-09 16:50　预计交车 2007-06-09 17:50　服务顾问
车主姓名 王先生　送修人 王先生　移动电话　会员类别
牌照号码　购车日期 2007-04-01　VIN　发动机号
品牌 海马汽车　车型 HMC7161 GR　颜色 古堡蓝　保险公司
进厂里程 3000 KM　剩余油量 70 %　上次进厂　车辆状态 待派
业务类别 维修　预收款　预约单号　预修 预修状态
环检记录 车况良好，只需进行简单检查　洗车服务 是 否
顾客陈述 希望能尽快交车　旧件处理 带走 丢弃
备注 交由第一机修班组维修

图 5-4　保存模块

➢ 至此,单头的开单信息基本输入完毕,下面是录入单身的维修项目、需求配件、附加项目、建议维修项目等信息内容,按实际情况录入完成后的各子屏效果如图 5-5 所示。

维修项目:需要车间进行派工维修的作业项目

诊断记录 | 维修项目 | 需求配件 | 领用配件 | 附加项目 | 建议维修项目 | 其他信息

序号	项目代码	项目名称	工种	帐类	工时	工时单价	优惠前工时金额	工时*单价	折扣	优惠后工时金额	保险比例	项目类别	项目状态
1	AC118X-C-X	机油，检查泄漏	机电	C	0.2	120	24		0	24	0	一般维修	待派
2	AC123X-C-X	燃油泵供油压力，检查	机电	W	0.4	80	32		0	32	0	一般维修	待派
3	A0113A-T-X	排气歧管螺母紧固	机电	P	0.4	120	48		0	48	100	一般维修	待派
4	A0117X-A-X	制动踏板高度，检查调整	机电	I	0.3	80	24		0	24	0	一般维修	待派

图　5-5

需求配件:提供维修过程所需要领用的配件,在需求配件中录入需求信息后,会生成预留出库单,并会减少相应需求配件的可售数,其需求数会增加相应数量(图 5-6)。

诊断记录 | 维修项目 | 需求配件 | 领用配件 | 附加项目 | 建议维修项目 | 其他信息

序号	配件编码	配件名称	车型	帐类	需求数量	单位	销售单价	折扣	保险比例	优惠后金额
1	6470-3101Y012B	轮芯盖(高)	70#	C	1	件	30	0	0	30
2	0222-13-470B	汽油滤清器	70#B	C	2	件	30	0	0	60
3	99283-1000	管夹(软管)	通用	C	1	件	2	0	0	2

图 5-6　配件模块

附加项目:可开管理费、拖车费、外拖车费、外烤漆费等,如图 5-7 所示。

诊断记录 | 维修项目 | 需求配件 | 领用配件 | 附加项目 | 建议维修项目 | 其他信息

序号	项目代码	项目名称	项目类别	账类	班组	金额	折扣
1	GL001	管理费	管理费	C		2.4	

图 5-7　附加项目模块

建议维修项目:为保证车辆的正常使用,建议客户维修的工时项目,当客户同意维修后,可转为正式的维修项目;如果客户暂时不作维修,则会将相应的项目打印在结算单中,以作提醒,如图 5-8 所示。

诊断记录 | 维修项目 | 需求配件 | 领用配件 | 附加项目 | 建议维修项目 | 其他信息

序号	项目代号	项目名称	工种	账类	工时	工时单价	工时金额	备注
1	B0210H-R-X	正时链的拆除和更换	机电	C	1	120	120	
2	AC149X-R-X	后桥润滑油,更换	机电	C	1	120	120	

图 5-8　建议维修项目模块

➢ 完善所有开单信息后,点击【保存】,产生一张新的维修工单号,如图 5-9 所示。

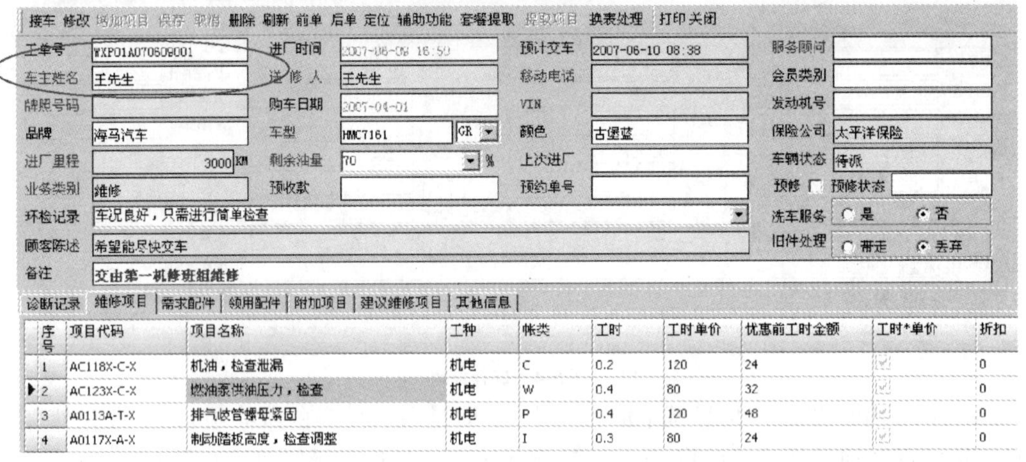

序号	项目代码	项目名称	工种	帐类	工时	工时单价	优惠前工时金额	工时*单价	折扣
1	AC118X-C-X	机油,检查泄漏	机电	C	0.2	120	24		0
2	AC123X-C-X	燃油泵供油压力,检查	机电	W	0.4	80	32		0
3	A0113A-T-X	排气岐管螺母紧固	机电	P	0.4	120	48		0
4	A0117X-A-X	制动踏板高度,检查调整	机电	I	0.3	80	24		0

图 5-9　保存模块

➢ 至此,维修前台开单完毕,下面的步骤将进入车间作业管理流程,具体操作步骤见车间作业模块操作说明。

2 结算

结算模块可对已经竣工的维修工单进行结算处理,重新计算一遍该工单各账类的应收金额,并可打印一张维修结算单,凭此结算单到财务处进行收银处理。

操作步骤

➢ 进入【前台管理】-【结算】,通过【定位】功能把相应的需要结算的工单提取出来,如图 5-10 所示。

➢ 点击上图的【结算】按钮,弹出下图框(图 5-11)。

➢ 确认各种收费金额准确无误后,按确定,弹出下图回访信息框,根据实际情况进行选择即可(图 5-12)。

➢ 点击上图的【确定】按钮后,即可完成结算过程,并可通过打印功能打印一张维修结算单,如图 5-13 所示。

图 5-10　结算模块

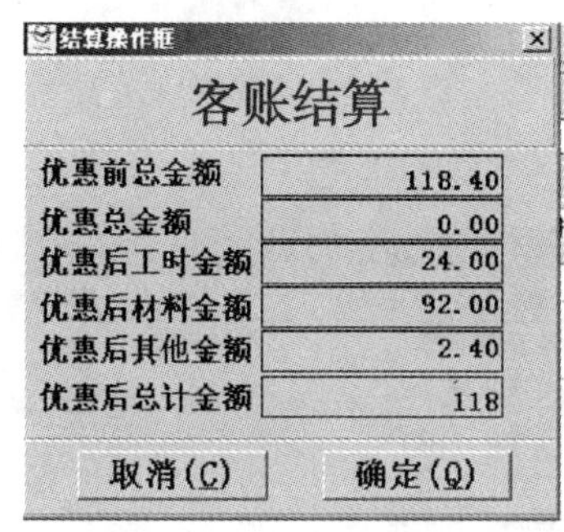

图 5-11　结算

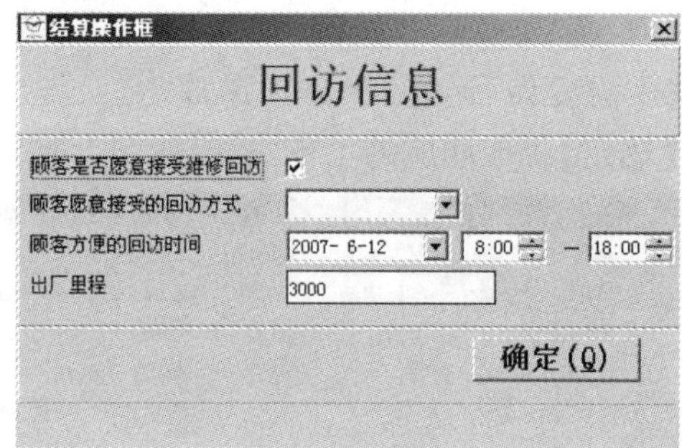

图 5-12　回访信息模块

销售服务店　　结算单（客账）

工单号：WXP01A070609001　　结算单号：　　服务顾问：　　结算操作：

车主姓名：王先生　　送修人：王先生　　联系电话：　　业务类别：维修

牌照号码：　　车　型：HMC7161　　VIN码：

出厂里程：3000 km　　进厂时间：2007-06-09 16:50　　结算时间：2007-06-09 17:16

序号	项目名称	工时金额	折扣	小计	账类
1	机油，检查泄漏	24.00		24.00	C

工时金额合计　　优惠前金额：24.00　　优惠金额：0.00　　优惠后金额：24.00

序号	材料名称	数量	单价	材料金额	折扣	小计	账类
1	汽油滤清器	2.00	30.00	60.00		60.00	C
2	轮芯盖(高)	1.00	30.00	30.00		30.00	C
3	管夹(软管)	1.00	2.00	2.00		2.00	C

材料金额合计　　优惠前金额：92.00　　优惠金额：0.00　　优惠后金额：92.00

建议维修：

序号	项目名称
1	正时链的拆除和更换
2	后桥润滑油，更换

其他金额合计　　优惠前金额：2.4　　优惠金额：0.00　　优惠后金额：2.4

总　计　　优惠前金额：118.4　　优惠金额：0　　优惠后金额：118.4

顾客签名：________

友情提示：下次保养里程　　km/预计下次保养时间　　（以先到者为准）

感谢您光临海马汽车　珠海市通利华有限公司　，祝您用车愉快！

24小时服务电话：　　地址：

图 5-13　打印模块

❸ 财务收银处理

对已经做完结算的维修工单进行收银处理。记录实际收银情况，包括各种结算方式和与之对应的金额。

操作步骤

➢ 进入【服务管理】—【财务管理】—【维修收银】。

➢ 进入维修收银后点击【定位】，如图5-14所示。

➢ 点击【定位】后系统会自动把已经做完结算但没有收银的维修工单显示出来(图5-15)。

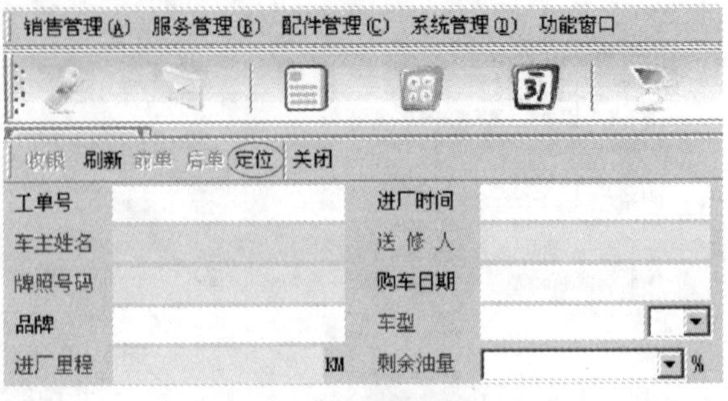

图5-14 收银模块

➢ 选中需要做收银的维修工单双击或者点击【确定】提取相应的工单信息，如图5-16所示。

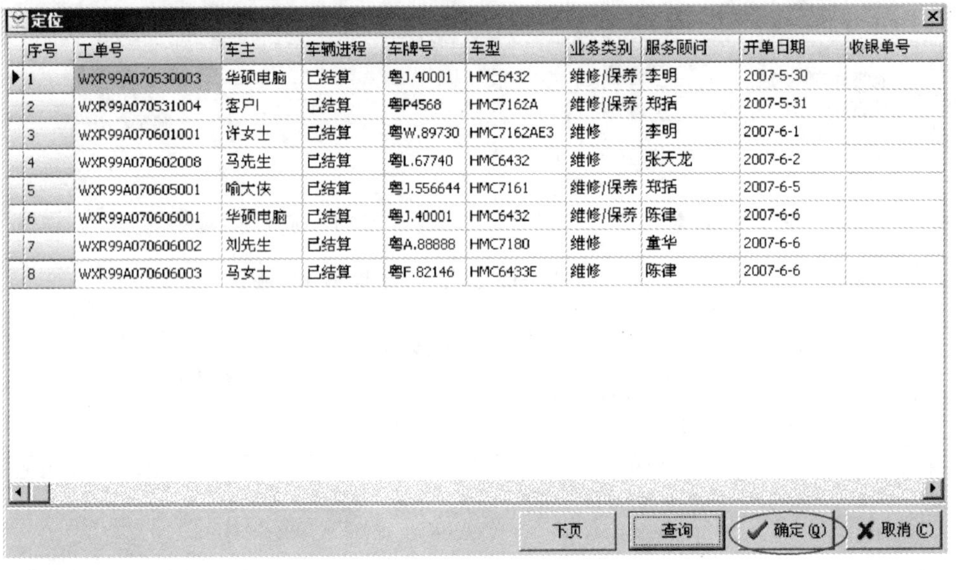

定位

序号	工单号	车主	车辆进程	车牌号	车型	业务类别	服务顾问	开单日期	收银单号
1	WXR99A070530003	华硕电脑	已结算	粤J.40001	HMC6432	维修/保养	李明	2007-5-30	
2	WXR99A070531004	客户I	已结算	粤P4568	HMC7162A	维修/保养	郑括	2007-5-31	
3	WXR99A070601001	许女士	已结算	粤W.89730	HMC7162AE3	维修	李明	2007-6-1	
4	WXR99A070602008	马先生	已结算	粤L.67740	HMC6432	维修	张天龙	2007-6-2	
5	WXR99A070605001	喻大侠	已结算	粤J.556644	HMC7161	维修/保养	郑括	2007-6-5	
6	WXR99A070606001	华硕电脑	已结算	粤J.40001	HMC6432	维修/保养	陈律	2007-6-6	
7	WXR99A070606002	刘先生	已结算	粤A.88888	HMC7180	维修	童华	2007-6-6	
8	WXR99A070606003	马女士	已结算	粤F.82146	HMC6433E	维修	陈律	2007-6-6	

下页 查询 确定(Q) 取消(C)

图5-15 结算显示

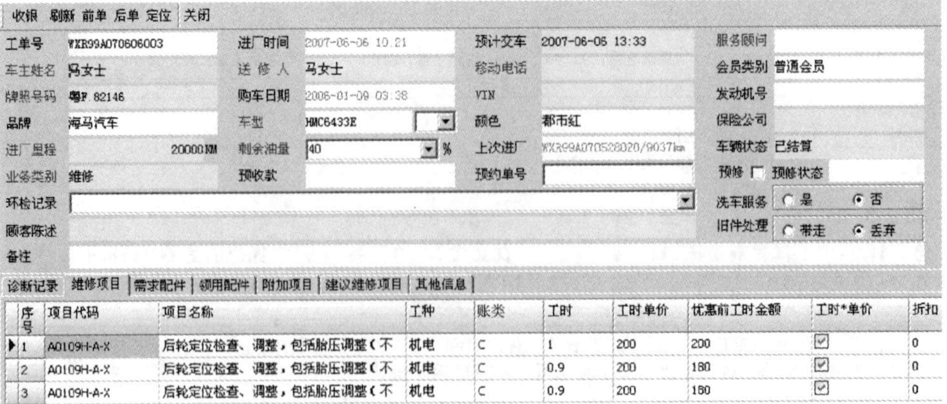

序号	项目代码	项目名称	工种	账类	工时	工时单价	优惠前工时金额	工时*单价	折扣
1	A0109H-A-X	后轮定位检查、调整，包括胎压调整(不	机电	C	1	200	200	☑	0
2	A0109H-A-X	后轮定位检查、调整，包括胎压调整(不	机电	C	0.9	200	180	☑	0
3	A0109H-A-X	后轮定位检查、调整，包括胎压调整(不	机电	C	0.9	200	180	☑	0

图5-16 提取工单信息

➢ 然后点击【收银】出现收银操作窗口,如图 5-17 所示。

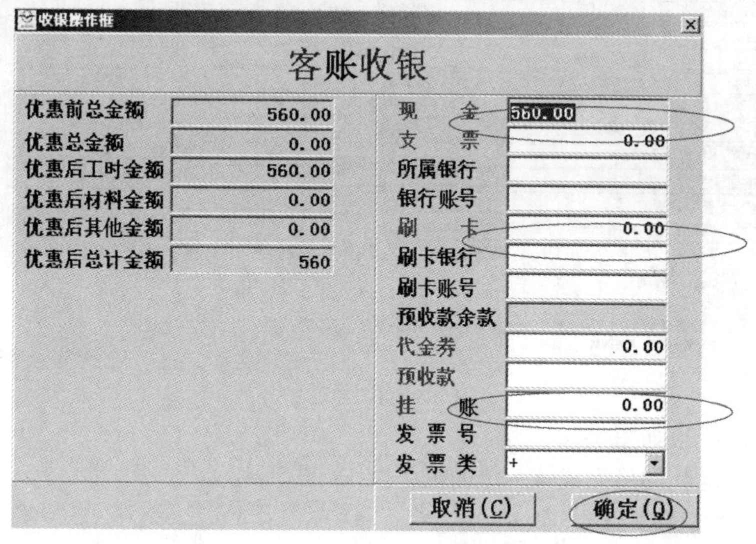

图 5-17　完成收银

➢ 根据实际收银情况输入相应的金额然后点击【确定】完成收银工作。

其他说明

(1)点击【定位】后如果出现的工单列表中没有需要的维修工单要点击【下页】按钮。

(2)在收银操作窗口中各种支付方式的合计金额要与【优惠后总计金额】相等。否则系统会提示错误,如图 5-18 所示。

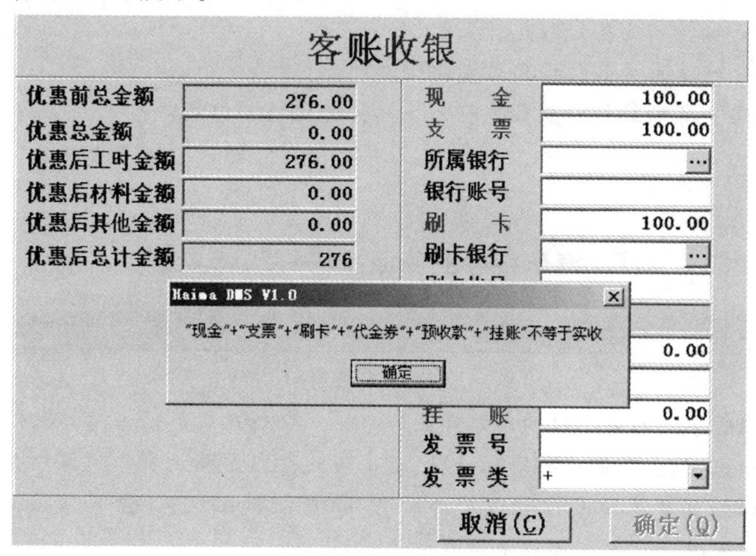

图 5-18　优惠后总计金额统计

(3)出厂。

维修工单在作了收银处理后,服务顾问需要对该工单作出厂处理,完成整个维修环节的最后一步操作。维修工单在财务进行收银后可使用该功能。

操作步骤

➢ 进入【前台管理】-【出厂】,通过【定位】功能把相应的需要出厂的工单提取出来,如图 5-19 所示。

图 5-19　出厂单提取

- 点击【出厂】，如图 5-20 所示。
- 点击【确定】，即可完成该工单的出厂操作（图 5-21）。

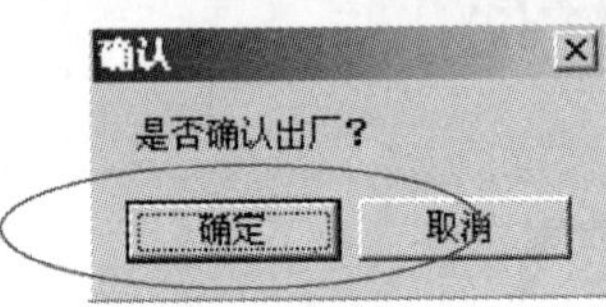

图 5-20　确定出厂

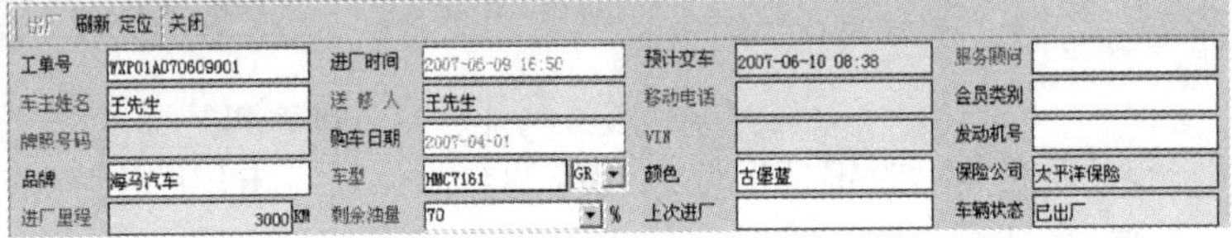

图 5-21　完成出厂操作

【复习思考题】

1. 汽车维修接待的业务流程是什么？
2. 汽车维修结算员应如何使用信息化管理软件？
3. 汽车维修业务结算员对业务流程各个操作过程应如何解释？

【工作页】

汽车维修业务流程内容工作页

布置日期：　　年　　月　　日　　　　　　　　完成时间：　　（分钟）

问题： 依据我们所学到的关于机动车维修业务流程的相关知识，结合我们厂的实际情况，在我厂完成价格结算使用信息化管理软件时，应该按什么步骤进行？进行操作是时应该考虑的主要因素是什么？	任务： 分析在我厂价格结算时使用信息化管理软件应该强化哪些项目？并分析提高业务流程应用改进方法。
分析要点：	

工作步骤	注意事项
1. 学习本章内容。	
2. 调研本地区汽车用户对使用信息化管理软件是否满意。	
3. 调研竞争对手在本地区进行价格结算中使用信息化管理软件的情况。	
4. 分析我厂的资源条件、价格竞争优势、是否应改善结算方式。	
5. 提出我企业在维修业务过程中的强项。	
学习纪要:	

【模拟考试题】

一、单项选择题

1. 计算机流程管理是将车辆信息、配件、生产调度、结算管理和用户档案管理等用数据库________的方式连接在一起,将复杂的管理规范和系统化,实施了全面的数据化管理,以实现物流、信息流、资金流三流一体管理。

A. 共享　　B. 交换　　C. 互联

2. 维修结算处理是指:客户车辆在车间修理完后,完工工单即可转入________模块进行结算处理。

A. 登记　　B. 领料　　C. 结算

3. 在使用系统的配件管理前,需要先对仓库的配件库存信息进行________的盘库建档处理,以建立与实际仓库库存相符的真实配件进销存管理。

A. 期初　　　　　　B. 原始　　　　　　C. 积余

4. 现有的汽车维修计算机管理系统内的客户关系管理普遍较完整、细致而且功能强大，可完全视作________一个专业的客户关系管理系统。

A. 等同于　　　　　B. 不同于　　　　　C. 类似

5. ________是系统中相关客户在公司的维修车辆信息，并可随时查询车辆的维修记录与维修详情，便于更好地做好客户服务工作。

A. 车辆档案　　　　B. 车主信息　　　　C. 车辆随车资料

6. 维修企业应实行________原则，明确系统管理员、系统操作员、终端操作员权限和操作范围。

A. 权限分散　　　　B. 权限集中　　　　C. 无独立权限

7. 维修企业应用软、硬件技术严格控制各级用户对数据信息的________，进行业务中的计算机数据处理，建立严格的管理措施，以防止各类事故的发生。

A. 拷贝　　　　　　B. 访问　　　　　　C. 访问权限

8. 对重要的业务系统及设备，必须制定应急情况处理方案。系统中，每个操作员都必须使用自己的登录名和用户密码来登录系统，用户采用________的方法，每个用户只能看到已授权的模块信息，严格控制了操作员的管理权限。

A. 按模块授权　　　B. 按系统指定　　　C. 自动登录

9. 汽车维修企业的计算机系统多数为三台以上的计算机管理系统，组成企业内部________网，并与 Internet 连接。

A. 局域网　　　　　B. 广域网　　　　　C. 办公网

10. 计算机管理系统的________可以根据已录入的维修工单和派工单信息，对接车业务员、责任工程师、维修工的业务数据进行统计，方便明了掌握员工的工作及业绩状况。

A. 员工业绩考核本模块　　B. 维修登记模块　　C. 维修结算模块

二、多项选择题

1. 日渐完善的汽车维修管理系统主要运用于汽车修理厂和汽车销售服务公司的售后甚至全程业务管理，包括________到车辆出厂，汽车配件管理和用户档案管理，以及服务质量分析，操作可简可繁，各种业务票据可直接打印。

A. 接车登记　　B. 估价　　C. 派工　　D. 检验　　E. 完工结算

2. 计算机流程管理是将车辆信息、配件、生产调度、结算管理和用户档案管理等用数据库共享的方式连接在一起，将复杂的管理予以规范和系统化，实施全面的数据化管理，以实现物流、________、资金流三流一体管理。

A. 信息流　　B. 人流　　C. 物流　　D. 现金流

3. 汽车维修企业计算机管理业务流程主要包括业务接待、________、配件管理和客户档案管理和财务结算。

A. 生产调度　　B. 安全检查　　C. 接车　　D. 出厂检验

4. 汽车维修管理系统中，配件管理模块一般包括进价查询、________、入库查询、销售报价、销售出库和查询、配件库存查询、出入库统计、配件盘点等一系列功能。同时模块还提供最低库存报警、积压库存报警等，给配件管理提供更多的方便。

A. 询价　　B. 采购入库　　C. 接待　　D. 出库查询

5. 入库管理包括采购入库、调拨入库、销售退货入库、________、盘盈入库、随进随出入库等，录入配件的供应商、配件、价格、数量以及所入的仓库信息，复核后自动进行上账处理，财务管理模块中会生成相应的配件收付款记录。

A. 询价　　B. 发料　　C. 领料退料　D. 出库

6. 汽车维修管理系统中，客户管理的其他模块包括________、会员设置、会员折扣、保养提醒、生日问候、节日关怀等，并统一打印联系客户的信封标签，系统数据库型的管理，大大弥补了人工记忆力的不足，改善手工记录的混乱情况。

A. 合同管理　　B. 问候　　C. 意见反馈　D. 访问

7. 需要指定专人负责本单位内各部门计算机信息系统安全管理和检查，对本单位的主要计算机管理系统的资源配置、技术人员构成进行________。

A. 登记管理　　B. 记录　　C. 配置　　D. 访问

8. 实行权限分散原则，明确系统管理员、系统操作员、终端操作员________和操作范围。

A. 使用时间　　B. 事情　　C. 责任制度　D. 权限

9. 使用汽车维修计算机系统的工作人员调离时，必须移交全部技术手册及有关资料，并更换计算机的有关________和密钥。涉及业务核心部分的技术人员调离本系统时，应当确认对本系统安全不会造成危害后方可调离。

A. 登记　　B. 制度　　C. 口令　　D. 访问

10. 汽车维修企业的计算机系统多数为三台以上的计算机管理系统，组成企业内部局域网，并与________连接。

A. 电信网　　B. 局域网　　C. 网络　　D. Internet

三、判断题

1. 维修管理计算机应用软件，是建立在计算机操作系统 Windows 2000 或 Windows XP 基础上的应用软件，可以不加限制地进行数据交流。（　）

2. 汽车维修企业计算机管理的硬件平台，可以是由一台服务器和多个终端组成的局域网系统，同时和汽车生产厂家进行远程连接。（　）

3. 计算机车辆档案是系统中相关客户在公司的维修车辆信息，可随时查询车辆的维修记录与维修详情，便于更好地做好客户服务工作。（　）

4. 与计算机有关的电源接口、通信接口等设备应进行定期检查维护，应当建立计算机主机房的值班及人员出入管理登记等制度。（　）

5. 对重要的数据只要建立数据备份制度，定期进行备份，无须异地保存。（　）

6. 在软件中进行修改业务程序和系统参数时，必须履行一定的审批手续，并做好文档资料的相应修改。（　）

7. 根据已录入的维修工单和派工单信息，对接车业务员、责任工程师、维修工的业务数据进行统计，方便明了地掌握员工的工作及业绩状况。（　）

8. 财务收款信息包括汽修结算后的结算单款项、配件销售出库款项，以及销售出库的应退款项。在汽修模块进行了这些操作后，财务收款模块会自动记录相应的收款信息。（　）

9. 每一个报表都应进行权限控制，通过系统控制有效保证客户数据的安全性。（　）

10. 对重要的业务系统及设备，必须制定应急情况处理方案，系统中，每个操作员都必须使用自己的登录名和用户密码来登录系统。（　）

附 件

附件一 《中华人民共和国价格法》

（1997 年 12 月 29 日第八届全国人民代表大会常务委员会第二十九次会议通过）

第一章 总 则

第一条 为了规范价格行为，发挥价格合理配置资源的作用，稳定市场价格总水平，保护消费者和经营者的合法权益，促进社会主义市场经济健康发展，制定本法。

第二条 在中华人民共和国境内发生的价格行为，适用本法。

本法所称价格包括商品价格和服务价格。

商品价格是指各类有形产品和无形资产的价格。

服务价格是指各类有偿服务的收费。

第三条 国家实行并逐步完善宏观经济调控下主要由市场形成价格的机制。价格的制定应当符合价值规律，大多数商品和服务价格实行市场调节价，极少数商品和服务价格实行政府指导价或者政府定价。

市场调节价，是指由经营者自主制定，通过市场竞争形成的价格。

本法所称经营者是指从事生产、经营商品或者提供有偿服务的法人、其他组织和个人。

政府指导价，是指依照本法规定，由政府价格主管部门或者其他有关部门，按照定价权限和范围规定基准价及其浮动幅度，指导经营者制定的价格。

政府定价，是指依照本法规定，由政府价格主管部门或者其他有关部门，按照定价权限和范围制定的价格。

第四条 国家支持和促进公平、公开、合法的市场竞争，维护正常的价格秩序，对价格活动实行管理、监督和必要的调控。

第五条 国务院价格主管部门统一负责全国的价格工作。国务院其他有关部门在各自的职责范围内，负责有关的价格工作。

县级以上地方各级人民政府价格主管部门负责本行政区域内的价格工作。县级以上地方各级人民政府其他有关部门在各自的职责范围内，负责有关的价格工作。

第二章 经营者的价格行为

第六条 商品价格和服务价格，除依照本法第十八条规定适用政府指导价或者政府定价外，实行市场调节价，由经营者依照本法自主制定。

第七条 经营者定价，应当遵循公平、合法和诚实信用的原则。

第八条 经营者定价的基本依据是生产经营成本和市场供求状况。

第九条 经营者应当努力改进生产经营管理，降低生产经营成本，为消费者提供价格合理的商品和服务，并在市场竞争中获取合法利润。

第十条 经营者应当根据其经营条件建立、健全内部价格管理制度,准确记录与核定商品和服务的生产经营成本,不得弄虚作假。

第十一条 经营者进行价格活动,享有下列权利:

(一)自主制定属于市场调节的价格;

(二)在政府指导价规定的幅度内制定价格;

(三)制定属于政府指导价、政府定价产品范围内的新产品的试销价格,特定产品除外;

(四)检举、控告侵犯其依法自主定价权利的行为。

第十二条 经营者进行价格活动,应当遵守法律、法规,执行依法制定的政府指导价、政府定价和法定的价格干预措施、紧急措施。

第十三条 经营者销售、收购商品和提供服务,应当按照政府价格主管部门的规定明码标价,注明商品的品名、产地、规格、等级、计价单位、价格或者服务的项目、收费标准等有关情况。

经营者不得在标价之外加价出售商品,不得收取任何未予标明的费用。

第十四条 经营者不得有下列不正当价格行为:

(一)相互串通,操纵市场价格,损害其他经营者或者消费者的合法权益;

(二)在依法降价处理鲜活商品、季节性商品、积压商品等商品外,为了排挤竞争对手或者独占市场,以低于成本的价格倾销,扰乱正常的生产经营秩序,损害国家利益或者其他经营者的合法权益;

(三)捏造、散布涨价信息,哄抬价格,推动商品价格过高上涨的;

(四)利用虚假的或者使人误解的价格手段,诱骗消费者或者其他经营者与其进行交易;

(五)提供相同商品或者服务,对具有同等交易条件的其他经营者实行价格歧视;

(六)采取抬高等级或者压低等级等手段收购、销售商品或者提供服务,变相提高或者压低价格;

(七)违反法律、法规的规定牟取暴利;

(八)法律、行政法规禁止的其他不正当价格行为。

第十五条 各类中介机构提供有偿服务收取费用,应当遵守本法的规定。法律另有规定的,按照有关规定执行。

第十六条 经营者销售进口商品、收购出口商品,应当遵守本章的有关规定,维护国内市场秩序。

第十七条 行业组织应当遵守价格法律、法规,加强价格自律,接受政府价格主管部门的工作指导。

第三章 政府的定价行为

第十八条 下列商品和服务价格,政府在必要时可以实行政府指导价或者政府定价:

(一)与国民经济发展和人民生活关系重大的极少数商品价格;

(二)资源稀缺的少数商品价格;

(三)自然垄断经营的商品价格;

(四)重要的公用事业价格;

(五)重要的公益性服务价格。

第十九条 政府指导价、政府定价的定价权限和具体适用范围,以中央的和地方的定价目录为依据。

中央定价目录由国务院价格主管部门制定、修订，报国务院批准后公布。

地方定价目录由省、自治区、直辖市人民政府价格主管部门按照中央定价目录规定的定价权限和具体适用范围制定，经本级人民政府审核同意，报国务院价格主管部门审定后公布。

省、自治区、直辖市人民政府以下各级地方人民政府不得制定定价目录。

第二十条 国务院价格主管部门和其他有关部门，按照中央定价目录规定的定价权限和具体适用范围制定政府指导价、政府定价；其中重要的商品和服务价格的政府指导价、政府定价，应当按照规定经国务院批准。

省、自治区、直辖市人民政府价格主管部门和其他有关部门，应当按照地方定价目录规定的定价权限和具体适用范围制定在本地区执行的政府指导价、政府定价。

市、县人民政府可以根据省、自治区、直辖市人民政府的授权，按照地方定价目录规定的定价权限和具体适用范围制定在本地区执行的政府指导价、政府定价。

第二十一条 制定政府指导价、政府定价，应当依据有关商品或者服务的社会平均成本和市场供求状况、国民经济与社会发展要求以及社会承受能力，实行合理的购销差价、批零差价、地区差价和季节差价。

第二十二条 政府价格主管部门和其他有关部门制定政府指导价、政府定价，应当开展价格、成本调查，听取消费者、经营者和有关方面的意见。

政府价格主管部门开展对政府指导价、政府定价的价格、成本调查时，有关单位应当如实反映情况，提供必需的账簿、文件以及其他资料。

第二十三条 制定关系群众切身利益的公用事业价格、公益性服务价格、自然垄断经营的商品价格等政府指导价、政府定价，应当建立听证会制度，由政府价格主管部门主持，征求消费者、经营者和有关方面的意见，论证其必要性、可行性。

第二十四条 政府指导价、政府定价制定后，由制定价格的部门向消费者、经营者公布。

第二十五条 政府指导价、政府定价的具体适用范围、价格水平，应当根据经济运行情况，按照规定的定价权限和程序适时调整。

消费者、经营者可以对政府指导价、政府定价提出调整建议。

第四章　价格总水平调控

第二十六条 稳定市场价格总水平是国家重要的宏观经济政策目标。国家根据国民经济发展的需要和社会承受能力，确定市场价格总水平调控目标，列入国民经济和社会发展计划，并综合运用货币、财政、投资、进出口等方面的政策和措施，予以实现。

第二十七条 政府可以建立重要商品储备制度，设立价格调节基金，调控价格，稳定市场。

第二十八条 为适应价格调控和管理的需要，政府价格主管部门应当建立价格监测制度，对重要商品、服务价格的变动进行监测。

第二十九条 政府在粮食等重要农产品的市场购买价格过低时，可以在收购中实行保护价格，并采取相应的经济措施保证其实现。

第三十条 当重要商品和服务价格显著上涨或者有可能显著上涨，国务院和省、自治区、直辖市人民政府可以对部分价格采取限定差价率或者利润率、规定限价、实行提价申报制度和调价备案制度等干预措施。

省、自治区、直辖市人民政府采取前款规定的干预措施，应当报国务院备案。

第三十一条 当市场价格总水平出现剧烈波动等异常状态时，国务院可以在全国范围内或者部分区域内采取临时集中定价权限、部分或者全面冻结价格的紧急措施。

第三十二条 依照本法第三十条、第三十一条的规定实行干预措施、紧急措施的情形消除后，应当及时解除干预措施、紧急措施。

第五章 价格监督检查

第三十三条 县级以上各级人民政府价格主管部门，依法对价格活动进行监督检查，并依照本法的规定对价格违法行为实施行政处罚。

第三十四条 政府价格主管部门进行价格监督检查时，可以行使下列职权：

（一）询问当事人或者有关人员，并要求其提供证明材料和与价格违法行为有关的其他资料；

（二）查询、复制与价格违法行为有关的账簿、单据、凭证、文件及其他资料，核对与价格违法行为有关的银行资料；

（三）检查与价格违法行为有关的财物，必要时可以责令当事人暂停相关营业；

（四）在证据可能灭失或者以后难以取得的情况下，可以依法先行登记保存，当事人或者有关人员不得转移、隐匿或者销毁。

第三十五条 经营者接受政府价格主管部门的监督检查时，应当如实提供价格监督检查所必需的账簿、单据、凭证、文件以及其他资料。

第三十六条 政府部门价格工作人员不得将依法取得的资料或者了解的情况用于依法进行价格管理以外的任何其他目的，不得泄露当事人的商业秘密。

第三十七条 消费者组织、职工价格监督组织、居民委员会、村民委员会等组织以及消费者，有权对价格行为进行社会监督。政府价格主管部门应当充分发挥群众的价格监督作用。

新闻单位有权进行价格舆论监督。

第三十八条 政府价格主管部门应当建立对价格违法行为的举报制度。

任何单位和个人均有权对价格违法行为进行举报。政府价格主管部门应当对举报者给予鼓励，并负责为举报者保密。

第六章 法律责任

第三十九条 经营者不执行政府指导价、政府定价以及法定的价格干预措施、紧急措施的，责令改正，没收违法所得，可以并处违法所得五倍以下的罚款；没有违法所得的，可以处以罚款；情节严重的，责令停业整顿。

第四十条 经营者有本法第十四条所列行为之一的，责令改正，没收违法所得，可以并处违法所得五倍以下的罚款；没有违法所得的，予以警告，可以并处罚款；情节严重的，责令停业整顿，或者由工商行政管理机关吊销营业执照。有关法律对本法第十四条所列行为的处罚及处罚机关另有规定的，可以依照有关法律的规定执行。

有本法第十四条第（一）项、第（二）项所列行为，属于是全国性的，由国务院价格主管部门认定；属于是省及省以下区域性的，由省、自治区、直辖市人民政府价格主管部门认定。

第四十一条 经营者因价格违法行为致使消费者或者其他经营者多付价款的，应当退还多付部分；造成损害的，应当依法承担赔偿责任。

第四十二条 经营者违反明码标价规定的，责令改正，没收违法所得，可以并处五千元以下的罚款。

第四十三条 经营者被责令暂停相关营业而不停止的，或者转移、隐匿、销毁依法登记保存的财物的，处相关营业所得或者转移、隐匿、销毁的财物价值一倍以上三倍以下的罚款。

第四十四条 拒绝按照规定提供监督检查所需资料或者提供虚假资料的，责令改正，予以警告；逾期不改正的，可以处以罚款。

第四十五条 地方各级人民政府或者各级人民政府有关部门违反本法规定，超越定价权限和范围擅自制定、调整价格或者不执行法定的价格干预措施、紧急措施的，责令改正，并可以通报批评；对直接负责的主管人员和其他直接责任人员，依法给予行政处分。

第四十六条 价格工作人员泄露国家秘密、商业秘密以及滥用职权、徇私舞弊、玩忽职守、索贿受贿，构成犯罪的，依法追究刑事责任；尚不构成犯罪的，依法给予处分。

第七章 附 则

第四十七条 国家行政机关的收费，应当依法进行，严格控制收费项目，限定收费范围、标准。收费的具体管理办法由国务院另行制定。

利率、汇率、保险费率、证券及期货价格，适用有关法律、行政法规的规定，不适用本法。

第四十八条 本法自1998年5月1日起施行。

附件二 《中华人民共和国消费者权益保护法》

（1993年10月31日第八届全国人民代表大会常务委员会第四次会议通过）

第一章 总 则

第一条 为保护消费者的合法权益，维护社会经济秩序，促进社会主义市场经济健康发展，制定本法。

第二条 消费者为生活消费需要购买、使用商品或者接受服务，其权益受本法保护；本法未作规定的，受其他有关法律、法规保护。

第三条 经营者为消费者提供其生产、销售的商品或者提供服务，应当遵守本法；本法未作出规定的，应当遵守其他有关法律、法规。

第四条 经营者与消费者进行交易，应当遵循自愿、平等、公平、诚实信用的原则。

第五条 国家保护消费者的合法权益不受侵害。国家采取措施，保障消费者依法行使权利，维护消费者的合法权益。

第六条 保护消费者的合法权益是全社会的共同责任。国家鼓励、支持一切组织和个人对损害消费者合法权益的行为进行社会监督。大众传播媒介应当做好维护消费者合法权益的宣传，对损害消费者合法权益的行为进行舆论监督。

第二章 消费者的权利

第七条 消费者在购买、使用商品和接受服务时享有人身、财产安全不受损害的权利。消费者有权要求经营者提供的商品和服务,符合保障人身、财产安全的要求。

第八条 消费者享有知悉其购买、使用的商品或者接受的服务的真实情况的权利。消费者有权根据商品或者服务的不同情况,要求经营者提供商品的价格、产地、生产者、用途、性能、规格、等级、主要成分、生产日期、有效期限、检验合格证明、使用方法说明书、售后服务,或者服务的内容、规格、费用等有关情况。

第九条 消费者享有自主选择商品或者服务的权利。消费者有权自主选择提供商品或者服务的经营者,自主选择商品品种或者服务方式,自主决定购买或者不购买任何一种商品、接受或者不接受任何一项服务。消费者在自主选择商品或者服务时,有权进行比较、鉴别和挑选。

第十条 消费者享有公平交易的权利。消费者在购买商品或者接受服务时,有权获得质量保障、价格合理、计量正确等公平交易条件,有权拒绝经营者的强制交易行为。

第十一条 消费者因购买、使用商品或者接受服务受到人身、财产损害的,享有依法获得赔偿的权利。

第十二条 消费者享有依法成立维护自身合法权益的社会团体的权利。

第十三条 消费者享有获得有关消费和消费者权益保护方面的知识的权利。消费者应当努力掌握所需商品或者服务的知识和使用技能,正确使用商品,提高自我保护意识。

第十四条 消费者在购买、使用商品和接受服务时,享有其人格尊严、民族风俗习惯得到尊重的权利。

第十五条 消费者享有对商品和服务以及保护消费者权益工作进行监督的权利。消费者有权检举、控告侵害消费者权益的行为和国家机关及其工作人员在保护消费者权益工作中的违法失职行为,有权对保护消费者权益工作提出批评、建议。

第三章 经营者的义务

第十六条 经营者向消费者提供商品或者服务,应当依照《中华人民共和国产品质量法》和其他有关法律、法规的规定履行义务。经营者和消费者有约定的,应当按照约定履行义务,但双方的约定不得违背法律、法规的规定。

第十七条 经营者应当听取消费者对其提供的商品或者服务的意见,接受消费者的监督。

第十八条 经营者应当保证其提供的商品或者服务符合保障人身、财产安全的要求。对可能危及人身、财产安全的商品和服务,应当向消费者作出真实的说明和明确的警示,并说明和标明正确使用商品或者接受服务的方法以及防止危害发生的方法。经营者发现其提供的商品或者服务存在严重缺陷,即使正确使用商品或者接受服务仍然可能对人身、财产安全造成危害的,应当立即向有关行政部门报告和告知消费者,并采取防止危害发生的措施。

第十九条 经营者应当向消费者提供有关商品或者服务的真实信息,不得作引人误解的虚假宣传。经营者对消费者就其提供的商品或者服务的质量和使用方法等问题提出的询问,应当作为真实、明确的答复。商店提供商品应当明码标价。

第二十条 经营者应当标明其真实名称和标记。租赁他人柜台或者场地的经营者,应当标明其真实名称和标记。

第二十一条 经营者提供商品或者服务,应当按照国家有关规定或者商业惯例向消费者出具购货凭证或者服务单据;消费者索要购货凭证或者服务单据的,经营者必须出具。

第二十二条 经营者应当保证在正常使用商品或者接受服务的情况下其提供的商品或者服务应当具有的质量、性能、用途和有效期限;但消费者在购买该商品或者接受该服务前已经知道其存在瑕疵的除外。经营者以广告、产品说明、实物样品或者其他方式表明商品或者服务的质量状况的,应当保证其提供的商品或者服务的实际质量与表明的质量状况相符。

第二十三条 经营者提供商品或者服务,按照国家规定或者与消费者的约定,承担包修、包换、包退或者其他责任的,应当按照国家规定或者约定履行,不得故意拖延或者无理拒绝。

第二十四条 经营者不得以格式合同、通知、声明、店堂告示等方式作出对消费者不公平、不合理的规定,或者减轻、免除其损害消费者合法权益应当承担的民事责任。格式合同、通知、声明、店堂告示等含有前款所列内容的,其内容无效。

第二十五条 经营者不得对消费者进行侮辱、诽谤,不得搜查消费者的身体及其携带的物品,不得侵犯消费者的人身自由。

第四章 国家对消费者合法权益的保护

第二十六条 国家制定有关消费者权益的法律、法规和政策时,应听取消费者的意见和要求。

第二十七条 各级人民政府应当加强领导,组织、协调、督促有关行政部门做好保护消费者合法权益的工作。各级人民政府应当加强监督,预防危害消费者人身、财产安全行为的发生,及时制止危害消费者人身、财产安全的行为。

第二十八条 各级人民政府工商行政管理部门和其他有关行政部门应当依照法律、法规的规定,在各自的职责范围内,采取措施,保护消费者的合法权益。有关行政部门应当听取消费者及其社会团体对经营者交易行为、商品和服务质量问题的意见,及时调查处理。

第二十九条 有关国家机关应当依照法律、法规的规定,惩处经营者在提供商品和服务中侵害消费者合法权益的违法犯罪行为。

第三十条 人民法院应当采取措施,方便消费者提起诉讼。对符合《中华人民共和国民事诉讼法》起诉条件的消费者权益争议,必须受理,及时审理。

第五章 消费者组织

第三十一条 消费者协会和其他消费者组织是依法成立的对商品和服务进行社会监督的保护消费者合法权益的社会团体。

第三十二条 消费者协会履行下列职能:

(一)向消费者提供消费信息和咨询服务;

(二)参与有关行政部门对商品和服务的监督、检查;

(三)就有关消费者合法权益的问题,向有关行政部门反映、查询,提出建议;

(四)受理消费者的投诉,并对投诉事项进行调查、调解;

(五)投诉事项涉及商品和服务质量问题的,可以提请鉴定部门鉴定,鉴定部门应当告知鉴定结论;

（六）就损害消费者合法权益的行为，支持受损害的消费者提起诉讼；

（七）对损害消费者合法权益的行为，通过大众传播媒介予以揭露、批评。各级人民政府对消费者协会履行职能应当予以支持。

第三十三条　消费者组织不得从事商品经营和营利性服务，不得以牟利为目的向社会推荐商品和服务。

第六章　争议的解决

第三十四条　消费者和经营者发生消费者权益争议的，可以通过下列途径解决：

（一）与经营者协商和解；

（二）请求消费者协会调解；

（三）向有关行政部门申诉；

（四）根据与经营者达成的仲裁协议提请仲裁机构仲裁；

（五）向人民法院提起诉讼。

第三十五条　消费者在购买、使用商品时，其合法权益受到损害的，可以向销售者要求赔偿。销售者赔偿后，属于生产者的责任或者属于向销售者提供商品的其他销售者的责任的，销售者有权向生产者或者其他销售者追偿。消费者或者其他受害人因商品缺陷造成人身、财产损害的，可以向销售者要求赔偿，也可以向生产者要求赔偿。属于生产者责任的，销售者赔偿后，有权向生产者追偿。属于销售者责任的，生产者赔偿后，有权向销售者追偿。消费者在接受服务时，其合法权益受到损害的，可以向服务者要求赔偿。

第三十六条　消费者在购买、使用商品或者接受服务时，其合法权益受到损害，因原企业分立、合并的，可以向变更后承受其权利义务的企业要求赔偿。

第三十七条　使用他人营业执照的违法经营者提供商品或者服务，损害消费者合法权益的，消费者可以向其要求赔偿，也可以向营业执照的持有人要求赔偿。

第三十八条　消费者在展销会、租赁柜台购买商品或者接受服务，其合法权益受到损害的，可以向销售者或者服务者要求赔偿。展销会结束或者柜台租赁期满后，也可以向展销会的举办者、柜台的出租者要求赔偿。展销会的举办者、柜台的出租者赔偿后，有权向销售者或者服务者追偿。

第三十九条　消费者因经营者利用虚假广告提供商品或者服务，其合法权益受到损害的，可以向经营者要求赔偿。广告的经营者发布虚假广告的，消费者可以请求行政主管部门予以惩处。广告的经营者不能提供经营者的真实名称、地址的，应当承担赔偿责任。

第七章　法 律 责 任

第四十条　经营者提供商品或者服务有下列情形之一的，除本法另有规定外，应当依照《中华人民共和国产品质量法》和其他有关法律、法规的规定，承担民事责任：

（一）商品存在缺陷的；

（二）不具备商品应当具备的使用性能而出售时未作说明的；

（三）不符合在商品或者其包装上注明采用的商品标准的；

（四）不符合商品说明、实物样品等方式表明的质量状况的；

（五）生产国家明令淘汰的商品或者销售失效、变质的商品的；

（六）销售的商品数量不足的；

（七）服务的内容和费用违反约定的；

（八）对消费者提出的修理、重作、更换、退货、补足商品数量、退还货款和服务费用或者赔偿损失的要求，故意拖延或者无理拒绝的；

（九）法律、法规规定的其他损害消费者权益的情形。

第四十一条 经营者提供商品或者服务，造成消费者或者其他受害人人身伤害的，应当支付医疗费、治疗期间的护理费、因误工减少的收入等费用，造成残疾的，还应当支付残疾者生活自助费、生活补助费、残疾赔偿金以及由其扶养的人所必需的生活费等费用；构成犯罪的，依法追究刑事责任。

第四十二条 经营者提供商品或者服务，造成消费者或者其他受害人死亡的，应当支付丧葬费、死亡赔偿金以及由死者生前扶养的人所必需的生活费等费用；构成犯罪的，依法追究刑事责任。

第四十三条 经营者违反本法第二十五条规定，侵害消费者的人格尊严或者侵犯消费者人身自由的，应当停止侵害、恢复名誉、消除影响、赔礼道歉，并赔偿损失。

第四十四条 经营者提供商品或者服务，造成消费者财产损害的，应当按照消费者的要求，以修理、重作、更换、退货、补足商品数量、退还货款和服务费用或者赔偿损失等方式承担民事责任。消费者与经营者另有约定的，按照约定履行。

第四十五条 对国家规定或者经营者与消费者约定包修、包换、包退的商品，经营者应当负责修理、更换或者退货。在保修期内两次修理仍不能正常使用的，经营者应当负责更换或者退货。对包修、包换、包退的大件商品，消费者要求经营者修理、更换、退货的，经营者应当承担运输等合理费用。

第四十六条 经营者以邮购方式提供商品的，应当按照约定提供。未按照约定提供的，应当按照消费者的要求履行约定或者退回货款；并应当承担消费者必须支付的合理费用。

第四十七条 经营者以预收款方式提供商品或者服务的，应当按照约定提供。未按照约定提供的，应当按照消费者的要求履行约定或者退回预付款；并应当承担预付款的利息、消费者必须支付的合理费用。

第四十八条 依法经有关行政部门认定为不合格的商品，消费者要求退货的，经营者应当负责退货。

第四十九条 经营者提供商品或者服务有欺诈行为的，应当按照消费者的要求增加赔偿其受到的损失，增加赔偿的金额为消费者购买商品的价款或者接受服务的费用的一倍。

第五十条 经营者有下列情形之一，《中华人民共和国产品质量法》和其他有关法律、法规对处罚机关和处罚方式有规定的，依照法律、法规的规定执行；法律、法规未作规定的，由工商行政管理部门责令改正，可以根据情节单处或者并处警告、没收违法所得、处以违法所得1倍以上5倍以下的罚款，没有违法所得的处以一万元以下的罚款；情节严重的，责令停业整顿、吊销营业执照：

（一）生产、销售的商品不符合保障人身、财产安全要求的；

（二）在商品中掺杂、掺假，以假充真，以次充好，或者以不合格商品冒充合格商品的；

（三）生产国家明令淘汰的商品或者销售失效、变质的商品的；

（四）伪造商品的产地，伪造或者冒用他人的厂名、厂址，伪造或者冒用认证标志、名优标志等质量标志的；

（五）销售的商品应当检验、检疫而未检验、检疫或者伪造检验、检疫结果的；

（六）对商品或者服务作引人误解的虚假宣传的；

（七）对消费者提出的修理、重作、更换、退货、补足商品数量、退还货款和服务费用或者赔偿损失的要求，故意拖延或者无理拒绝的；

（八）侵害消费者人格尊严或者侵犯消费者人身自由的；

（九）法律、法规规定的对损害消费者权益应当予以处罚的其他情形。

第五十一条 经营者对行政处罚决定不服的，可以自收到处罚决定之日起十五日内向上一级机关申请复议，对复议决定不服的，可以自收到复议决定书之日起十五日内向人民法院提起诉讼；也可以直接向人民法院提起诉讼。

第五十二条 以暴力、威胁等方法阻碍有关行政部门工作人员依法执行职务的，依法追究刑事责任；拒绝、阻碍有关行政部门工作人员依法执行职务，未使用暴力、威胁方法的，由公安机关依照《中华人民共和国治安管理处罚条例》的规定处罚。

第五十三条 国家机关工作人员玩忽职守或者包庇经营者侵害消费者合法权益的行为的，由其所在单位或者上级机关给予行政处分；情节严重，构成犯罪的，依法追究刑事责任。

第八章 附　　则

第五十四条 农民购买、使用直接用于农业生产的生产资料，参照本法执行。

第五十五条 本法自1994年1月1日起施行。

附件三 《中华人民共和国道路运输条例》

（《中华人民共和国道路运输条例》已经2004年4月14日国务院48次常务会议通过，现予公布，自2004年7月1日起施行）

第一章 总　　则

第一条 为了维护道路运输市场秩序，保障道路运输安全，保护道路运输有关各方当事人的合法权益，促进道路运输业的健康发展，制定本条例。

第二条 从事道路运输经营以及道路运输相关业务的，应当遵守本条例。

前款所称道路运输经营包括道路旅客运输经营（以下简称客运经营）和道路货物运输经营（以下简称货运经营）；道路运输相关业务包括站（场）经营、机动车维修经营、机动车驾驶员培训。

第三条 从事道路运输经营以及道路运输相关业务，应当依法经营，诚实信用，公平竞争。

第四条 道路运输管理，应当公平、公正、公开和便民。

第五条 国家鼓励发展乡村道路运输，并采取必要的措施提高乡镇和行政村的通班车率，满足广大农民的生活和生产需要。

第六条 国家鼓励道路运输企业实行规模化、集约化经营。任何单位和个人不得封锁或者垄断道路运输市场。

第七条 国务院交通主管部门主管全国道路运输管理工作。

县级以上地方人民政府交通主管部门负责组织领导本行政区域的道路运输管理工作。

县级以上道路运输管理机构负责具体实施道路运输管理工作。

第二章 道路运输经营

第一节 客 运

第八条 申请从事客运经营的，应当具备下列条件：

（一）有与其经营业务相适应并经检测合格的车辆；

（二）有符合本条例第九条规定条件的驾驶人员；

（三）有健全的安全生产管理制度。

申请从事班线客运经营的，还应当有明确的线路和站点方案。

第九条 从事客运经营的驾驶人员，应当符合下列条件：

（一）取得相应的机动车驾驶证；

（二）年龄不超过60周岁；

（三）3年内无重大以上交通责任事故记录；

（四）经设区的市级道路运输管理机构对有关客运法律法规、机动车维修和旅客急救基本知识考试合格。

第十条 申请从事客运经营的，应当按照下列规定提出申请并提交符合本条例第八条规定条件的相关材料：

（一）从事县级行政区域内客运经营的，向县级道路运输管理机构提出申请；

（二）从事省、自治区、直辖市行政区域内跨2个县级以上行政区域客运经营的，向其共同的上一级道路运输管理机构提出申请；

（三）从事跨省、自治区、直辖市行政区域客运经营的，向所在地的省、自治区、直辖市道路运输管理机构提出申请。

依照前款规定收到申请的道路运输管理机构，应当自受理申请之日起20日内审查完毕，作出许可或者不予许可的决定。予以许可的，向申请人颁发道路运输经营许可证，并向申请人投入运输的车辆配发车辆营运证；不予许可的，应当书面通知申请人并说明理由。

对从事跨省、自治区、直辖市行政区域客运经营的申请，有关省、自治区、直辖市道路运输管理机构依照本条第二款规定颁发道路运输经营许可证前，应当与运输线路目的地的省、自治区、直辖市道路运输管理机构协商；协商不成的，应当报国务院交通主管部门决定。

客运经营者应当持道路运输经营许可证依法向工商行政管理机关办理有关登记手续。

第十一条 取得道路运输经营许可证的客运经营者，需要增加客运班线的，应当依照本条例第十条的规定办理有关手续。

第十二条 县级以上道路运输管理机构在审查客运申请时，应当考虑客运市场的供求状况、普遍服务和方便群众等因素。

同一线路有3个以上申请人时，可以通过招标的形式作出许可决定。

第十三条 县级以上道路运输管理机构应当定期公布客运市场供求状况。

第十四条 客运班线的经营期限为4年到8年。经营期限届满需要延续客运班线经营许可的，应当重新提出申请。

第十五条 客运经营者需要终止客运经营的，应当在终止前30日内告知原许可机关。

第十六条 客运经营者应当为旅客提供良好的乘车环境，保持车辆清洁、卫生，并采取必要的措施防止在运输过程中发生侵害旅客人身、财产安全的违法行为。

第十七条 旅客应当持有效客票乘车，遵守乘车秩序，讲究文明卫生，不得携带国家规定的危险物品及其他禁止携带的物品乘车。

第十八条 班线客运经营者取得道路运输经营许可证后，应当向公众连续提供运输服务，不得擅自暂停、终止或者转让班线运输。

第十九条 从事包车客运的，应当按照约定的起始地、目的地和线路运输。

从事旅游客运的，应当在旅游区域按照旅游线路运输。

第二十条 客运经营者不得强迫旅客乘车，不得甩客、敲诈旅客；不得擅自更换运输车辆。

第二十一条 客运经营者在运输过程中造成旅客人身伤亡，行李毁损、灭失，当事人对赔偿数额有约定的，依照其约定；没有约定的，参照国家有关港口间海上旅客运输和铁路旅客运输赔偿责任限额的规定办理。

第二节 货 运

第二十二条 申请从事货运经营的，应当具备下列条件：

（一）有与其经营业务相适应并经检测合格的车辆；

（二）有符合本条例第二十三条规定条件的驾驶人员；

（三）有健全的安全生产管理制度。

第二十三条 从事货运经营的驾驶人员，应当符合下列条件：

（一）取得相应的机动车驾驶证；

（二）年龄不超过60周岁；

（三）经设区的市级道路运输管理机构对有关货运法律法规、机动车维修和货物装载保管基本知识考试合格。

第二十四条 申请从事危险货物运输经营的，还应当具备下列条件：

（一）有5辆以上经检测合格的危险货物运输专用车辆、设备；

（二）有经所在地设区的市级人民政府交通主管部门考试合格，取得上岗资格证的驾驶人员、装卸管理人员、押运人员；

（三）危险货物运输专用车辆配有必要的通讯工具；

（四）有健全的安全生产管理制度。

第二十五条 申请从事货运经营的，应当按照下列规定提出申请并分别提交符合本条例第二十二条、第二十四条规定条件的相关材料：

（一）从事危险货物运输经营以外的货运经营的，向县级道路运输管理机构提出申请；

（二）从事危险货物运输经营的，向设区的市级道路运输管理机构提出申请。

依照前款规定收到申请的道路运输管理机构，应当自受理申请之日起20日内审查完毕，作出许可或者不予许可的决定。予以许可的，向申请人颁发道路运输经营许可证，并向申请人投入运输的车辆配发车辆营运证；不予许可的，应当书面通知申请人并说明理由。

货运经营者应当持道路运输经营许可证依法向工商行政管理机关办理有关登记手续。

第二十六条 货运经营者不得运输法律、行政法规禁止运输的货物。法律、行政法规规定必须办理有关手续后方可运输的货物，货运经营者应当查验有关手续。

第二十七条 国家鼓励货运经营者实行封闭式运输，保证环境卫生和货物运输安全。货运经营者应当采取必要措施，防止货物脱落、扬撒等。运输危险货物应当采取必要措施，防止危险货物燃烧、爆炸、辐射、泄漏等。

第二十八条 运输危险货物应当配备必要的押运人员,保证危险货物处于押运人员的监管之下,并悬挂明显的危险货物运输标志。托运危险货物的,应当向货运经营者说明危险货物的品名、性质、应急处置方法等情况,并严格按照国家有关规定包装,设置明显标志。

第三节 客运和货运的共同规定

第二十九条 客运经营者、货运经营者应当加强对从业人员的安全教育、职业道德教育,确保道路运输安全。道路运输从业人员应当遵守道路运输操作规程,不得违章作业。驾驶人员连续驾驶时间不得超过4个小时。

第三十条 生产(改装)客运车辆、货运车辆的企业应当按照国家规定标定车辆的核定人数或者载重量,严禁多标或者少标车辆的核定人数或者载重量。

客运经营者、货运经营者应当使用符合国家规定标准的车辆从事道路运输经营。

第三十一条 客运经营者、货运经营者应当加强对车辆的维护和检测,确保车辆符合国家规定的技术标准;不得使用报废的、擅自改装的和其他不符合国家规定的车辆从事道路运输经营。

第三十二条 客运经营者、货运经营者应当制定有关交通事故、自然灾害以及其他突发事件的道路运输应急预案。应急预案应当包括报告程序、应急指挥、应急车辆和设备的储备以及处置措施等内容。

第三十三条 发生交通事故、自然灾害以及其他突发事件,客运经营者和货运经营者应当服从县级以上人民政府或者有关部门的统一调度、指挥。

第三十四条 道路运输车辆应当随车携带车辆营运证,不得转让、出租。

第三十五条 道路运输车辆运输旅客的,不得超过核定的人数,不得违反规定载货;运输货物的,不得运输旅客,运输的货物应当符合核定的载重量,严禁超载;载物的长、宽、高不得违反装载要求。

违反前款规定的,由公安机关交通管理部门依照《中华人民共和国道路交通安全法》的有关规定进行处罚。

第三十六条 客运经营者、危险货物运输经营者应当分别为旅客或者危险货物投保承运人责任险。

第三章 道路运输相关业务

第三十七条 申请从事道路运输站(场)经营的,应当具备下列条件:

(一)有经验收合格的运输站(场);

(二)有相应的专业人员和管理人员;

(三)有相应的设备、设施;

(四)有健全的业务操作规程和安全管理制度。

第三十八条 申请从事机动车维修经营的,应当具备下列条件:

(一)有相应的机动车维修场地;

(二)有必要的设备、设施和技术人员;

(三)有健全的机动车维修管理制度;

(四)有必要的环境保护措施。

第三十九条 申请从事机动车驾驶员培训的,应当具备下列条件:

(一)有健全的培训机构和管理制度;

（二）有与培训业务相适应的教学人员、管理人员；

（三）有必要的教学车辆和其他教学设施、设备、场地。

第四十条 申请从事道路运输站（场）经营、机动车维修经营和机动车驾驶员培训业务的，应当向所在地县级道路运输管理机构提出申请，并分别附送符合本条例第三十七条、第三十八条、第三十九条规定条件的相关材料。县级道路运输管理机构应当自受理申请之日起15日内审查完毕，作出许可或者不予许可的决定，并书面通知申请人。

道路运输站（场）经营者、机动车维修经营者和机动车驾驶员培训机构，应当持许可证明依法向工商行政管理机关办理有关登记手续。

第四十一条 道路运输站（场）经营者应当对出站的车辆进行安全检查，禁止无证经营的车辆进站从事经营活动，防止超载车辆或者未经安全检查的车辆出站。

道路运输站（场）经营者应当公平对待使用站（场）的客运经营者和货运经营者，无正当理由不得拒绝道路运输车辆进站从事经营活动。

道路运输站（场）经营者应当向旅客和货主提供安全、便捷、优质的服务；保持站（场）卫生、清洁；不得随意改变站（场）用途和服务功能。

第四十二条 道路旅客运输站（场）经营者应当为客运经营者合理安排班次，公布其运输线路、起止经停站点、运输班次、始发时间、票价，调度车辆进站、发车，疏导旅客，维持上下车秩序。

道路旅客运输站（场）经营者应当设置旅客购票、候车、行李寄存和托运等服务设施，按照车辆核定载客限额售票，并采取措施防止携带危险品的人员进站乘车。

第四十三条 道路货物运输站（场）经营者应当按照国务院交通主管部门规定的业务操作规程装卸、储存、保管货物。

第四十四条 机动车维修经营者应当按照国家有关技术规范对机动车进行维修，保证维修质量，不得使用假冒伪劣配件维修机动车。

机动车维修经营者应当公布机动车维修工时定额和收费标准，合理收取费用。

第四十五条 机动车维修经营者对机动车进行二级维护、总成修理或者整车修理的，应当进行维修质量检验。检验合格的，维修质量检验人员应当签发机动车维修合格证。

机动车维修实行质量保证期制度。质量保证期内因维修质量原因造成机动车无法正常使用的，机动车维修经营者应当无偿返修。

机动车维修质量保证期制度的具体办法，由国务院交通主管部门制定。

第四十六条 机动车维修经营者不得承修已报废的机动车，不得擅自改装机动车。

第四十七条 机动车驾驶员培训机构应当按照国务院交通主管部门规定的教学大纲进行培训，确保培训质量。培训结业的，应当向参加培训的人员颁发培训结业证书。

第四章 国际道路运输

第四十八条 国务院交通主管部门应当及时向社会公布中国政府与有关国家政府签署的双边或者多边道路运输协定确定的国际道路运输线路。

第四十九条 申请从事国际道路运输经营的，应当具备下列条件：

（一）依照本条例第十条、第二十五条规定取得道路运输经营许可证的企业法人；

（二）在国内从事道路运输经营满3年，且未发生重大以上道路交通责任事故。

第五十条 申请从事国际道路运输的，应当向省、自治区、直辖市道路运输管理机构提出申请并提交符合本条例第四十九条规定条件的相关材料。省、自治区、直辖市道路运输管理机构应当自受理申请之日起20日内审查完毕,作出批准或者不予批准的决定。予以批准的,应当向国务院交通主管部门备案;不予批准的,应当向当事人说明理由。

国际道路运输经营者应当持批准文件依法向有关部门办理相关手续。

第五十一条 中国国际道路运输经营者应当在其投入运输车辆的显著位置,标明中国国籍识别标志。

外国国际道路运输经营者的车辆在中国境内运输,应当标明本国国籍识别标志,并按照规定的运输线路行驶;不得擅自改变运输线路,不得从事起止地都在中国境内的道路运输经营。

第五十二条 在口岸设立的国际道路运输管理机构应当加强对出入口岸的国际道路运输的监督管理。

第五十三条 外国国际道路运输经营者经国务院交通主管部门批准,可以依法在中国境内设立常驻代表机构。常驻代表机构不得从事经营活动。

第五章 执法监督

第五十四条 县级以上人民政府交通主管部门应当加强对道路运输管理机构实施道路运输管理工作的指导监督。

第五十五条 道路运输管理机构应当加强执法队伍建设,提高其工作人员的法制、业务素质。

道路运输管理机构的工作人员应当接受法制和道路运输管理业务培训、考核,考核不合格的,不得上岗执行职务。

第五十六条 上级道路运输管理机构应当对下级道路运输管理机构的执法活动进行监督。

道路运输管理机构应当建立健全内部监督制度,对其工作人员执法情况进行监督检查。

第五十七条 道路运输管理机构及其工作人员执行职务时,应当自觉接受社会和公民的监督。

第五十八条 道路运输管理机构应当建立道路运输举报制度,公开举报电话号码、通信地址或者电子邮件信箱。

任何单位和个人都有权对道路运输管理机构的工作人员滥用职权、徇私舞弊的行为进行举报。交通主管部门、道路运输管理机构及其他有关部门收到举报后,应当依法及时查处。

第五十九条 道路运输管理机构的工作人员应当严格按照职责权限和程序进行监督检查,不得乱设卡、乱收费、乱罚款。

道路运输管理机构的工作人员应当重点在道路运输及相关业务经营场所、客货集散地进行监督检查。

道路运输管理机构的工作人员在公路路口进行监督检查时,不得随意拦截正常行驶的道路运输车辆。

第六十条 道路运输管理机构的工作人员实施监督检查时,应当有2名以上人员参加,并向当事人出示执法证件。

第六十一条 道路运输管理机构的工作人员实施监督检查时,可以向有关单位和个人了解情况，查阅、复制有关资料。但是，应当保守被调查单位和个人的商业秘密。

被监督检查的单位和个人应当接受依法实施的监督检查，如实提供有关资料或者情况。

第六十二条 道路运输管理机构的工作人员在实施道路运输监督检查过程中，发现车辆超载行为的，应当立即予以制止，并采取相应措施安排旅客改乘或者强制卸货。

第六十三条 道路运输管理机构的工作人员在实施道路运输监督检查过程中，对没有车辆营运证又无法当场提供其他有效证明的车辆予以暂扣的，应当妥善保管，不得使用，不得收取或者变相收取保管费用。

第六章 法律责任

第六十四条 违反本条例的规定，未取得道路运输经营许可，擅自从事道路运输经营的，由县级以上道路运输管理机构责令停止经营；有违法所得的，没收违法所得，处违法所得2倍以上10倍以下的罚款；没有违法所得或者违法所得不足2万元的，处3万元以上10万元以下的罚款；构成犯罪的，依法追究刑事责任。

第六十五条 不符合本条例第九条、第二十三条规定条件的人员驾驶道路运输经营车辆的，由县级以上道路运输管理机构责令改正，处200元以上2000元以下的罚款；构成犯罪的，依法追究刑事责任。

第六十六条 违反本条例的规定，未经许可擅自从事道路运输站（场）经营、机动车维修经营、机动车驾驶员培训的，由县级以上道路运输管理机构责令停止经营；有违法所得的，没收违法所得，处违法所得2倍以上10倍以下的罚款；没有违法所得或者违法所得不足1万元的，处2万元以上5万元以下的罚款；构成犯罪的，依法追究刑事责任。

第六十七条 违反本条例的规定，客运经营者、货运经营者、道路运输相关业务经营者非法转让、出租道路运输许可证件的，由县级以上道路运输管理机构责令停止违法行为，收缴有关证件，处2000元以上1万元以下的罚款；有违法所得的，没收违法所得。

第六十八条 违反本条例的规定，客运经营者、危险货物运输经营者未按规定投保承运人责任险的，由县级以上道路运输管理机构责令限期投保；拒不投保的，由原许可机关吊销道路运输经营许可证。

第六十九条 违反本条例的规定，客运经营者、货运经营者不按照规定携带车辆营运证的，由县级以上道路运输管理机构责令改正，处警告或者20元以上200元以下的罚款。

第七十条 违反本条例的规定，客运经营者、货运经营者有下列情形之一的，由县级以上道路运输管理机构责令改正，处1000元以上3000元以下的罚款；情节严重的，由原许可机关吊销道路运输经营许可证：

（一）不按批准的客运站点停靠或者不按规定的线路、公布的班次行驶的；

（二）强行招揽旅客、货物的；

（三）在旅客运输途中擅自变更运输车辆或者将旅客移交他人运输的；

（四）未报告原许可机关，擅自终止客运经营的；

（五）没有采取必要措施防止货物脱落、扬撒等的。

第七十一条 违反本条例的规定，客运经营者、货运经营者不按规定维护和检测运输车辆的，由县级以上道路运输管理机构责令改正，处1000元以上5000元以下的罚款。

违反本条例的规定，客运经营者、货运经营者擅自改装已取得车辆营运证的车辆的，由县级以上道路运输管理机构责令改正，处5000元以上2万元以下的罚款。

第七十二条 违反本条例的规定，道路运输站（场）经营者允许无证经营的车辆进站从事经营活动以及超载车辆、未经安全检查的车辆出站或者无正当理由拒绝道路运输车辆进站从事经营活动的，由县级以上道路运输管理机构责令改正，处1万元以上3万元以下的罚款。

违反本条例的规定，道路运输站（场）经营者擅自改变道路运输站（场）的用途和服务功能，或者不公布运输线路、起止经停站点、运输班次、始发时间、票价的，由县级以上道路运输管理机构责令改正；拒不改正的，处3000元的罚款；有违法所得的，没收违法所得。

第七十三条 违反本条例的规定，机动车维修经营者使用假冒伪劣配件维修机动车，承修已报废的机动车或者擅自改装机动车的，由县级以上道路运输管理机构责令改正；有违法所得的，没收违法所得，处违法所得2倍以上10倍以下的罚款；没有违法所得或者违法所得不足1万元的，处2万元以上5万元以下的罚款，没收假冒伪劣配件及报废车辆；情节严重的，由原许可机关吊销其经营许可；构成犯罪的，依法追究刑事责任。

第七十四条 违反本条例的规定，机动车维修经营者签发虚假的机动车维修合格证，由县级以上道路运输管理机构责令改正；有违法所得的，没收违法所得，处违法所得2倍以上10倍以下的罚款；没有违法所得或者违法所得不足3000元的，处5000元以上2万元以下的罚款；情节严重的，由原许可机关吊销其经营许可；构成犯罪的，依法追究刑事责任。

第七十五条 违反本条例的规定，机动车驾驶员培训机构不严格按照规定进行培训或者在培训结业证书发放时弄虚作假的，由县级以上道路运输管理机构责令改正；拒不改正的，由原许可机关吊销其经营许可。

第七十六条 违反本条例的规定，外国国际道路运输经营者未按照规定的线路运输，擅自从事中国境内道路运输或者未标明国籍识别标志的，由省、自治区、直辖市道路运输管理机构责令停止运输；有违法所得的，没收违法所得，处违法所得2倍以上10倍以下的罚款；没有违法所得或者违法所得不足1万元的，处3万元以上6万元以下的罚款。

第七十七条 违反本条例的规定，道路运输管理机构的工作人员有下列情形之一的，依法给予行政处分；构成犯罪的，依法追究刑事责任：

（一）不依照本条例规定的条件、程序和期限实施行政许可的；

（二）参与或者变相参与道路运输经营以及道路运输相关业务的；

（三）发现违法行为不及时查处的；

（四）违反规定拦截、检查正常行驶的道路运输车辆的；

（五）违法扣留运输车辆、车辆营运证的；

（六）索取、收受他人财物，或者谋取其他利益的；

（七）其他违法行为。

第七章　附　　则

第七十八条 内地与香港特别行政区、澳门特别行政区之间的道路运输，参照本条例的有关规定执行。

第七十九条 外商可以依照有关法律、行政法规和国家有关规定，在中华人民共和国境内采用中外合资、中外合作、独资形式投资有关的道路运输经营以及道路运输相关业务。

第八十条 从事非经营性危险货物运输的，应当遵守本条例有关规定。

第八十一条 道路运输管理机构依照本条例发放经营许可证件和车辆营运证,可以收取工本费。工本费的具体收费标准由省、自治区、直辖市人民政府财政部门、价格主管部门会同同级交通主管部门核定。

第八十二条 出租车客运和城市公共汽车客运的管理办法由国务院另行规定。

第八十三条 本条例自2004年7月1日起施行。

附件四《机动车维修管理规定》

(中华人民共和国交通部令2005年第7号)

第一章 总 则

第一条 为规范机动车维修经营活动,维护机动车维修市场秩序,保护机动车维修各方当事人的合法权益,保障机动车运行安全,保护环境,节约能源,促进机动车维修业的健康发展,根据《中华人民共和国道路运输条例》及有关法律、行政法规的规定,制定本规定。

第二条 从事机动车维修经营的,应当遵守本规定。

本规定所称机动车维修经营,是指以维持或者恢复机动车技术状况和正常功能,延长机动车使用寿命为作业任务所进行的维护、修理以及维修救援等相关经营活动。

第三条 机动车维修经营者应当依法经营,诚实信用,公平竞争,优质服务。

第四条 机动车维修管理,应当公平、公正、公开和便民。

第五条 任何单位和个人不得封锁或者垄断机动车维修市场。

鼓励机动车维修企业实行集约化、专业化、连锁经营,促进机动车维修业的合理分工和协调发展。

鼓励推广应用机动车维修环保、节能、不解体检测和故障诊断技术,推进行业信息化建设和救援、维修服务网络化建设,提高机动车维修行业整体素质,满足社会需要。

第六条 交通部主管全国机动车维修管理工作。

县级以上地方人民政府交通主管部门负责组织领导本行政区域的机动车维修管理工作。

县级以上道路运输管理机构负责具体实施本行政区域内的机动车维修管理工作。

第二章 经营许可

第七条 机动车维修经营依据维修车型种类、服务能力和经营项目实行分类许可。

机动车维修经营业务根据维修对象分为汽车维修经营业务、危险货物运输车辆维修经营业务、摩托车维修经营业务和其他机动车维修经营业务四类。

汽车维修经营业务、其他机动车维修经营业务根据经营项目和服务能力分为一类维修经营业务、二类维修经营业务和三类维修经营业务。

摩托车维修经营业务根据经营项目和服务能力分为一类维修经营业务和二类维修经营业务。

第八条 获得一类汽车维修经营业务、一类其他机动车维修经营业务许可的,可以从事相应车型的整车修理、总成修理、整车维护、小修、维修救援、专项修理和维修竣工检验工作;获得二类汽车维修经营业务、二类其他机动车维修经营业务许可的,可以从事相应车型的整车修理、总成修理、整车维护、小修、维修救援和专项修理工作;获得三类汽车维修经营业务、三类其他机动车维修经营业务许可的,可以分别从事发动机、车身、电气系统、自动变速器维修及车身清洁维护、涂漆、轮胎动平衡和修补、四轮定位检测调整、供油系统维护和油品更换、喷油泵和喷油器维修、曲轴修磨、汽缸镗磨、散热器(水箱)、空调维修、车辆装潢(篷布、坐垫及内装饰)、车辆玻璃安装等专项工作。

第九条 获得一类摩托车维修经营业务许可的,可以从事摩托车整车修理、总成修理、整车维护、小修、专项修理和竣工检验工作;获得二类摩托车维修经营业务许可的,可以从事摩托车维护、小修和专项修理工作。

第十条 获得危险货物运输车辆维修经营业务许可的,除可以从事危险货物运输车辆维修经营业务外,还可以从事一类汽车维修经营业务。

第十一条 申请从事汽车维修经营业务或者其他机动车维修经营业务的,应当符合下列条件:

(一)有与其经营业务相适应的维修车辆停车场和生产厂房。租用的场地应当有书面的租赁合同,且租赁期限不得少于1年。停车场和生产厂房面积按照国家标准《汽车维修业开业条件》(GB/T 16739—2004)相关条款的规定执行。

(二)有与其经营业务相适应的设备、设施。所配备的计量设备应当符合国家有关技术标准要求,并经法定检定机构检定合格。从事汽车维修经营业务的设备、设施的具体要求按照国家标准《汽车维修业开业条件》(GB/T 16739—2004)相关条款的规定执行;从事其他机动车维修经营业务的设备、设施的具体要求,参照国家标准《汽车维修业开业条件》(GB/T 16739—2004)执行,但所配备设施、设备应与其维修车型相适应。

(三)有必要的技术人员:

(1)从事一类和二类维修业务的应当各配备至少1名技术负责人员和质量检验人员。技术负责人员应当熟悉汽车或者其他机动车维修业务,并掌握汽车或者其他机动车维修及相关政策法规和技术规范;质量检验人员应当熟悉各类汽车或者其他机动车维修检测作业规范,掌握汽车或者其他机动车维修故障诊断和质量检验的相关技术,熟悉汽车或者其他机动车维修服务收费标准及相关政策法规和技术规范。技术负责人员和质量检验人员总数的60%应当经全国统一考试合格。

(2)从事一类和二类维修业务的应当各配备至少1名从事机修、电器、钣金、涂漆的维修技术人员;从事机修、电器、钣金、涂漆的维修技术人员应当熟悉所从事工种的维修技术和操作规范,并了解汽车或者其他机动车维修及相关政策法规。机修、电器、钣金、涂漆维修技术人员总数的40%应当经全国统一考试合格。

(3)从事三类维修业务的,按照其经营项目分别配备相应的机修、电器、钣金、涂漆的维修技术人员;从事发动机维修、车身维修、电气系统维修、自动变速器维修的,还应当配备技术负责人员和质量检验人员。技术负责人员、质量检验人员及机修、电器、钣金、涂漆维修技术人员总数的40%应当经全国统一考试合格。

(4)有健全的维修管理制度。包括质量管理制度、安全生产管理制度、车辆维修档案管理制度、人员培训制度、设备管理制度及配件管理制度。具体要求按照国家标准《汽车维修业开业条件》(GB/T 16739—2004)相关条款的规定执行。

(5)有必要的环境保护措施。具体要求按照国家标准《汽车维修业开业条件》(GB/T 16739—2004)相关条款的规定执行。

第十二条 从事危险货物运输车辆维修的汽车维修经营者，除具备汽车维修经营一类维修经营业务的开业条件外，还应当具备下列条件：

（一）有与其作业内容相适应的专用维修车间和设备、设施，并设置明显的指示性标志；

（二）有完善的突发事件应急预案，应急预案包括报告程序、应急指挥以及处置措施等内容；

（三）有相应的安全管理人员；

（四）有齐全的安全操作规程。

本规定所称危险货物运输车辆维修，是指对运输易燃、易爆、腐蚀、放射性、剧毒等性质货物的机动车维修，不包含对危险货物运输车辆罐体的维修。

第十三条 申请从事摩托车维修经营的，应当符合下列条件：

（一）有与其经营业务相适应的摩托车维修停车场和生产厂房。租用的场地应有书面的租赁合同，且租赁期限不得少于1年。停车场和生产厂房的面积按照国家标准《摩托车维修业开业条件》（GB/T 18189—2000）相关条款的规定执行。

（二）有与其经营业务相适应的设备、设施。所配备的计量设备应符合国家有关技术标准要求，并经法定检定机构检定合格。具体要求按照国家标准《摩托车维修业开业条件》（GB/T 18189—2000）相关条款的规定执行。

（三）有必要的技术人员：

（1）从事一类维修业务的应当至少有1名质量检验人员。质量检验人员应当熟悉各类摩托车维修检测作业规范，掌握摩托车维修故障诊断和质量检验的相关技术，熟悉摩托车维修服务收费标准及相关政策法规和技术规范。质量检验人员总数的60%应当经全国统一考试合格。

（2）按照其经营业务分别配备相应的机修、电器、钣金、涂漆的维修技术人员。机修、电器、钣金、涂漆的维修技术人员应当熟悉所从事工种的维修技术和操作规范，并了解摩托车维修及相关政策法规。机修、电器、钣金、涂漆维修技术人员总数的30%应当经全国统一考试合格。

（四）有健全的维修管理制度。包括质量管理制度、安全生产管理制度、摩托车维修档案管理制度、人员培训制度、设备管理制度及配件管理制度。具体要求按照国家标准《摩托车维修业开业条件》（GB/T 18189—2000）相关条款的规定执行。

（五）有必要的环境保护措施。具体要求按照国家标准《摩托车维修业开业条件》（GB/T 18189—2000）相关条款的规定执行。

第十四条 申请从事机动车维修经营的，应当向所在地的县级道路运输管理机构提出申请，并提交下列材料：

（一）《交通行政许可申请书》；

（二）经营场地、停车场面积材料、土地使用权及产权证明复印件；

（三）技术人员汇总表及相应职业资格证明；

（四）维修检测设备及计量设备检定合格证明复印件；

（五）按照汽车、其他机动车、危险货物运输车辆、摩托车维修经营，分别提供本规定第十一条、第十二条、第十三条规定条件的其他相关材料。

第十五条 道路运输管理机构应当按照《中华人民共和国道路运输条例》和《交通行政许可实施程序规定》规范的程序实施机动车维修经营的行政许可。

第十六条 道路运输管理机构对机动车维修经营申请予以受理的,应当自受理申请之日起 15 日内作出许可或者不予许可的决定。符合法定条件的,道路运输管理机构作出准予行政许可的决定,向申请人出具《交通行政许可决定书》,在 10 日内向被许可人颁发机动车维修经营许可证件,明确许可事项;不符合法定条件的,道路运输管理机构作出不予许可的决定,向申请人出具《不予交通行政许可决定书》,说明理由,并告知申请人享有依法申请行政复议或者提起行政诉讼的权利。

机动车维修经营者应当持机动车维修经营许可证件依法向工商行政管理机关办理有关登记手续。

第十七条 申请机动车维修连锁经营服务网点的,可由机动车维修连锁经营企业总部向连锁经营服务网点所在地县级道路运输管理机构提出申请,提交下列材料,并对材料真实性承担相应的法律责任:

(一)机动车维修连锁经营企业总部机动车维修经营许可证件复印件;

(二)连锁经营协议书副本;

(三)连锁经营的作业标准和管理手册;

(四)连锁经营服务网点符合机动车维修经营相应开业条件的承诺书。

道路运输管理机构在查验申请资料齐全有效后,应当场或在 5 日内予以许可,并发给相应许可证件。连锁经营服务网点的经营许可项目应当在机动车维修连锁经营企业总部许可项目的范围内。

第十八条 机动车维修经营许可证件实行有效期制。从事一、二类汽车维修业务和一类摩托车维修业务的证件有效期为 6 年;从事三类汽车维修业务、二类摩托车维修业务及其他机动车维修业务的证件有效期为 3 年。

机动车维修经营许可证件由各省、自治区、直辖市道路运输管理机构统一印制并编号,县级道路运输管理机构按照规定发放和管理。

第十九条 机动车维修经营者应当在许可证件有效期届满前 30 日到作出原许可决定的道路运输管理机构办理换证手续。

第二十条 机动车维修经营者变更许可事项的,应当按照本章有关规定办理行政许可事宜。

机动车维修经营者变更名称、法定代表人、地址等事项的,应当向作出原许可决定的道路运输管理机构备案。

机动车维修经营者需要终止经营的,应当在终止经营前 30 日告知作出原许可决定的道路运输管理机构办理注销手续。

第三章 维 修 经 营

第二十一条 机动车维修经营者应当按照经批准的行政许可事项开展维修服务。

第二十二条 机动车维修经营者应当将机动车维修经营许可证件和《机动车维修标志牌》(见附件 1)悬挂在经营场所的醒目位置。

《机动车维修标志牌》由机动车维修经营者按照统一式样和要求自行制作。

第二十三条 机动车维修经营者不得擅自改装机动车,不得承修已报废的机动车,不得利用配件拼装机动车。

托修方要改变机动车车身颜色,更换发动机、车身和车架的,应当按照有关法律、法规的规定办理相关手续，机动车维修经营者在查看相关手续后方可承修。

第二十四条 机动车维修经营者应当加强对从业人员的安全教育和职业道德教育，确保安全生产。

机动车维修从业人员应当执行机动车维修安全生产操作规程，不得违章作业。

第二十五条 机动车维修产生的废弃物，应当按照国家的有关规定进行处理。

第二十六条 机动车维修经营者应当公布机动车维修工时定额和收费标准，合理收取费用。

机动车维修工时定额可按各省机动车维修协会等行业中介组织统一制定的标准执行，也可按机动车维修经营者报所在地道路运输管理机构备案后的标准执行，也可按机动车生产厂家公布的标准执行。当上述标准不一致时，优先适用机动车维修经营者备案的标准。

机动车维修经营者应当将其执行的机动车维修工时单价标准报所在地道路运输管理机构备案。

机动车生产厂家在新车型投放市场后一个月内，有义务向社会公布其维修技术资料和工时定额。

第二十七条 机动车维修经营者应当使用规定的结算票据，并向托修方交付维修结算清单。维修结算清单中，工时费与材料费应分项计算。维修结算清单格式和内容由省级道路运输管理机构制定。

机动车维修经营者不出具规定的结算票据和结算清单的，托修方有权拒绝支付费用。

第二十八条 机动车维修经营者应当按照规定，向道路运输管理机构报送统计资料。

道路运输管理机构应当为机动车维修经营者保守商业秘密。

第二十九条 机动车维修连锁经营企业总部应当按照统一采购、统一配送、统一标志、统一经营方针、统一服务规范和价格的要求，建立连锁经营的作业标准和管理手册，加强对连锁经营服务网点经营行为的监管和约束，杜绝不规范的商业行为。

第四章 质量管理

第三十条 机动车维修经营者应当按照国家、行业或者地方的维修标准和规范进行维修。尚无标准或规范的，可参照机动车生产企业提供的维修手册、使用说明书和有关技术资料进行维修。

第三十一条 机动车维修经营者不得使用假冒伪劣配件维修机动车。

机动车维修经营者应当建立采购配件登记制度，记录购买日期、供应商名称、地址、产品名称及规格型号等，并查验产品合格证等相关证明。

机动车维修经营者对于换下的配件、总成，应当交托修方自行处理。

机动车维修经营者应当将原厂配件、副厂配件和修复配件分别标示，明码标价，供用户选择。

第三十二条 机动车维修经营者对机动车进行二级维护、总成修理、整车修理的，应当实行维修前诊断检验、维修过程检验和竣工质量检验制度。

承担机动车维修竣工质量检验的机动车维修企业或机动车综合性能检测机构应当使用符合有关标准并在检定有效期内的设备，按照有关标准进行检测，如实提供检测结果证明，并对检测结果承担法律责任。

第三十三条 机动车维修竣工质量检验合格的，维修质量检验人员应当签发《机动车维修竣工出厂合格证》(见附件2);未签发机动车维修竣工出厂合格证的机动车,不得交付使用,车主可以拒绝交费或接车。

机动车维修竣工出厂合格证由省级道路运输管理机构统一印制和编号,县级道路运输管理机构按照规定发放和管理。

禁止伪造、倒卖、转借机动车维修竣工出厂合格证。

第三十四条 机动车维修经营者对机动车进行二级维护、总成修理、整车修理的,应当建立机动车维修档案。机动车维修档案主要内容包括:维修合同、维修项目、具体维修人员及质量检验人员、检验单、竣工出厂合格证(副本)及结算清单等。

机动车维修档案保存期为两年。

第三十五条 道路运输管理机构应当加强对机动车维修专业技术人员的管理,严格执行专业技术人员考试和管理制度。

机动车维修专业技术人员考试及管理具体办法另行制定。

第三十六条 道路运输管理机构应当加强对机动车维修经营的质量监督和管理工作,可委托具有法定资格的机动车维修质量监督检验中心,对机动车维修质量进行监督检验。

第三十七条 机动车维修实行竣工出厂质量保证期制度。

汽车和危险货物运输车辆整车修理或总成修理质量保证期为车辆行驶20000公里或者100日;二级维护质量保证期为车辆行驶5000公里或者30日;一级维护、小修及专项修理质量保证期为车辆行驶2000公里或者10日。

摩托车整车修理或者总成修理质量保证期为摩托车行驶7000公里或者80日;维护、小修及专项修理质量保证期为摩托车行驶800公里或者10日。

其他机动车整车修理或者总成修理质量保证期为机动车行驶6000公里或者60日;维护、小修及专项修理质量保证期为机动车行驶700公里或者7日。

质量保证期中行驶里程和日期指标,以先达到者为准。

机动车维修质量保证期,从维修竣工出厂之日起计算。

第三十八条 在质量保证期和承诺的质量保证期内,因维修质量原因造成机动车无法正常使用,且承修方在3日内不能或者无法提供因非维修原因而造成机动车无法使用的相关证据的,机动车维修经营者应当及时无偿返修,不得故意拖延或者无理拒绝。

在质量保证期内,机动车因同一故障或维修项目经两次修理仍不能正常使用的,机动车维修经营者应当负责联系其他机动车维修经营者,并承担相应修理费用。

第三十九条 机动车维修经营者应当公示承诺的机动车维修质量保证期。所承诺的质量保证期不得低于第三十七条的规定。

第四十条 道路运输管理机构应当受理机动车维修质量投诉,积极按照维修合同约定和相关规定调解维修质量纠纷。

第四十一条 机动车维修质量纠纷双方当事人均有保护当事车辆原始状态的义务。必要时可拆检车辆有关部位,但双方当事人应同时在场,共同认可拆检情况。

第四十二条 对机动车维修质量的责任认定需要进行技术分析和鉴定,且承修方和托修方共同要求道路运输管理机构出面协调的,道路运输管理机构应当组织专家组或委托具有法定检测资格的检测机构作出技术分析和鉴定。鉴定费用由责任方承担。

第四十三条 对机动车维修经营者实行质量信誉考核制度。机动车维修质量信誉考核办法另行制定。

机动车维修质量信誉考核内容应当包括经营者基本情况、经营业绩(含奖励情况)、不良记录等。

第四十四条 道路运输管理机构应当建立机动车维修企业诚信档案。机动车维修质量信誉考核结果是机动车维修诚信档案的重要组成部分。

道路运输管理机构建立的机动车维修企业诚信信息,除涉及国家秘密、商业秘密外,应当依法公开,供公众查阅。

第五章 监督检查

第四十五条 道路运输管理机构应当加强对机动车维修经营活动的监督检查。

道路运输管理机构的工作人员应当严格按照职责权限和程序进行监督检查,不得滥用职权、徇私舞弊,不得乱收费、乱罚款。

第四十六条 道路运输管理机构应当积极运用信息化技术手段,科学、高效地开展机动车维修管理工作。

第四十七条 道路运输管理机构的执法人员在机动车维修经营场所实施监督检查时,应当有2名以上人员参加,并向当事人出示交通部监制的交通行政执法证件。

道路运输管理机构实施监督检查时,可以采取下列措施:

(一)询问当事人或者有关人员,并要求其提供有关资料;

(二)查询、复制与违法行为有关的维修台账、票据、凭证、文件及其他资料,核对与违法行为有关的技术资料;

(三)在违法行为发现场所进行摄影、摄像取证;

(四)检查与违法行为有关的维修设备及相关机具的有关情况。

检查的情况和处理结果应当记录,并按照规定归档。当事人有权查阅监督检查记录。

第四十八条 从事机动车维修经营活动的单位和个人,应当自觉接受道路运输管理机构及其工作人员的检查,如实反映情况,提供有关资料。

第六章 法律责任

第四十九条 违反本规定,有下列行为之一,擅自从事机动车维修相关经营活动的,由县级以上道路运输管理机构责令其停止经营;有违法所得的,没收违法所得,处违法所得2倍以上10倍以下的罚款;没有违法所得或者违法所得不足1万元的,处2万元以上5万元以下的罚款;构成犯罪的,依法追究刑事责任:

(一)未取得机动车维修经营许可,非法从事机动车维修经营的;

(二)使用无效、伪造、变造机动车维修经营许可证件,非法从事机动车维修经营的;

(三)超越许可事项,非法从事机动车维修经营的。

第五十条 违反本规定,机动车维修经营者非法转让、出租机动车维修经营许可证件的,由县级以上道路运输管理机构责令停止违法行为,收缴转让、出租的有关证件,处以2000元以上1万元以下的罚款;有违法所得的,没收违法所得。

对于接受非法转让、出租的受让方,应当按照第四十九条的规定处罚。

第五十一条 违反本规定,机动车维修经营者使用假冒伪劣配件维修机动车,承修已报废的机动车或者擅自改装机动车的,由县级以上道路运输管理机构责令改正,并没收假冒伪劣配件及报废车辆;有违法所得的,没收违法所得,处违法所得 2 倍以上 10 倍以下的罚款;没有违法所得或者违法所得不足 1 万元的,处 2 万元以上 5 万元以下的罚款,没收假冒伪劣配件及报废车辆;情节严重的,由原许可机关吊销其经营许可;构成犯罪的,依法追究刑事责任。

第五十二条 违反本规定,机动车维修经营者签发虚假或者不签发机动车维修竣工出厂合格证的,由县级以上道路运输管理机构责令改正;有违法所得的,没收违法所得,处以违法所得 2 倍以上 10 倍以下的罚款;没有违法所得或者违法所得不足 3000 元的,处以 5000 元以上 2 万元以下的罚款;情节严重的,由许可机关吊销其经营许可;构成犯罪的,依法追究刑事责任。

第五十三条 违反本规定,有下列行为之一的,由县级以上道路运输管理机构责令其限期整改;限期整改不合格的,予以通报:

(一)机动车维修经营者未按照规定执行机动车维修质量保证期制度的;

(二)机动车维修经营者未按照有关技术规范进行维修作业的;

(三)伪造、转借、倒卖机动车维修竣工出厂合格证的;

(四)机动车维修经营者只收费不维修或者虚列维修作业项目的;

(五)机动车维修经营者未在经营场所醒目位置悬挂机动车维修经营许可证件和机动车维修标志牌的;

(六)机动车维修经营者未在经营场所公布收费项目、工时定额和工时单价的;

(七)机动车维修经营者超出公布的结算工时定额、结算工时单价向托修方收费的;

(八)机动车维修经营者不按照规定建立维修档案和报送统计资料的;

(九)违反本规定其他有关规定的。

第五十四条 违反本规定,道路运输管理机构的工作人员有下列情形之一的,由同级地方人民政府交通主管部门依法给予行政处分;构成犯罪的,依法追究刑事责任:

(一)不按照规定的条件、程序和期限实施行政许可的;

(二)参与或者变相参与机动车维修经营业务的;

(三)发现违法行为不及时查处的;

(四)索取、收受他人财物或谋取其他利益的;

(五)其他违法违纪行为。

第七章 附 则

第五十五条 外商在中华人民共和国境内申请中外合资、中外合作、独资形式投资机动车维修经营的,应同时遵守《外商投资道路运输业管理规定》及相关法律、法规的规定。

第五十六条 机动车维修经营许可证件等相关证件工本费收费标准由省级人民政府财政部门、价格主管部门会同同级交通主管部门核定。

第五十七条 本规定自 2005 年 8 月 1 日起施行。经过国家发展和改革委员会、国家工商行政管理总局同意,1986 年 12 月 12 日交通部、原国家经委、原国家工商行政管理局发布的《汽车维修行业管理暂行办法》同时废止,1991 年 4 月 10 日交通部颁布的《汽车维修质量管理办法》同时废止。

附件五 《道路运输车辆维护管理规定》

（中华人民共和国交通部令2001年第4号）

（1998年3月4日中华人民共和国交通部令第2号发布，根据2001年8月20日中华人民共和国交通部令第4号公布的《关于修改〈道路运输车辆维护管理规定〉的决定》修正）

第一章 总 则

第一条 为加强道路运输车辆管理，保持车辆技术状况良好，确保运行安全，保护环境，降低运行消耗，提高运输质量，根据国家有关规定，制定本规定。

第二条 车辆维护制度是贯彻安全第一、预防为主的方针，保障汽车运行安全的基本制度。车辆维护是指道路运输车辆运行到国家有关标准规定的行驶里程或间隔时间，必须按期执行的维护作业。

第三条 本规定适用于在中华人民共和国境内，从事道路客货运输的经营业户（单位或个人）、汽车维修一、二类企业及汽车综合性能检测站。

第四条 各级交通行政主管部门归口管理辖区内道路运输车辆的维护管理工作，各级道路运输管理机构负责组织实施。

第二章 道路运输车辆维护

第五条 道路运输车辆的维护分为：日常维护、一级维护、二级维护。

日常维护是由驾驶员每日出车前、行车中和收车后负责执行的车辆维护作业。其作业中心内容是清洁、补给和安全检视。

一级维护是由维修企业负责执行的车辆维护作业。其作业中心内容除日常维护作业外，以清洁、润滑、紧固为主，并检查有关制动、操纵等安全部件。

二级维护是由维修企业负责执行的车辆维护作业。其作业中心内容是除一级维护作业外，以检查、调整转向节、转向摇臂、制动蹄片、悬架等经过一定时间的使用容易磨损或变形的安全部件为主，并拆检轮胎，进行轮胎换位。二级维护必须按期执行。

第六条 道路运输经营业户和驾驶员，必须按国家或行业有关标准规定的行驶里程或间隔时间，对车辆进行维护作业，进口车辆及特种车辆按出厂说明书的规定执行。

第七条 道路运输经营业户，可以自主选择经道路运输管理机构资质认定的二类以上的汽车维修企业进行维护作业。危险品运输车辆必须到具备危险品运输车辆修理条件的维修企业进行维护作业。

第八条 经道路运输管理机构资质认定，达到二类以上汽车维修企业开业条件的道路运输经营业户，可以对本单位的车辆进行维护作业。

第九条 凡从事道路运输车辆维护作业的维修企业（以下简称维修企业），应遵守国家有关法规、标准，按规定的作业规范或说明书进行作业，不得漏项或减项作业。

第十条 维修企业实行车辆维修合同制，承修方与托修方应签订维修合同，并实行竣工上线检测制度、出厂合格证制度和质量保证期制度。

第十一条 维修企业应与经道路运输管理机构资质认定的汽车综合性能检测站签订二级维护竣工检测委托合同书。

第十二条 维修企业应配备专职的质量检验员和价格结算人员。质量检验员及价格结算人员必须经过培训,考核合格持证上岗。

第十三条 维修企业及价格结算人员,应严格执行当地交通部门制定的工时定额,并严格按当地交通部门会同物价部门制定的工时费率标准收取工时费。

第三章 道路运输车辆二级维护检测

第十四条 道路运输车辆二级维护检测分为三类:

(一)二级维护前的诊断检测,主要是针对驾驶员的反映和车辆的外检情况,应用仪器、设备对车辆进行不解体诊断检测,以确定二级维护的附加作业项目。由维修企业按标准来执行,出具的诊断报告,作为签订维护合同的依据之一。

(二)二级维护作业过程中的检测,主要是对二级维护生产过程中的车辆维修质量进行跟踪检测,发现问题及时解决,由维修企业按标准进行,并作出检测记录。

(三)二级维护竣工检测主要是对二级维护及其附加作业项目的作业质量进行检测评定,由汽车综合性能检测站按标准进行,出具的检测报告,作为维修企业的质量检验员签发出厂合格证的依据之一。

第十五条 汽车综合性能检测站应配备技术负责人、质量负责人和专职的检测员,并必须经过培训,考核合格并取得证书后方可上岗。

第十六条 汽车综合性能检测站应严格执行交通部门制定的有关检测标准、规范和程序,由技术负责人签发检测报告。汽车综合性能检测站应严格按当地交通部门会同物价部门制定的检测费标准收取检测费。

第四章 管理与监督检查

第十七条 道路运输经营业户,必须按国家有关规定执行车辆维护制度,并加强管理。车辆的二级维护由各级道路运输管理机构负责监督管理。

第十八条 车辆二级维护出厂前,须进行竣工检测,并由维修企业的质量检验员审验合格后,签发出厂合格证。维修企业应开具统一规定的汽车维修项目、费用清单和结算凭证。

第十九条 道路运输经营业户应持出厂合格证到当地道路运输管理机构审核备案。实行了计算机联网的地区,应实现车辆技术管理及信息传递的自动化。

第二十条 从事驻在运输超过三个月的车辆,车主应持车籍地道路运输管理机构的委托书,纳入驻在地车辆维护的管理。

第二十一条 对车辆二级维护执行情况的监督应在车站、货场和车辆所属道路运输经营业户驻地进行。对达到二级维护里程或间隔时间的车辆,道路运输经营业户应自觉按时维护,道路运输管理机构要及时督促道路运输经营业户按时维护。

第二十二条 道路运输经营业户年度审验时应出示车辆二级维护出厂合格证(已审核备案的除外)。

第二十三条 对维修企业,主要检查其执行国家有关车辆维护规范的情况、经营行为、在质量保证期内的返修率和质量监督抽查上线检测一次合格率。质量保证期内的车辆返修率应低于5%,质量监督抽查上线检测一次合格率应不低于85%。

第二十四条 对汽车综合性能检测站,主要检查二级维护竣工检测标准及项目的执行情况和经营行为。

第五章 罚 则

第二十五条 对违反本规定的单位和个人，由交通行政主管部门（或其委托的道路运输管理机构）按有关行政处罚规定予以处罚。

第六章 附 则

第二十六条 各省、自治区、直辖市交通厅（局、委、办）可根据本地实际情况制定实施细则。

第二十七条 非营运车辆可参照本规定执行。

第二十八条 本规定由中华人民共和国交通部负责解释。

第二十九条 本规定自1998年4月1日起施行。以前有关规定与本规定有抵触的按本规定执行。

附件六 《道路运输从业人员管理规定》

（2006年 第9号）

（《道路运输从业人员管理规定》已于2006年9月5日经第11次部务会议通过，现予公布，自2007年3月1日起施行）

第一章 总 则

第一条 为加强道路运输从业人员管理，提高道路运输从业人员综合素质，根据《中华人民共和国道路运输条例》、《危险化学品安全管理条例》以及有关法律、行政法规，制定本规定。

第二条 本规定所称道路运输从业人员是指经营性道路客货运输驾驶员、道路危险货物运输从业人员、机动车维修技术人员、机动车驾驶培训教练员、道路运输经理人和其他道路运输从业人员。

经营性道路客货运输驾驶员包括经营性道路旅客运输驾驶员和经营性道路货物运输驾驶员。

道路危险货物运输从业人员包括道路危险货物运输驾驶员、装卸管理人员和押运人员。

机动车维修技术人员包括机动车维修技术负责人员、质量检验人员以及从事机修、电器、钣金、涂漆、车辆技术评估（含检测）作业的技术人员。

机动车驾驶培训教练员包括理论教练员、驾驶操作教练员、道路客货运输驾驶员从业资格培训教练员和危险货物运输驾驶员从业资格培训教练员。

道路运输经理人包括道路客货运输企业、道路客货运输站（场）、机动车驾驶员培训机构、机动车维修企业的管理人员。

其他道路运输从业人员是指除上述人员以外的道路运输从业人员，包括道路客运乘务员、机动车驾驶员培训机构教学负责人及结业考核人员、机动车维修企业价格结算员及业务接待员。

第三条　道路运输从业人员应当依法经营，诚实信用，规范操作，文明从业。

第四条　道路运输从业人员管理工作应当公平、公正、公开和便民。

第五条　交通部负责全国道路运输从业人员管理工作。

县级以上地方人民政府交通主管部门负责组织领导本行政区域内的道路运输从业人员管理工作，并具体负责本行政区域内道路危险货物运输从业人员的管理工作。

县级以上道路运输管理机构具体负责本行政区域内经营性道路客货运输驾驶员、机动车维修技术人员、机动车驾驶培训教练员、道路运输经理人和其他道路运输从业人员的管理工作。

第二章　从业资格管理

第六条　国家对道路运输从业人员实行从业资格考试制度。

从业资格是对道路运输从业人员所从事的特定岗位职业素质的基本评价。

经营性道路客货运输驾驶员和道路危险货物运输从业人员必须取得相应从业资格，方可从事相应的道路运输活动。

机动车维修技术人员、机动车驾驶培训教练员取得从业资格的比例分别是相关经营者依法获取机动车维修和机动车驾驶员培训经营许可的必要条件之一。

第七条　道路运输从业人员从业资格考试应当按照交通部编制的考试大纲、考试题库、考核标准、考试工作规范和程序组织实施。

第八条　经营性道路客货运输驾驶员从业资格考试由设区的市级道路运输管理机构组织实施，每月组织一次考试。

道路危险货物运输从业人员从业资格考试由设区的市级人民政府交通主管部门组织实施，每季度组织一次考试。

机动车维修技术人员从业资格考试由设区的市级道路运输管理机构组织实施，每季度组织一次考试。

道路运输经理人和机动车驾驶培训教练员从业资格考试由省级道路运输管理机构组织实施，每年组织两次考试。

其他道路运输从业人员从业资格考试管理权限由省级道路运输管理机构确定。

第九条　经营性道路旅客运输驾驶员应当符合下列条件：

（一）取得相应的机动车驾驶证1年以上；

（二）年龄不超过60周岁；

（三）3年内无重大以上交通责任事故；

（四）掌握相关道路旅客运输法规、机动车维修和旅客急救基本知识；

（五）经考试合格，取得相应的从业资格证件。

第十条　经营性道路货物运输驾驶员应当符合下列条件：

（一）取得相应的机动车驾驶证；

（二）年龄不超过60周岁；

（三）掌握相关道路货物运输法规、机动车维修和货物装载保管基本知识；

（四）经考试合格，取得相应的从业资格证件。

第十一条　道路危险货物运输驾驶员应当符合下列条件：

（一）取得相应的机动车驾驶证；

(二)年龄不超过60周岁；

(三)3年内无重大以上交通责任事故；

(四)取得经营性道路旅客运输或者货物运输驾驶员从业资格2年以上；

(五)接受相关法规、安全知识、专业技术、职业卫生防护和应急救援知识的培训，了解危险货物性质、危害特征、包装容器的使用特性和发生意外时的应急措施；

(六)经考试合格，取得相应的从业资格证件。

第十二条 道路危险货物运输装卸管理人员和押运人员应当符合下列条件：

(一)年龄不超过60周岁；

(二)初中以上学历；

(三)接受相关法规、安全知识、专业技术、职业卫生防护和应急救援知识的培训，了解危险货物性质、危害特征、包装容器的使用特性和发生意外时的应急措施；

(四)经考试合格，取得相应的从业资格证件。

第十三条 机动车维修技术人员应当符合下列条件：

(一)技术负责人员

1. 具有机动车维修或者相关专业大专以上学历，或者具有机动车维修或相关专业中级以上专业技术职称；

2. 熟悉机动车维修业务，掌握机动车维修及相关政策法规和技术规范。

(二)质量检验人员

1. 具有高中以上学历；

2. 熟悉机动车维修检测作业规范，掌握机动车维修故障诊断和质量检验的相关技术，熟悉机动车维修服务收费标准及相关政策法规和技术规范。

(三)从事机修、电器、钣金、涂漆、车辆技术评估(含检测)作业的技术人员

1. 具有初中以上学历；

2. 熟悉所从事工种的维修技术和操作规范，并了解机动车维修及相关政策法规。

第十四条 机动车驾驶培训教练员应当符合下列条件：

(一)理论教练员

1. 取得相应的机动车驾驶证，具有2年以上安全驾驶经历；

2. 年龄不超过60周岁；

3. 具有汽车及相关专业中专以上学历或者汽车及相关专业中级以上技术职称；

4. 掌握道路交通安全法规、驾驶理论、机动车构造、交通安全心理学、常用伤员急救等安全驾驶知识，了解车辆环保和节约能源的有关知识，了解教育学、教育心理学的基本教学知识，具备编写教案、规范讲解的授课能力。

(二)驾驶操作教练员

1. 取得相应的机动车驾驶证，符合安全驾驶经历和相应车型驾驶经历的要求；

2. 年龄不超过60周岁；

3. 具有汽车及相关专业中专或者高中以上学历；

4. 掌握道路交通安全法规、驾驶理论、机动车构造、交通安全心理学和应急驾驶的基本知识，熟悉车辆维护和常见故障诊断、车辆环保和节约能源的有关知识，具备驾驶要领讲解、驾驶动作示范、指导驾驶的教学能力。

(三)道路客货运输驾驶员从业资格培训教练员

1. 具有汽车及相关专业大专以上学历或者汽车及相关专业高级以上技术职称；

2. 掌握道路旅客运输法规、货物运输法规以及机动车维修、货物装卸保管和旅客急救等相关知识，具备相应的授课能力；

3. 具有2年以上从事普通机动车驾驶员培训的教学经历，且近2年无不良的教学记录。

（四）危险货物运输驾驶员从业资格培训教练员

1. 具有化工及相关专业大专以上学历或者化工及相关专业高级以上技术职称；

2. 掌握危险货物运输法规、危险化学品特性、包装容器使用方法、职业安全防护和应急救援等知识，具备相应的授课能力；

3. 具有2年以上化工及相关专业的教学经历，且近2年无不良的教学记录。

第十五条 申请参加经营性道路客货运输驾驶员从业资格考试的人员，应当向其户籍地或者暂住地设区的市级道路运输管理机构提出申请，填写《经营性道路客货运输驾驶员从业资格考试申请表》（式样见附件1），并提供下列材料：

（一）身份证明及复印件；

（二）机动车驾驶证及复印件；

（三）申请参加道路旅客运输驾驶员从业资格考试的，还应当提供道路交通安全主管部门出具的3年内无重大以上交通责任事故记录证明。

第十六条 申请参加道路危险货物运输驾驶员从业资格考试的，应当向其户籍地或者暂住地设区的市级交通主管部门提出申请，填写《道路危险货物运输从业人员从业资格考试申请表》（式样见附件2），并提供下列材料：

（一）身份证明及复印件；

（二）机动车驾驶证及复印件；

（三）道路旅客运输驾驶员从业资格证件或者道路货物运输驾驶员从业资格证件及复印件；

（四）相关培训证明及复印件；

（五）道路交通安全主管部门出具的3年内无重大以上交通责任事故记录证明。

第十七条 申请参加道路危险货物运输装卸管理人员和押运人员从业资格考试的，应当向其户籍地或者暂住地设区的市级交通主管部门提出申请，填写《道路危险货物运输从业人员从业资格考试申请表》，并提供下列材料：

（一）身份证明及复印件；

（二）学历证明及复印件；

（三）相关培训证明及复印件。

第十八条 申请参加机动车维修技术人员从业资格考试的，应当向其户籍地或者暂住地设区的市级道路运输管理机构提出申请，填写《机动车维修技术人员从业资格考试申请表》（式样见附件3），并提供下列材料：

（一）身份证明及复印件；

（二）学历证明及复印件，申请参加技术负责人员从业资格考试的，也可以提供技术职称证明及复印件。

申请质量检验人员从业资格考试的，还应当同时提供机动车驾驶证及复印件和维修技术工作经历证明。

第十九条 申请参加机动车驾驶培训教练员从业资格考试的，应当向其户籍地或者暂住地省级道路运输管理机构提出申请，填写《机动车驾驶培训教练员从业资格考试申请表》（式样见附件 4），并提供下列材料：

（一）身份证明及复印件；

（二）机动车驾驶证及复印件；

（三）学历证明或者技术职称证明及复印件；

（四）道路交通安全主管部门出具的安全驾驶经历证明；

（五）相应车型驾驶经历证明；

（六）申请参加道路客货运输驾驶员从业资格培训教练员和危险货物运输驾驶员从业资格培训教练员从业资格考试的，还应当提供相应的教学经历证明。

第二十条 交通主管部门和道路运输管理机构对符合申请条件的申请人应当安排考试。

第二十一条 交通主管部门和道路运输管理机构应当在考试结束 10 日内公布考试成绩。对考试合格人员，应当自公布考试成绩之日起 10 日内颁发相应的道路运输从业人员从业资格证件。

第二十二条 道路运输从业人员从业资格考试成绩有效期为 1 年，考试成绩逾期作废。

第二十三条 申请人在从业资格考试中有舞弊行为的，取消当次考试资格，考试成绩无效。

第二十四条 交通主管部门或者道路运输管理机构应当建立道路运输从业人员从业资格管理档案。

道路运输从业人员从业资格管理档案包括：从业资格考试申请材料，从业资格考试及从业资格证件记录，从业资格证件换发、补发、变更记录，违章、事故及诚信考核、继续教育记录等。

第二十五条 交通主管部门和道路运输管理机构应当向社会提供道路运输从业人员相关从业信息的查询服务。

第三章　从业资格证件管理

第二十六条 机动车驾驶培训教练员经考试合格后，取得《中华人民共和国机动车驾驶培训教练员证》，证件式样按照《机动车驾驶员培训管理规定》（交通部 2006 年第 2 号令）的规定执行；经营性道路客货运输驾驶员、道路危险货物运输从业人员、机动车维修技术人员、道路运输经理人和其他道路运输从业人员经考试合格后，取得《中华人民共和国道路运输从业人员从业资格证》（式样见附件 5）。

《中华人民共和国道路运输从业人员从业资格证》和《中华人民共和国机动车驾驶培训教练员证》统称道路运输从业人员从业资格证件。

第二十七条 道路运输从业人员从业资格证件全国通用。

第二十八条 已获得从业资格证件的人员需要增加相应从业资格类别的，应当向原发证机关提出申请，并按照规定参加相应培训和考试。

第二十九条 道路运输从业人员从业资格证件由交通部统一印制并编号。具体工作委托交通专业人员资格评价中心负责。

机动车驾驶培训教练员和道路运输经理人从业资格证件由省级道路运输管理机构发放和管理。

道路危险货物运输从业人员从业资格证件由设区的市级交通主管部门发放和管理。

经营性道路客货运输驾驶员从业资格证件、机动车维修技术人员从业资格证件由设区的市级道路运输管理机构发放和管理。

其他道路运输从业人员从业资格证件发放和管理权限由省级道路运输管理机构确定。

第三十条 交通主管部门和道路运输管理机构应当建立道路运输从业人员从业资格证件管理数据库，使用全国统一的管理软件核发从业资格证件，并逐步采用电子存取和防伪技术，确保有关信息实时输入、输出和存储。

交通主管部门和道路运输管理机构应当结合道路运输从业人员从业资格证件的管理工作，建立道路运输从业人员管理信息系统，并逐步实现异地稽查信息共享和动态资格管理。

第三十一条 道路运输从业人员从业资格证件有效期为 6 年。道路运输从业人员应当在从业资格证件有效期届满 30 日前到原发证机关办理换证手续。

道路运输从业人员从业资格证件遗失、毁损的，应当到原发证机关办理证件补发手续。

道路运输从业人员服务单位变更的，应当到交通主管部门或者道路运输管理机构办理从业资格证件变更手续。

道路运输从业人员从业资格档案应当由原发证机关在变更手续办结后 30 日内移交户籍迁入地或者现居住地的交通主管部门或者道路运输管理机构。

第三十二条 道路运输从业人员办理换证、补证和变更手续，应当填写《道路运输从业人员从业资格证件换发、补发、变更登记表》（式样见附件 6）。

第三十三条 交通主管部门和道路运输管理机构应当对符合要求的从业资格证件换发、补发、变更申请予以办理。

申请人违反相关从业资格管理规定且尚未接受处罚的，受理机关应当在其接受处罚后换发、补发、变更相应的从业资格证件。

第三十四条 经营性道路客货运输驾驶员、道路危险货物运输从业人员在发证机关所在地以外从业，且从业时间超过 3 个月的，应当到服务地管理部门备案。

第三十五条 道路运输从业人员有下列情形之一的，由发证机关注销其从业资格证件：

（一）持证人死亡的；

（二）持证人申请注销的；

（三）经营性道路客货运输驾驶员、道路危险货物运输从业人员、机动车驾驶培训教练员年龄超过 60 周岁的；

（四）经营性道路客货运输驾驶员、道路危险货物运输驾驶员、机动车维修质量检验人员、机动车驾驶培训教练员的机动车驾驶证被注销或者被吊销的；

（五）超过从业资格证件有效期 180 日未申请换证的。

凡被注销的从业资格证件，应当由发证机关予以收回，公告作废并登记归档；无法收回的，从业资格证件自行作废。

第三十六条 交通主管部门和道路运输管理机构应当将道路运输从业人员的违章行为记录在《中华人民共和国道路运输从业人员从业资格证》的违章记录栏内，并通报发证机关。发证机关应当将该记录作为道路运输从业人员诚信考核和计分考核的依据，并存入管理档案。机动车驾驶培训教练员违章记录直接记入教练员档案，并作为诚信考核的重要内容。

第三十七条 道路运输从业人员诚信考核和计分考核周期为 12 个月，从初次领取从业资格证件之日起计算。诚信考核等级分为优良、合格、基本合格和不合格，分别用 AAA 级、AA 级、A 级和 B 级表示。在考核周期内，累计计分超过规定的，诚信考核等级为 B 级。

省级交通主管部门和道路运输管理机构应当将道路运输从业人员每年的诚信考核和计分考核结果向社会公布,供公众查阅。

道路运输从业人员诚信考核和计分考核具体办法另行制定。

第四章 从业行为规定

第三十八条 经营性道路客货运输驾驶员以及道路危险货物运输从业人员应当在从业资格证件许可的范围内从事道路运输活动。道路危险货物运输驾驶员除可以驾驶道路危险货物运输车辆外,还可以驾驶原从业资格证件许可的道路旅客运输车辆或者道路货物运输车辆。

第三十九条 道路运输从业人员在从事道路运输活动时,应当携带相应的从业资格证件,并应当遵守国家相关法规和道路运输安全操作规程,不得违法经营、违章作业。

第四十条 道路运输从业人员应当按照规定参加国家相关法规、职业道德及业务知识培训。

第四十一条 经营性道路客货运输驾驶员和道路危险货物运输驾驶员不得超限、超载运输,连续驾驶时间不得超过4个小时。

第四十二条 经营性道路旅客运输驾驶员和道路危险货物运输驾驶员应当按照规定填写行车日志。行车日志式样由省级道路运输管理机构统一制定。

第四十三条 经营性道路旅客运输驾驶员应当采取必要措施保证旅客的人身和财产安全,发生紧急情况时,应当积极进行救护。

经营性道路货物运输驾驶员应当采取必要措施防止货物脱落、扬撒等。

严禁驾驶道路货物运输车辆从事经营性道路旅客运输活动。

第四十四条 道路危险货物运输驾驶员应当按照道路交通安全主管部门指定的行车时间和路线运输危险货物。

道路危险货物运输装卸管理人员应当按照安全作业规程对道路危险货物装卸作业进行现场监督,确保装卸安全。

道路危险货物运输押运人员应当对道路危险货物运输进行全程监管。

道路危险货物运输从业人员应当严格按照《汽车运输危险货物规则》(JT617)、《汽车运输、装卸危险货物作业规程》(JT618)操作,不得违章作业。

第四十五条 在道路危险货物运输过程中发生燃烧、爆炸、污染、中毒或者被盗、丢失、流散、泄漏等事故,道路危险货物运输驾驶员、押运人员应当立即向当地公安部门和所在运输企业或者单位报告,说明事故情况、危险货物品名和特性,并采取一切可能的警示措施和应急措施,积极配合有关部门进行处置。

第四十六条 机动车维修技术人员应当按照维修规范和程序作业,不得擅自扩大维修项目,不得使用假冒伪劣配件,不得擅自改装机动车,不得承修已报废的机动车,不得利用配件拼装机动车。

第四十七条 机动车驾驶培训教练员应当按照全国统一的教学大纲实施教学,规范填写教学日志和培训记录,不得擅自减少学时和培训内容。

第五章 法律责任

第四十八条 违反本规定,有下列行为之一的人员,由县级以上道路运输管理机构责令改正,处200元以上2000元以下的罚款;构成犯罪的,依法追究刑事责任:

附件

(一)未取得相应从业资格证件,驾驶道路客货运输车辆的;

(二)使用失效、伪造、变造的从业资格证件,驾驶道路客货运输车辆的;

(三)超越从业资格证件核定范围,驾驶道路客货运输车辆的。

第四十九条 违反本规定,有下列行为之一的人员,由设区的市级人民政府交通主管部门处2万元以上10万元以下的罚款;构成犯罪的,依法追究刑事责任:

(一)未取得相应从业资格证件,从事道路危险货物运输活动的;

(二)使用失效、伪造、变造的从业资格证件,从事道路危险货物运输活动的;

(三)超越从业资格证件核定范围,从事道路危险货物运输活动的。

第五十条 道路运输从业人员有下列不具备安全条件情形之一的,由发证机关吊销其从业资格证件:

(一)经营性道路客货运输驾驶员、道路危险货物运输从业人员、机动车驾驶培训教练员身体健康状况不符合有关机动车驾驶和相关从业要求且没有主动申请注销从业资格的;

(二)经营性道路客货运输驾驶员、道路危险货物运输驾驶员、机动车驾驶培训教练员发生重大以上交通事故,且负主要责任的;

(三)机动车维修技术人员发生重大生产安全事故,且负主要责任的;

(四)发现重大事故隐患,不立即采取消除措施,继续作业的。

被吊销的从业资格证件应当由发证机关公告作废并登记归档。

第五十一条 违反本规定,交通主管部门及道路运输管理机构工作人员有下列情形之一的,依法给予行政处分;构成犯罪的,依法追究刑事责任:

(一)不按规定的条件、程序和期限组织从业资格考试的;

(二)发现违法行为未及时查处的;

(三)索取、收受他人财物及谋取其他不正当利益的;

(四)其他违法行为。

第六章 附 则

第五十二条 从业资格考试收费标准和从业资格证件工本费由省级以上交通主管部门会同同级财政部门、物价部门核定。

第五十三条 本规定自2007年3月1日起施行。2001年9月6日公布的《营业性道路运输驾驶员职业培训管理规定》(交通部2001年第7号令)同时废止。

附件七 《道路运输行政处罚规定》

(中华人民共和国交通部令2001年第5号)

第一章 总 则

第一条 为规范道路运输行政处罚行为,维护道路运输市场秩序,保障道路运输经营者、旅客、货主和其他当事人的合法权益,根据《中华人民共和国行政处罚法》和国务院"关于贯彻实施《中华人民共和国行政处罚法》的通知"的精神,制定本规定。

第二条 本规定适用于对违反交通部和交通部与其他部(委)联合颁布的规章规定的道

路运输行政管理的行为的处罚。

第三条 县级以上人民政府交通行政主管部门负责本规定的实施。

县级以上人民政府交通行政主管部门可以委托其所属的道路运输管理机构(以下简称“道路运政机构”)行使本规定的道路运输行政处罚权。

地方性法规授权的道路运政机构可以在授权的范围内行使本规定的处罚权。

第四条 道路运输行政处罚应遵循法定、公正、公开、保护当事人合法权益、处罚与教育相结合的原则。

第五条 对违反道路运输行政管理的行为,按照本规定可以给予警告或罚款的行政处罚。

第六条 道路运政人员执行公务时,应当佩戴标志,持证上岗,在道路运输经营单位、经营活动场站(点)和经省级人民政府批准设立的公路规费稽查站内进行监督检查。

第二章 违法行为与处罚

第七条 对违反道路运输行政管理的行为,按本章各条的规定处罚。

第八条 对违反经营许可管理的行为,按下列规定予以处罚:

(一)无道路运输经营许可证擅自从事道路运输经营活动的,处以5000元以上10000元以下的罚款。

(二)道路运输经营者超越道路运输经营许可证上核定的经营范围从事经营活动的,处以1000元以上3000元以下的罚款。

(三)客、货运车辆无道路运输证或使用无效道路运输证擅自从事营业性客、货运输的,没收无效道路运输证,汽车每辆处以500元以上2000元以下的罚款,其他机动车每辆处以100元以上500元以下的罚款,但罚款总额最高不得超过10000元。

(四)营运车辆在运行中未随车携带道路运输证的,汽车每辆处以100元以上300元以下的罚款,其他机动车每辆处以100元以下的罚款。

(五)营运车辆超越道路运输证上核定的经营范围从事经营活动的,处以300元以上1000元以下的罚款。

(六)伪造、倒卖道路运输经营许可证的,处以5000元以上10000元以下的罚款。使用者按本条第(一)、(三)项的规定予以处罚。

(七)用不正当手段向道路运政机构骗取道路运输证的,处以500元以上1000元以下的罚款。

(八)未经县级以上道路运政机构核准擅自购置营运车辆的,每车处以购车价3%以上5%以下的罚款,但罚款总额不得超过10000元。

(九)营运车辆易主未按规定办理营运过户手续,并继续从事营运的,对原经营者处以1000元的罚款,对新经营者分别情况按本条第(一)或第(三)项处罚。

(十)道路运输经营者未在规定的期限内到道路运政机构办理年度审验手续的,处以1000元以上3000元以下的罚款。

客、货运输经营者所持道路运输证未加盖有效年度审验章的,从年审的最后期限算起,每逾期一个月(不足一个月按一个月计),汽车每辆处以100元的罚款,其他机动车每辆处以50元的罚款,但最高不得超过1000元。

(十一)道路运输经营者不按规定办理变更、停业、歇业手续的,处以500元以上1000元以下的罚款。

第九条 对违反客、货运输管理的行为,按下列规定予以处罚:

(一)客运经营者未经县级以上道路运政机构批准擅自开行客运班线的,处以500元以上1000元以下的罚款。

(二)客运经营者无故不按核定的线路、区域从事经营活动的,处以500元以上1000元以下的罚款。

(三)客运经营者擅自增加、减少班次以及停止运行的,处以500元以上1000元以下的罚款。

(四)客运经营者无故不在核定的客运站停靠、上下旅客、装卸行包的,处以300元以上500元以下的罚款。

(五)客运经营者无故不按核定的时间发车的,处以100元以上300元以下的罚款。

(六)客运经营者无故在途中更换车辆、停止运行、途中甩客或将旅客移交他人运送的,处以2000元以上5000元以下的罚款。

(七)客运经营者采取欺骗手段招揽旅客的,处以1000元以上3000元以下的罚款。

(八)客运经营者不在规定的售票场所售票或强揽旅客的,处以300元以上500元以下的罚款。

客运经营者或司乘人员收取票款后不给旅客车票或给予的车票与票款不符的,每人次处以100元的罚款。

(九)出租汽车不安装或不使用计程、计价器的,处以1000元的罚款。

(十)出租客运经营者异地经营的(送客到异地返程的除外),按第八条第(二)项规定处罚。

(十一)出租客运经营者拒载或中途无故中断运输的,每次处以500元以上1000元以下的罚款。出租客运经营者在营运中未经乘客同意擅自招揽他人同乘或故意绕道的,每次处以500元以上1000元以下的罚款。

(十二)包车客运经营者沿途招揽乘客的,每次处以200元以上500元以下的罚款。出租客运、旅游客运经营者在机场、车站、港口等客源点不在规定的场所、不按规定秩序排队承运乘客的,处以100元以上300元以下的罚款。

(十三)道路运输经营者使用报废汽车从事客、货运输的,处以3000元的罚款。使用未按规定检测或检测不合格的车辆从事客、货运输经营活动的,每辆车处以500元以上2000元以下的罚款,但罚款总额最高不得超过10000元。未使用相应车型、等级要求的车辆从事客、货运输经营活动的,每辆车处以500元以上1000元以下的罚款,但罚款总额最高不得超过10000元。

(十四)客运经营者不按核定的营运车辆载客定额载客造成超载的,按超载旅客人数每人处以50元的罚款,但罚款总额最高不得超过2000元。不按核定的行包装载定额装运行包造成超载的,按超载行包重量每千克处以5元的罚款,但罚款总额最高不得超过5000元。

(十五)客运经营者不服从道路运政机构安排,不进站营运,扰乱客运秩序的,每辆车处以500元以上1000元以下的罚款。

(十六)使用货车、拖拉机及其他禁止载客车辆经营旅客运输的,按装载旅客人数每人处以50元的罚款,但罚款总额最高不得超过3000元。

(十七)未经道路运政机构批准,擅自开行零担货运班线的,按本条第(一)项的规定处罚。擅自延伸或缩短零担班线,改变停靠站点,增加或减少班次的,按本条第(一)项的规定处罚。

(十八)从事危险货物、零担货物、大型物件货物、集装箱、冷藏保温货物等运输的车辆和设备不符合国家规定技术条件的,处以500元以上1000元以下的罚款。

(十九)货运经营者使用全挂汽车列车、自卸汽车、拖拉机、三轮机动车、非机动车(含畜力车)运输危险货物的,处以1000元以上3000元以下的罚款。

(二十)无"道路危险货物非营业运输证"非营业性运输车辆从事危险货物运输的,处以1000元以上3000元以下的罚款。

(二十一)道路危险货物运输经营者,不按《汽车危险货物运输、装卸作业规程》作业,造成重大事故的,处以5000元以上10000元以下的罚款。

(二十二)道路运输经营者拒绝接受县级以上人民政府下达的抢险救灾运输任务的,对单位处以5000元以上10000元以下的罚款,对个体经营者和其他组织处以2000元以上5000元以下的罚款。

(二十三)道路运输经营者未凭准运证承运国家规定必须凭准运证运输的货物的,处以500元以上1000元以下的罚款。

(二十四)营业性客、货运输车辆,不按规定悬挂、装置运输标志的,处以200元以上500元以下的罚款。

(二十五)伪造、倒卖、转借和租让客、货运输标志、出入境汽车运输标志的,收缴其非法标志,并处以2000元以上5000元以下的罚款;对使用者处以1000元以上2000元以下的罚款。

使用超期的临时加班和包车客运线路牌的,每次处以200元以上500元以下的罚款。

(二十六)出入境客货运输经营者不随车携带国际汽车运输行车许可证、出入境汽车运输统一标志、出入境汽车旅客运输行车路单或国际汽车货物运单的,处以500元以上1000元以下的罚款。

(二十七)外国籍汽车擅自在我国境内自行揽货、揽客的,处以3000元以上5000元以下的罚款。

第十条 搬运装卸经营者强装强卸,欺行霸市,以不正当手段干扰他人从事合法搬运装卸活动的,处以1000元以上3000元以下的罚款。

第十一条 对违反运输服务业管理的行为,按下列规定予以处罚:

(一)客运站擅自接纳未经道路运政机构批准的客运车辆进站经营或不按核定的营运方式、区域、线路、班次(时间)安排客运车辆的,每车次处以1000元以上3000元以下的罚款,但罚款总额最高不得超过10000元。

(二)客运站不公布有效班次时刻表的,予以警告;警告后仍不改进的,处以200元的罚款。

(三)客运站给营运车辆超额配载旅客的,按超载旅客人数每人处以50元的罚款,但罚款总额最高不得超过2000元。不按核定的行包装载定额装运行包造成超载的,按超载行包重量每千克处以5元的罚款,但罚款总额最高不得超过5000元。

(四)客运站不按规定装卸行包而交由旅客自行装卸的,予以警告;警告后仍不改正的,处以300元以上500元以下的罚款。

(五)客货运代理、配载服务经营者将受理的业务交给无合法经营资格的单位或个人承运的，处以500元以上1000元以下的罚款。将受理特种货物交给无特种货物运输资格的单位或个人承运的，处以1000元以上5000元以下的罚款。

（六）客运站、货运站不按规定标准收取代理费、站务费的，处以3000元以上5000元以下的罚款。

（七）货运代理、联运服务、配载信息服务经营者倒卖货源的，处以500元以上2000元以下的罚款。

（八）单位和个人强行代理道路运输业务、强行指定道路运输经营者的，处以1000元以上3000元以下的罚款。

（九）商品汽车发送驾驶员不使用、或使用无效、或不随车携带《道路商品汽车发送证》发送商品汽车的，处以100元以上200元以下的罚款。

（十）伪造、倒卖《道路商品汽车发送证》的，收缴其非法证件，并处以2000元以上5000元以下的罚款；使用伪造、倒卖的《道路商品汽车发送证》发送商品汽车的，按本条第（九）项的规定予以处罚。

（十一）驾驶员培训学校（班）不按统一的教学计划、教学大纲和规定的教材培训或对未持学员证人员进行驾驶员培训的，处以5000元以上10000元以下的罚款。

（十二）使用未按规定进行年审的教练车从事驾驶员培训的，按第八条第（十）项的规定处罚。

（十三）使用无标志牌或教练车证的教练车从事驾驶员培训的，处以500元以上2000元以下的罚款。

（十四）驾驶员培训学校（班）对未经培训或未完成培训计划要求的学员发给《培训结业证》的，按发证人员每人处以2000元的罚款，但最高不得超过10000元。

第十二条　对违反汽车维修管理的行为，按下列规定进行处罚：

（一）维修经营者承修报废车辆、擅自改装或利用配件拼装车辆的，处以5000元以上10000元以下的罚款。

（二）维修经营者故意使用假冒、伪劣配件承修车辆的，处以1000元以上2000元以下的罚款，屡次发生的或情节严重并造成重大事故的，处以5000元以上10000元以下的罚款。

（三）维修经营者采取给回扣或变相给回扣等不正当手段，故意虚报修理项目的，处以2000元以上5000元以下的罚款。

（四）维修经营者非法占用道路、公共场所等进行维修作业的，处以500元以上1000元以下的罚款。

（五）维修经营者只收费不维护或伪造、倒卖车辆维修竣工出厂合格证、结算凭证的，收缴其非法证件，并处以2000元以上5000元以下的罚款。

（六）维修经营者不按技术标准进行维修作业或维修作业缺项漏项的，责令补做相应维修作业项目，每车次处以500元以上1000元以下的罚款，但罚款总额最高不得超过10000元。同时对质量检验员处以警告或50元以下的罚款。

（七）维修经营者不按规定填写维修检验记录的，每车次处以300元以上500元以下的罚款，但罚款总额最高不得超过5000元。

（八）维修经营者承修的车辆在质量保证期内因维修质量发生停车故障的，处以200元以上1000元以下的罚款；造成重大事故的，处以2000元以上5000元以下的罚款。

维修经营者的二级维护质量低劣，返修率超过5%，质量监督抽查上线检测一次合格率低于85%的,处以1000元罚款,并限期整改。

(九)维修经营者对车辆进行二级维护、总成修理、整车大修作业后,不按规定填写、签发汽车维修竣工出厂合格证的,每辆车处以500元的罚款,但罚款总额最高不得超过5000元。

(十)维修经营者未按竣工出厂的技术要求,对二级维护、总成修理、整车大修车辆进行竣工出厂前的维修质量综合性能检测的,每辆车处以500元以上1000元以下的罚款,但罚款总额最高不得超过10000元。

(十一)维修经营者不按规定与托修方签订合同或不使用统一维修合同文本的,处以100元以上300元以下的罚款。

(十二)维修经营者不按规定悬挂统一的“汽车维修企业标志牌”的,予以警告;警告后仍不改正的,处以300元以上500元以下的罚款。

第十三条 对违反车辆技术管理和汽车综合性能检测管理的行为,按下列规定处罚:

(一)未按规定对车辆进行二级维护的,在道路运输证违章记录栏上作记录,并处以500元的罚款。累计两次以上(含两次)未做车辆二级维护的,从第二次起,每次处以2000元以上3000元以下的罚款。

不按规定进行技术等级评定的,处以300元的罚款。

(二)汽车综合性能检测站使用不合格或达不到标准要求的仪器、设备和计量器具进行检测的,处以5000元以上10000元以下的罚款。

(三)汽车综合性能检测站不按技术标准进行检测或不如实提供检测结果证明的,处以2000元以上5000元以下的罚款。

(四)汽车综合性能检测站未建立车辆检测技术档案的,予以警告;警告后仍不改进的,按每车次处以100元的罚款,但最高不得超过10000元。

第十四条 对违反价格和票证管理的行为,按以下规定予以处罚:

(一)道路运输经营者不按规定明码标价的,予以警告;警告后仍不改进的,处以100元的罚款。

(二)道路运输经营者违反有关规定擅自抬价、压价的,处以500元以上1000元以下的罚款。

(三)道路运输经营者不使用道路运输业专用票证的,处以1000元以上2000元以下的罚款;不按规定使用道路运输业专用票证的,处以100元以上200元以下的罚款。

(四)道路运输经营者不按规定填写道路运输业专用票证的,处以100元的罚款。

(五)道路运输经营者不按规定填写道路货物运单的,予以警告;不使用道路货物运单的,每次处以50元的罚款。

(六)道路运输经营者转让道路运输业专用票证的,收缴其非法票证,并处以1000元以上3000元以下的罚款;倒卖、伪造道路运输专用票证的,处以2000元以上5000元以下的罚款。

(七)道路运输经营者不按规定领取、缴销票证的,予以警告;警告后仍不改正的,处以200元以上500元以下的罚款。

(八)维修经营者擅自提高车辆维修结算工时定额的,处以2000元以上5000元以下的罚款。

(九)汽车综合性能检测站不按实际检测项目计收检测费的,处以500元以上1000元以下的罚款。

第十五条 对不按规定缴纳道路运输管理费的行为,按下列的规定处罚:

(一)道路运输经营者未按规定期限缴纳道路运输管理费的,除责令补交外,还应按日收取道路运输管理费1%的滞纳金,并予以警告。

(二)道路运输经营者偷漏道路运输管理费时间达30天以上的,除责令补交外,还应按日收取道路运输管理费1%的滞纳金,并处以500元以上1000元以下的罚款。

(三)使用伪造、转让、涂改道路运输管理费专用收据或缴讫证的,收缴其非法收据和缴讫证,处以500元以上1000元以下的罚款。

第十六条 道路运输经营者不按规定报送统计资料的,责令其限期补报,并予以警告;警告后仍不按时报送的,处以300元以上500元以下的罚款。不如实填报的,处以100元以上300元以下的罚款。

第十七条 对违反上岗证管理的行为,按下列规定处罚:

(一)道路运输经营者安排未按有关规定取得有效资格证件的人员从事有相应资格要求道路运输经营活动的,每人次处以100元以上300元以下的罚款,但罚款总额最高不得超过1000元。

(二)道路运输从业人员持无效上岗证件上岗的,处以200元的罚款。

(三)驾驶员培训学校(班)聘请无教员准教证的人员从事教学工作的,处以5000元以上10000元以下的罚款。对无准教证的教员,每人次处以200元的罚款。

(四)教员准教证未经年审的,处以100元以上300元以下的罚款。

第三章　行政处罚运用与执行

第十八条 道路运输违法行为的当事人发生两项以上违法行为的,应分别处罚。

第十九条 对当事人在同一运输过程中的同一个违法行为,不得给予两次以上罚款的行政处罚。

第二十条 道路运政机构对道路运输违法行为作出行政处罚时,应责令违法行为当事人立即改正或限期改正。限期改正的,道路运政机构必要时可以暂扣道路运输牌证,签发待理证,允许车辆继续营运,并指定违法行为当事人在规定的期限内改正,并接受道路运政机构的检查。

第二十一条 道路运输违法行为在二年内未被发现的,不再给予行政处罚。

前款规定的期限,从违法行为发生之日起计算,违法行为有连续或者继续状态的,从行为终了之日起计算。

第二十二条 道路运政机构实行行政处罚的程序和文书按《交通行政处罚程序规定》执行。

第二十三条 违法行为当事人对道路运政机构作出的行政处罚决定不服的,可依法申请行政复议或提起行政诉讼。

违法行为当事人申请行政复议或提起行政诉讼的,行政处罚不停止执行。当事人自接到行政处罚决定书十五天内不履行行政处罚决定的,道路运政机构可每日按罚款额的3%加处罚款或申请人民法院依法强制执行。

第四章　附　　则

第二十四条 在本规定发布之前交通部规定的道路运输行政处罚与本规定相抵触的,

按本规定执行。

第二十五条 本规定解释权属中华人民共和国交通部。

第二十六条 本规定自一九九八年四月一日起施行。交通部一九九〇年九月二十四日发布的《道路运输违章处罚规定(试行)》同时废止。

附件八 《汽车运输业车辆技术管理规定》

(1990年3月7日交通部令第13号发布自1990年10月1日起施行)

第一章 总 则

第一条 为加强汽车运输业运输车辆(汽车和挂车)的技术管理,保持运输车辆技术状况良好,保证安全生产,充分发挥运输车辆的效能和降低运行消耗,制定本规定。

第二条 本规定适用于所有从事汽车运输的单位和个人。

第三条 车辆技术管理应坚持预防为主和技术与经济相结合的原则;对运输车辆实行择优选配、正确使用、定期检测、强制维护、视情修理、合理改造、适时更新和报废的全过程综合性管理。

第四条 车辆技术管理应依靠科技进步,采用现代化管理方法,建立车辆质量监控体系,推广检测诊断和计算机应用等先进技术,开展多种形式的职工教育和专业培训,提高车辆管理水平和技术水平。

第五条 各级交通运输管理部门应把管好、用好、维修好车辆,提高装备素质,确保运输车辆在使用中的良性循环,作为必须履行的重要职责;

运输单位各自的主管部门应把加强车辆技术管理列为运输单位经理(厂长)任期责任考核的一项重要内容。

第六条 交通部归口管理全国汽车运输业车辆技术管理工作;

各省、自治区、直辖市交通厅(局)或其授权的所属公路运输管理部门归口管理本地区汽车运输业车辆技术管理工作;

各汽车运输单位负责本单位车辆的技术管理工作。

附件

第二章 管理职责

第七条 交通部车辆技术管理的主要职责是:

(一)贯彻执行国家有关车辆技术管理的方针、政策、法规和制度;

(二)依法制定全国运输车辆技术管理的方针、政策、规章和制度;

(三)负责全国运输车辆技术管理工作的组织领导、监督检查和协调服务;

(四)组织交流和推广车辆技术管理的先进经验和现代化管理方法。

第八条 各省、自治区、直辖市交通厅(局)车辆技术管理的主要职责是:

(一)贯彻执行国家和上级有关车辆技术管理工作的方针、政策、规章和制度,并组织实施;

(二)依法制定本地区有关运输车辆技术管理的规章、制度、定额和措施;

(三)对本地区运输车辆技术管理工作进行组织领导、监督检查和协调服务;

(四)组织安全、法制教育和专业技术培训,提高车辆技术管理人员、技工、驾驶员的素质；

（五）推广现代化管理方法和先进经验，开展爱车、节油、节胎等竞赛活动和各种咨询服务。

第九条 运输单位车辆技术管理的主要职责是：

（一）贯彻执行交通运输管理部门和上级发布的有关车辆技术管理的各项方针、政策、规章和制度；

（二）制定本单位车辆技术管理的规章和制度，以及车辆技术管理目标和考核指标，并负责实施；

（三）大、中型运输单位，应建立由总工程师负责的车辆技术管理系统。小型运输单位要有一名副经理（副厂长）负责车辆技术管理工作。所属车间和车队应配备一定数量的专职技术管理人员，分别负责车辆各项技术管理工作；

（四）建立健全车辆技术管理的各级岗位责任制，明确车辆技术管理人员的职责和权限，充分发挥他们的作用，保持队伍的相对稳定；

（五）正确处理运输生产和技术管理的关系，保持运输车辆技术状况良好；

（六）正确使用车辆更新改造资金和大修理基金；

（七）推广现代化管理方法，应用新技术、新工艺和新材料；

（八）组织职工安全、法制教育和专业技术培训，提高职工素质；

（九）开展各种群众性爱车、节油、节胎等专业技术竞赛活动，总结推广先进经验。

第三章 车辆管理

第一节 车辆选配和使用的前期管理

第十条 交通运输管理部门应根据当地社会运力、油料供应、运量、运距和道路、气候等社会和自然条件，制定车辆发展规划。对运力的增长，进行宏观控制。凡需购置营业性运输车辆的单位和个人，应事先向交通运输管理部门提出申请，经审核批准后，方可购置。未经交通运输管理部门批准购置的车辆，不予签发营运证。

第十一条 运输单位选购车辆应根据当地运输市场状况和运行条件，对车辆的适应性、可靠性、经济性以及维修方便性进行选型论证，避免盲目购置。个人购置车辆事先宜向当地交通运输管理部门咨询。

第十二条 规模较大的运输单位，应根据其运输任务和经营范围，合理配备大、中、小型汽车以及通用和专用车，以充分发挥车辆的吨（座）位和容量利用率。

第十三条 新车在接收和使用前应做到：

（一）接收新车时应按合同和说明书的规定，对照车辆清单或装箱单进行验收，清点随车工具及附件等；

（二）新车在投入使用前，应进行一次全面检查，并根据制造厂的规定进行清洁、润滑、紧固以及必要的调整；

（三）新型车辆在投入使用前，运输单位应组织驾驶员和维修工进行培训，在掌握车辆性能、使用和维修方法后方可使用；

（四）新车投入使用前，应建立车辆技术档案，配备必要的附加装备和安全防护装置；

（五）新车应严格执行走合期的各项规定，做好走合维护工作；

（六）在索赔期内，应严格按制造厂技术要求使用。车辆发生损坏，应及时作出技术鉴定，属于制造厂责任的，按规定程序向制造厂索赔。

进口的新车，在索赔期内，不得进行改装，以便出现制造质量问题时对外索赔。

第二节　车辆的基础管理

第十四条　车辆的装备应符合下列要求：

（一）车辆的经常性装备应符合国标 GB 7258-87《机动车运行安全技术条件》、GB 4785-84《汽车及挂车外部照明和信号装置的数量、位置和光色》和交通部 JT 3111-85《公路客运车辆通用技术条件》、JT 3105-82《货运全挂车通用技术条件》、JT 3115-82《货运半挂车通用技术条件》的有关规定，并保证齐全、完好，不得任意增减；

（二）车辆在特殊运行条件下使用时，应根据需要，配备保温、预热、防滑、牵引等临时性装备；

（三）车辆运输超长、超宽、超高或保鲜等特殊物资时，应根据需要增加临时性装备；

（四）运输危险货物的车辆装备，应符合交通部 JT 3130-88《汽车危险货物运输规则》的有关规定。

第十五条　车辆技术档案的建立与管理：

（一）车辆从购置到报废全过程的技术管理，应系统记入车辆技术档案。运输单位和个人必须逐车建立车辆技术档案。技术档案应认真填写，妥善保管，记载及时、完整和准确，不得任意更改。车辆办理过户手续时，车辆技术档案应完整移交；

（二）车辆技术档案的格式由各省、自治区、直辖市交通厅（局）统一制定。车辆技术档案应作为发放、审核营运证的依据之一；

（三）车辆技术档案的主要内容包括：车辆基本情况和主要性能、运行使用情况、主要部件更换情况、检测和维修记录以及事故处理记录等。

第十六条　车辆技术状况等级的鉴定；

（一）各省、自治区、直辖市交通厅（局）应制定车辆技术状况鉴定制度；

（二）各级交通运输管理部门负责车辆技术状况等级鉴定的组织和监督检查；

（三）运输单位应按规定做好车辆技术状况等级的鉴定工作；

（四）车辆技术状况等级的鉴定，至少每半年进行一次。

第十七条　车辆技术状况等级的划分：

（一）一级，完好车：新车行驶到第一次定额大修间隔里程的三分之二和第二次定额大修间隔里程的三分之二以前，汽车各主要总成的基础件和主要零部件坚固可靠，技术性能良好；发动机运转稳定，无异响，动力性能良好，燃润料消耗不超过定额指标，废气排放，噪音符合国家标准；各项装备齐全、完好，在运行中无任何保留条件；

（二）二级，基本完好车：车辆主要技术性能和状况或行驶里程低于完好车的要求，但符合 GB7258-87 的规定，能随时参加运输；

（三）三级，需修车：送大修前最后一次二级维护后的车辆和正在大修或待更新尚在行驶的车辆；

（四）四级，停驶车：预计在短期内不能修复或无修复价值的车辆。

第十八条　技术、经济定额的制订与修订：

（一）技术、经济定额是运输单位和个人在一定的生产条件下，进行生产和经济活动所应遵守或达到的限额，是实行经济核算，分析经济效益和考核经营管理水平的依据。技术、经济定额应考虑使用环境及条件、人员技术素质等因素，根据专业运输单位平均先进水平

制定;

(二)技术、经济定额应保持相对稳定,但随着使用条件的改善和技术进步,可作必要的修订;

(三)技术、经济定额由各省、自治区、直辖市交通厅(局)组织制定和修订;

(四)各运输单位和个人应将技术、经济定额和指标实现情况按期统计,按规定报送当地交通运输管理部门。

第十九条 汽车运输业应建立的主要技术、经济定额和指标:

(一)行车燃料消耗定额:是指汽车每行驶百车公里或完成百吨公里所消耗燃料的限额。根据GB4352-84《载货汽车运行燃料消耗量》和GB4353-84《载客汽车运行燃料消耗量》规定,按车型、使用条件、载质(客)量和燃料种类等分别制定;

(二)轮胎行驶里程定额:是指新胎从开始装用,经翻新到报废总行驶里程的限额。根据车型、使用条件和轮胎性能分别制定;

(三)车辆维护与小修费用定额:是指车辆每行驶一定里程,维护与小修耗用的工时和物料费用的限额。按车型和使用条件等分别制定;

(四)车辆大修间隔里程定额:是指新车到大修,或大修到大修之间所行驶的里程限额。按车型和使用条件等分别制定;

(五)发动机大修间隔里程定额:是指新发动机到大修,或大修到大修之间所使用的里程限额。按型号和使用燃料类别等分别制定;

(六)车辆大修费用定额:是指车辆大修所耗工时和物料总费用的限额。按车辆类别和型式等分别制定;

(七)完好率:是指完好车日在总车日中所占的百分比;

(八)车辆平均技术等级:是指所有运输车辆技术状况的平均等级。计算公式如下:车辆平均技术等级=〔(1×一级车数)+(2×二级车数)+(3×三级车数)+(4×四级车数)〕÷各级车辆的总和;

(九)车辆新度系数:是综合评价运输单位车辆新旧程度的指标。计算方法如下:车辆新度系数=年末单位全部运输车辆固定资产净值÷年末单位全部运输车辆固定资产原值;

(十)小修频率:是指每千车公里发生小修的次数(不包括各级维护作业中的小修);

(十一)轮胎翻新率:是指在统计期内经过翻新的报废轮胎数占全部报废轮胎数的百分比。

第二十条 运输单位必须将车辆完好率、平均技术等级、新度系数等主要技术、经济指标,纳入经理(厂长)责任考核内容。

第二十一条 车辆的租赁、停驶和封存:

(一)租赁车辆的技术档案、技术经济指标完成情况和技术状况等级由出租与承租双方记录和考核;

(二)因部分总成和部件损坏,在较长时间内无法解决,但不符合报废条件的车辆,运输单位可作停驶处理;

(三)凡技术状况良好,因其他原因需要较长时间停驶的车辆,运输单位可作封存处理,报其上级主管部门备案。封存期间不进行指标考核,但应妥善保管,定期维护。启封使用时,应进行一次维护作业,经检验合格后,方可参加运行。

第二十二条 车辆的折旧:

（一）车辆折旧按国家规定执行；

（二）车辆折旧里程的规定，是提取车辆基本折旧资金的依据，不是车辆报废的标准；

（三）折旧资金应用于车辆的更新改造和技术进步，不得挪作它用。

第四章　车辆使用

第一节　车辆在一般条件下使用

第二十三条　车辆运行必须符合第十四条关于车辆装备的规定。

第二十四条　车辆装载必须符合以下规定：

（一）车辆的额定载质量，应符合制造厂规定；

（二）经过改装、改造的车辆，或因其他原因需要重新标定载质量时，应经车辆所在地主管部门核定；

（三）车辆换装与制造厂规定最大负荷不相同的轮胎，其最大负荷大于原轮胎的，应保持原车额定载质量；最大负荷小于原轮胎的，必须相应地降低载质量；

（四）车辆增载必须符合交通部 1988 年发布的《汽车旅客运输规则》和《汽车货物运输规则》的有关规定；

（五）所有车辆的载质量，一经核定，严禁超载；

（六）车辆总质量超过桥梁承载质量或运输超长、超宽、超高货物时，应报请当地交通、公安主管部门，采取安全有效措施，经批准后才能通行；

（七）车辆运载易散落、飞场、泄漏、污秽物品时，应封盖严密，以免污染环境。

第二十五条　汽车拖挂总质量应根据不同使用条件，通过试验后确定。确定不同地区拖挂总质量的原则是：

（一）平原地区保持直接挡（包括超速挡）作为经常行驶挡位；

（二）丘陵地区用直接挡（包括超速挡）行使的时间占 60% 以上，其平均技术速度不低于单车的 70%；

（三）在山区一般坡度路段上可以二挡通过，最大坡度路段可用一挡起步。

第二十六条　车辆运载危险货物时，必须符合交通部 JT 3130-88 的规定。

第二十七条　车辆在通过危险的路段、渡口、桥梁和遇有临时开沟、设线、水毁、塌方、冰坎、翻浆等情况时，必须采取切实有效的技术措施，保障行车安全。

第二十八条　新车、大修车以及装用大修发动机的汽车走合期必须遵守如下规定：

（一）走合期里程不得少于 1000 公里；

（二）在走合期内，应选择较好的道路并减载限速运行。一般汽车按载质量标准减载 20% ~25%，并禁止拖带挂车；半挂车按载质量标准减载 25% ~25%；

（三）在走合期内，驾驶员必须严格执行驾驶操作规程，保持发动机正常工作温度。走合期内严禁拆除发动机限速装置；

（四）走合期内认真做好车辆日常维护工作，经常检查、紧固各部外露螺栓、螺母，注意各总成在运行中的声响和温度变化，及时进行调整；

（五）走合期满后，应进行一次走合维护，其作业项目和深度参照制造厂的要求进行；

（六）进口汽车按制造厂的走合规定进行。

第二十九条　运输单位和个人使用燃润料时应注意的事项：

（一）燃润料的选用必须符合制造厂说明书的技术要求；

（二）各种燃润料的运输和存放必须遵守有关规定；

（三）燃润料应保持清洁，柴油必须经过沉淀、过滤后方能使用；

（四）不同种类、牌号的燃润料不得混合使用。更换不同牌号的润滑油或进行季节性换油时，必须做好清洗工作；

（五）进口汽车所用的燃润料，应严格按汽车制造厂规定选用或按其规格性能要求，选用相应国产牌号的燃润料；

（六）认真做好润滑油料的回收工作。回收的油料应按不同种类分别盛装，防止混入水分和杂质，收集到一定数量后交回收部门处理。

第三十条 运输单位和个人应按交通部1987年发布的《汽车运输行业轮胎技术管理制度》的要求，加强轮胎管理，提高轮胎使用维修技术水平。

第三十一条 运输单位和个人应建立健全车辆技术检验和安全检查制度，做好出车前、行车中及收车后的车辆检查工作，发现故障及隐患，及时排除。

第三十二条 各级交通运输管理部门和运输单位，应积极做好群众性的节油、节胎、节约维修费用的工作，推广新技术、新工艺、新材料、新装备，及时总结、交流先进经验。

第二节 车辆在特殊条件下使用的要求

第三十三条 车辆在低温条件下使用时，应采取以下措施：

（一）车辆在低温条件下停放时，应采取防冻、保温措施。使用前应预热；

（二）各总成和轮毂轴承换用冬季润滑油（脂），制动系换用冬季用制动液。柴油发动机使用低凝点柴油；

（三）调整发电机调节器，增大发电机充电电流。注意保持蓄电池电解液的合适密度和蓄电池的保温；

（四）发动机罩和散热器前加装保温套，注意保持正常工作温度；

（五）使用防冻液时，应掌握其正确的使用方法；

（六）在冰雪路面行驶时，应采取有效的防滑措施。

第三十四条 车辆在高温条件下使用时，应采取以下措施：

（一）对汽油发动机供油系，采取隔热、降温等有效措施，防止气阻；

（二）加强冷却系的维护，清除水垢，保持良好的冷却效果。行车中注意勿使发动机过热；

（三）各总成和轮毂轴承换用夏季润滑油（脂）。制动系换用夏季制动液；

（四）调整发电机调节器，减少充电电流。检查调整蓄电池电解液密度，保持液面高度和通气孔畅通；

（五）行车途中经常检查轮胎温度和气压，不得采取放气或冷水浇泼的方法降低轮胎的气压和温度。

第三十五条 车辆在山区或高原等地区使用时，应采取以下措施：

（一）加强制动系和操纵系的检查和维护工作，确保制动和操纵装置可靠，工作正常；

（二）爬长坡、陡坡时，注意提前换挡；

（三）下坡前，注意制动系压力及制动机构工作状况。禁止熄火空挡滑行。防止制动毂过热；

（四）对点火系和供油系作适当调整；

（五）风沙严重地区注意车辆的密封。加强发动机空气、机油和燃油滤清器保养工作；

（六）可酌情采取提高压缩比、改变配气相位、增压等措施，提高发动机的动力性。

第三节　车辆驾驶操作基本要求和日常维护工作

第三十六条　驾驶员须爱护车辆，严格遵守驾驶操作规程。行车前，做到预热起动、低速升温、低挡起步。行驶中，注意保持温度、及时换挡、保有余力、行驶平稳、安全滑行、合理节油。在拖带挂车时，加强主、挂车之间连接机构的检查，避免冲击。

第三十七条　车辆的日常维护是驾驶员必须完成的日常性工作。主要内容是：坚持三检，即出车前、行车中、收车后检视车辆的安全机构及各部机件连接的紧固情况；保持四清，即保持机油、空气、燃油滤清器和蓄电池的清洁；防止四漏，即防止漏水、漏油、漏气、漏电；保持车容整洁。

第三十八条　交通运输管理部门和运输单位应及时总结推广驾驶操作和日常维护的经验。定期组织检查评比，并将检查评比结果作为考核驾驶员和衡量运输单位技术管理工作水平的依据之一。

第五章　车辆检测诊断与维修

第一节　车辆的检测诊断

第三十九条　车辆检测诊断技术，是检查、鉴定车辆技术状况和维修质量的重要手段，是促进维修技术发展，实现视情修理的重要保证。各地交通运输管理部门和运输单位应积极组织推广检测诊断技术。

第四十条　检测诊断设备应能满足车辆在不解体情况下确定其工作能力和技术状况，以及查明故障或隐患的部位和原因。检测诊断的主要内容包括：汽车的安全性（制动、侧滑、转向、前照灯等）、可靠性（异响、磨损、变形、裂纹等）、动力性（车速、加速能力、底盘输出功率；发动机功率、扭矩和供给系、点火系状况等）、经济性（燃油消耗）及噪声和废气排放状况等。

第四十一条　各省、自治区、直辖市交通厅（局）应建立运输业车辆检测制度。根据车辆从事运输的性质、使用条件和强度以及车辆老旧程度等，进行定期或不定期检测，确保车辆技术状况良好，并对维修车辆实行质量监控。

第四十二条　建设汽车综合性能检测站是加强车辆技术管理的重要措施。各省、自治区、直辖市交通厅（局）是汽车综合性能检测站主管部门，负责规划、管理和监督。

第四十三条　各省、自治区、直辖市交通厅（局）应对汽车综合性能检测站进行认定。经认定后的检测站可代表交通运输管理部门对车辆行使质量监控。

第四十四条　汽车综合性能检测站经认定后，交通运输管理部门应组织运输和维修车辆进行检测。

第四十五条　经认定的汽车综合性能检测站在车辆检测后，应发给检测结果证明，作为交通运输管理部门发放或吊扣营运证依据之一和确定维修单位车辆维修质量的凭证。

第四十六条　经认定的汽车综合性能检测站的职责是：

（一）对车辆的技术状况进行检测诊断；

（二）对汽车维修行业的维修车辆进行质量检测；

（三）对车辆改装、改造、报废和有关新工艺、新技术、新产品，以及节能、科研项目等进行检测、鉴定；

（四）在环保部门统一监督管理下，对汽车污染进行监督、监测；

（五）接受公安、商检、计量和保险等部门的委托，进行有关项目的检测。

第二节　车辆的维护

第四十七条　车辆维护应贯彻预防为主，强制维护的原则。保持车容整洁，及时发现和消除故障、隐患，防止车辆早期损坏。

第四十八条　车辆维护作业，包括清洁、检查、补给、润滑、紧固、调整等，除主要总成发生故障必须解体时，不得对其进行解体。

第四十九条　车辆的维护分为日常维护、一级维护、二级维护等。维护的主要作业范围如下：

（一）日常维护：是日常性作业，由驾驶员负责执行。其作业中心内容是清洁、补给和安全检视；

（二）一级维护：由专业维修工负责执行。其作业中心内容除日常维护作业外，以清洁、润滑、紧固为主，并检查有关制动、操纵等安全部件；

（三）二级维护：由专业维修工负责执行。其作业中心内容除一级维护作业外，以检查、调整为主，并拆检轮胎，进行轮胎换位。

季节性维护可结合定期维护进行。

第五十条　车辆二级维护前应进行检测诊断和技术评定，根据结果，确定附加作业或小修项目，结合二级维护一并进行。

第五十一条　车辆的维护必须遵照交通运输管理部门规定的行驶里程或间隔时间，按期强制执行。各级维护作业项目和周期的规定，必须根据车辆结构性能、使用条件、故障规律、配件质量及经济效果等情况综合考虑。随着运行条件的变化，新工艺、新技术的采用，维护项目和周期经交通运输管理部门同意后可及时进行调整。

第五十二条　运输单位和个人的运输车辆，应在交通运输管理部门认定的维修厂（场）进行维护，建立维护合作关系，确保车辆按期维护。

第五十三条　维修厂（场）必须认真进行维护作业，确保维护质量。车辆维护后，应将车辆维护的级别、项目等填入车辆技术档案，并签发合格证。

第三节　车辆的修理

第五十四条　车辆修理应贯彻视情修理的原则，即根据车辆检测诊断和技术鉴定的结果，视情按不同作业范围和深度进行，既要防止拖延修理造成车况恶化，又要防止提前修理造成浪费。

第五十五条　车辆修理必须根据国家和交通部发布的有关规定和修理技术标准进行，确保修理质量。

第五十六条　车辆修理按作业范围可分车辆大修、总成大修、车辆小修和零件修理：

（一）车辆大修，是新车或经过大修后的车辆，在行驶一定里程（或时间）后，经过检测诊断和技术鉴定，用修理或更换车辆任何零部件的方法，恢复车辆的完好技术状况，完全或接近完全恢复车辆寿命的恢复性修理；

（二）总成大修，是车辆的总成经过一定使用里程（或时间）后，用修理或更换总成任何零部件（包括基础件）的方法，恢复其完好技术状况和寿命的恢复性修理；

（三）车辆小修，是用修理或更换个别零件的方法，保证或恢复车辆工作能力的运行性修

理,主要是消除车辆在运行过程或维护作业过程中发生或发现的故障或隐患;

(四)零件修理,是对因磨损、变形、损伤等而不能继续使用的零件进行修理。

第五十七条 运输单位和个人的运输车辆,应根据其修理作业范围,送交通运输管理部门认定的修理厂进行修理。

第五十八条 车辆和总成大修的送修标志:

(一)汽车大修送修标志:客车以车厢为主,结合发动机总成;货车以发动机总成为主,结合车架总成或其他两个总成符合大修条件;

(二)挂车大修送修标志:

1. 挂车车架(包括转盘)和货箱符合大修条件;

2. 定车牵引的半挂车和铰接式大客车,按照汽车大修的标志与牵引车同时进厂大修;

(三)总成大修送修标志:

1. 发动机总成:气缸磨损,圆柱度达到 0.175 ~0.250 毫米或圆度已达到 0.050 ~0.063 毫米(以其中磨损量最大的一个气缸为准);最大功率或气缸压力较标准降低 25% 以上;燃料和润滑油消耗量显著增加;

2. 车架总成:车架断裂、锈蚀、弯曲、扭曲变形逾限,大部分铆钉松动或铆钉孔磨损,必须拆卸其他总成后才能进行校正、修理或重铆,方能修复;

3. 变速器(分动器)总成:壳体变形、破裂,轴承承孔磨损逾限,变速齿轮及轴恶性磨损、损坏,需要彻底修复;

4. 后桥(驱动桥、中桥)总成:桥壳破裂、变形,半轴套管承孔磨损逾限,减速器齿轮恶性磨损,需要校正或彻底修复;

5. 前桥总成:前轴裂纹、变形,主销承孔磨损逾限,需要校正或彻底修复;

6. 客车车身总成:车厢骨架断裂、锈蚀、变形严重,蒙皮破损面积较大,需要彻底修复;

7. 货车车身总成:驾驶室锈蚀、变形严重、破裂,或货厢纵、横梁腐朽,底板、栏板破损面积较大,需要彻底修复。

第五十九条 车辆和总成的送修规定:

(一)车辆和总成送修时,承修单位与送修单位应签订合同,商定送修要求、修理车日和质量保证等,合同签订后必须严格执行;

(二)车辆送修时,应具备行驶功能,装备齐全,不得拆换;

(三)总成送修时,应在装合状态,附件、零件均不得拆换和短缺;

(四)肇事车辆或因特殊原因不能行驶和短缺零部件的车辆,在签订合同时,应作出相应的规定和说明;

(五)车辆和总成送修时,应将车辆和总成的有关技术档案一并送承修单位。

第六十条 修竣车辆和总成的出厂规定:

(一)送修车辆和总成修竣检验合格后,承修单位应签发出厂合格证,并将技术档案、修理技术资料和合格证移交送修单位;

(二)车辆或总成修竣出厂时,不论送修时的装备(附件)状况如何,均应按照有关规定配备齐全。发动机应安装限速装置;

(三)接车人员应根据合同规定,就车辆或总成的技术状况和装备情况等进行验收,如发现确有不符合竣工要求的情况时,承修单位应立即查明,及时处理;

(四)送修单位必须严格执行车辆走合期的规定,在保证期内因修理质量发生故障或提前损坏时,承修单位应优先安排,及时排除,免费修理。如发生纠纷,由维修管理部门组织技术分析,进行仲裁。

第六十一条 运输单位应按规定,提取车辆大修理基金,用于保证车辆正常大修。

第六章 车辆改装、改造、更新与报废

第一节 车辆的改装和改造

第六十二条 为适应运输的需要,经过设计、计算、试验,将原车型改制成其他用途的车辆称为车辆技术改装。

第六十三条 为改善车辆性能或延长其使用寿命,经过设计、计算、试验,改变原车辆的零部件或总成,称为车辆技术改造。

第六十四条 车辆改装和改造必须事前进行技术经济论证,符合技术上可靠、经济上合理的原则。

第六十五条 对营业性运输车辆提出改装和改造的单位,应将改装、改造方案及数量报交通运输管理部门,交通运输管理部门根据运输市场需要进行审批,其他运输车辆报交通运输管理部门备案。改装、改造后的车辆应由主管部门组织鉴定。一般性技术改进,运输单位可自行决定。

第二节 车辆的更新

第六十六条 以新车辆或高效率、低消耗、性能先进的车辆更换在用车辆,为车辆更新。车辆更新应以提高运输经济效益和社会效益为原则。

第六十七条 运输单位应编制车辆更新计划,积极组织落实。个体运输户也应根据车辆使用情况及时更新。

第六十八条 更新下来的运输车辆,运输单位可根据国家有关规定进行处理。处理后的变价收入应用于车辆更新改造,不得挪作他用。

第三节 车辆的报废

第六十九条 车辆经长期使用,车型老旧,性能低劣,物料超耗严重,维修费用过高,继续使用不经济、不安全的应予报废。

第七十条 运输单位和个人运输车辆需要报废时,由其主管部门鉴定、审批,并报交通运输管理部门备案。

第七十一条 运输单位和个人对需要报废而尚未批准的车辆应妥善保管,禁止拆卸或挪用其任何零件和总成。

第七十二条 凡经批准或确定报废的车辆,交通运输管理部门应及时吊销营运证。报废车辆不得转让或移作他用。严禁用报废车的总成和零、部件拼装车辆。

第七章 奖励与处罚

第七十三条 运输车辆的主管部门和交通运输管理部门应建立车辆技术管理奖惩制度,定期组织车辆技术管理评优活动,对车辆技术管理工作成绩显著,并取得较好经济效益的运输单位和个人,给予表彰和奖励;对违反本规定,不重视车辆技术管理工作,造成车辆早期损坏的运输单位和个人,根据情节轻重给予批评教育或经济处罚。

第七十四条 运输单位和个人应积极参加交通运输管理部门和其主管部门组织的车辆

技术管理创优活动。

第七十五条 凡作出下列成绩之一的,由其主管部门或交通运输管理部门根据其贡献大小,对单位或个人给予表彰和奖励:

(一)推行现代化车辆技术管理,使车辆技术状况不断改善,取得显著成效的;

(二)发现车辆隐患,及时防止和避免重大事故的;

(三)改装、改造车辆的工艺和方法具有推广价值,并有显著成效的;

(四)在车辆维修技术方面有重大创新,具有推广价值,并取得显著成效的;

(五)正确使用车辆,节油、节胎、节约维修费用成绩显著的。

第七十六条 有下列行为之一的,由运输单位的主管部门或交通运输管理部门根据其情节轻重,对单位或个人给予批评教育或经济处罚:

(一)由于超负荷运行,严重失保失修等原因造成车况显著下降或重大机械事故的;

(二)违反驾驶操作规程,造成车辆严重损坏,影响运输生产的;

(三)技术管理混乱,玩忽职守,职责不清或无人管理,对车辆损坏不作及时处理,造成车辆技术状况严重下降的;

(四)对车辆事故隐瞒不报或弄虚作假的;

(五)违反检验维修规程,降低标准,以致维修质量低劣,造成经济损失或安全事故的。

第八章　附　　则

第七十七条 本规定是汽车运输业车辆技术管理的基本规定,各省、自治区、直辖市交通厅(局)可依据本规定,制订实施细则,并报交通部备案。

第七十八条 运输车辆以外的车辆技术管理可参照本规定执行。

第七十九条 本规定由交通部负责解释。

第八十条 本规定自1990年10月1日起施行。1980年交通部发布的《汽车运输和修理企业技术管理制度》(试行)同时废止。

模拟考试题参考答案

第一章　法律法规与职业道德

一、单项选择题

1. D　2. D　3. B　4. A　5. B　6. C　7. C　8. B　9. C　10. B
11. A　12. C　13. A　14. B　15. A

二、多项选择题

1. BCD　2. ABC　3. ABC　4. BC　5. ABCD
6. ABCD　7. ABC　8. ABCD　9. AD　10. BD

三、判断题

1. √　2. ×　3. √　4. √　5. √　6. ×　7. √　8. √　9. √　10. √
11. √　12. ×　13. √　14. √　15. ×　16. √

第二章　汽车的基本知识

一、单项选择题

1. C　2. B　3. A　4. D　5. C　6. D　7. A　8. D　9. C　10. B
11. B　12. A　13. B　14. A　15. C

二、多项选择题

1. BDE　2. ACDE　3. AC　4. AB　5. CDE
6. AB　7. ABC　8. AB

三、判断题

1. ×　2. ×　3. ×　4. ×　5. ×　6. √　7. √　8. ×　9. ×　10. √
11. √　12. √　13. √　14. √　15. √

第三章　汽车维修业务知识

一、单项选择题

1. B　2. B　3. B　4. C　5. C　6. D　7. C　8. A　9. D　10. C
11. A　12. A　13. B　14. C　15. C　16. C　17. C　18. B　19. A　20. C

二、多项选择题

1. ABCD　2. BD　3. AD　4. ABD　5. ABD
6. ABCD　7. ABCD　8. ABCD　9. BD　10. BC
11. BD　12. AB　13. ABCD　14. BD　15. BC
16. ABD

三、判断题

1. √　2. ×　3. √　4. √　5. √　6. √　7. √　8. √　9. ×　10. ×
11. √　12. √　13. ×　14. √　15. √　16. √　17. √　18. √　19. √　20. ×

第四章　机动车维修价格结算

一、单项选择题

1. C　2. D　3. A　4. A

二、多项选择题

1. ABC　2. ABCD　3. ABC　4. ABC　5. AB
6. AB　7. ABCD　8. ABCD　9. ABCD　10. ACD

三、判断题

1. √　2. √　3. ×　4. ×　5. √　6. ×　7. ×　8. ×　9. √　10. ×

第五章　计算机技术在机动车维修价格结算中的应用

一、单项选择题

1. A　2. C　3. A　4. A　5. A　6. A　7. C　8. A　9. A　10. A

二、多项选择题

1. ABCE　2. AB　3. ACD　4. ABD　5. BCD
6. ACD　7. ABC　8. ACD　9. AC　10. BD

三、判断题

1. ×　2. √　3. √　4. √　5. ×　6. √　7. √　8. √　9. √　10. √